普通高等职业教育
"十三五"规划教材

电子商务实务

游　宇　白金英　侯红山　主　编
李　杰　菅志宇　程　嘉　严　寒　副主编
葛建霞　李　丽　肖卓阳　姚树香
张　宇　吴　敏　张林凤　参　编

清华大学出版社
北京

内 容 简 介

"电子商务"是电子商务专业及相关专业学习领域的一门基础核心课程，同时也是财经类其他专业学科的专业基础课。本书共分为三大模块：模块一电子商务知识，主要介绍了电子商务认知、电子商务模式分析、电子商务技术基础和电子商务法律法规，让学生从总体上对电子商务有一个清晰的认识；模块二电子商务应用，主要从网络营销、电子支付、电子商务物流和电子商务数据分析与运营方面，对电子商务的应用进行详细介绍；模块三电子商务创新与发展，主要从移动电子商务与跨境电子商务这两个方面对最新的电子商务发展进行介绍，既贴合实际又符合行业的发展。

本书适合作为高职高专院校电子商务专业及相关专业的教材，也可作为电子商务从业人员的参考用书。

本书封面贴有清华大学出版社防伪标签，无标签者不得销售。
版权所有，侵权必究。举报：010-62782989，beiqinquan@tup.tsinghua.edu.cn。

图书在版编目(CIP)数据

电子商务实务／游宇，白金英，侯红山主编．--北京：清华大学出版社，2017（2022.8重印）
（普通高等职业教育"十三五"规划教材）
ISBN 978-7-302-47782-2

Ⅰ．①电… Ⅱ．①游… ②白… ③侯… ①电子商务-高等职业教育-教材 Ⅳ．①F713.36

中国版本图书馆 CIP 数据核字(2017)第 170866 号

责任编辑：刘志彬
封面设计：汉风唐韵
责任校对：宋玉莲
责任印制：刘海龙

出版发行：清华大学出版社
网　　址：http://www.tup.com.cn，http://www.wqbook.com
地　　址：北京清华大学学研大厦 A 座　　邮　　编：100084
社 总 机：010-83470000　　邮　　购：010-62786544
投稿与读者服务：010-62776969，c-service@tup.tsinghua.edu.cn
质量反馈：010-62772015，zhiliang@tup.tsinghua.edu.cn

印 装 者：三河市国英印务有限公司
经　　销：全国新华书店
开　　本：185mm×260mm　　印　张：15　　字　数：355 千字
版　　次：2017 年 8 月第 1 版　　印　次：2022 年 8 月第 7 次印刷
定　　价：42.80 元

产品编号：075459-02

前　言

电子商务作为互联网发展的产物正在改变人们的思维方式、经济活动方式、工作方式和生活方式。电子商务的高效率、低成本为企业的发展带来了新的机遇，它立足于互联网但不脱离传统的生产、营销、消费和流通活动，为我们的生活带来了巨大的变化。电子商务集技术与商务应用于一体，由人、机、网三者合一，组成一个能快速收集、传递、处理信息的系统。电子商务的发展标志着社会的进步，也标志着互联网在现代经济管理中的应用达到了一个新的高度，已成为经管领域里一门极其重要的学科。

作为一门发展极其迅速的学科，"电子商务"是电子商务专业及相关专业学习领域的一门基础核心课程，同时也是财经类其他专业学科的专业基础课。本书在编写过程中针对电子商务的建设与管理的需要，全面系统地介绍了什么是电子商务，以及如何开展电子商务，从宏观上给出了电子商务的总体框架，从微观上介绍了电子商务所涉及的网络技术、法律安全、电子支付、网络营销、物流及最新的电商发展，尤其在数据分析和电商运营方面也进行了全面的介绍。内容安排既侧重财经管理和文科类的知识背景、高职高专电子商务及相关专业的基础课教学，又充分考虑了电子商务专业知识体系中的关键知识点。本书将理论与实践相结合，以应用为目的，以必要和够用为度进行编写，尽量追随电商的发展前沿，体现当前新知识、新技术、新潮流和新方法，注重培养学生的综合素质的形成和思维能力的培训。

本书共分为三大模块：模块一电子商务知识，主要介绍了电子商务认知、电子商务模式分析、电子商务技术基础和电子商务法律法规，让学生从总体上对电子商务有一个清晰的认识；模块二电子商务应用，主要从网络营销、电子支付、电子商务物流和电子商务数据分析与运营方面，对电子商务的应用进行详细介绍；模块三电子商务创新与发展，主要从移动电子商务与跨境电子商务这两个方面对最新的电商发展进行介绍，既贴合实际又符合行业的发展。

本书是作者结合多年的教学经验与行业经验撰写而成，在编写过程中搜集了大量的资料，参阅了国内外多位专家学者的电子商务著作或译著以及相关的论文文献，同时也参考了同行的相关教材与网络资料，在此对他们表示诚挚的谢意！

由于编者水平有限，加之电商又是一门发展非常迅速的新兴学科和技术，书中难免会有一些错误与疏漏之处，敬请广大师生及各位读者给予批评与指正，以期不断改进。

编　者

目　录

模块一　电子商务知识

项目一　电子商务认知　　3
知识目标　3
能力目标　3
任务一　电子商务的产生与发展　4
任务二　电子商务的含义、特征与分类　7
任务三　电子商务对社会经济的影响　11
项目小结　13
课后习题　13

项目二　电子商务模式分析　　14
知识目标　14
能力目标　14
任务一　电子商务的商业模式　16
任务二　电子商务模式的分类　18
任务三　电子商务的盈利模式　32
项目小结　35
课后习题　35

项目三　电子商务技术基础　　36
知识目标　36
能力目标　36
任务一　计算机网络　37
任务二　互联网概述　42
任务三　电子商务网站及其建设　51
项目小结　69
课后习题　70

项目四　电子商务法律法规　　71
知识目标　71

能力目标 …… 71
任务一　电子商务立法范围 …… 72
任务二　电子商务参与各方的法律关系 …… 73
任务三　电子商务的相关法律问题 …… 77
任务四　典型的电子商务法律法规 …… 78
项目小结 …… 81
课后习题 …… 82

模块二　电子商务应用

项目五　网络营销　85

知识目标 …… 85
能力目标 …… 85
任务一　网络营销概述 …… 86
任务二　网络营销战略 …… 106
任务三　网络营销策略 …… 111
任务四　网络营销的方法 …… 113
项目小结 …… 119
课后习题 …… 120

项目六　电子支付　123

知识目标 …… 123
能力目标 …… 123
任务一　电子支付概述 …… 124
任务二　常见电子支付类型 …… 133
任务三　电子支付安全 …… 149
项目小结 …… 155
课后习题 …… 155

项目七　电子商务物流　157

知识目标 …… 157
能力目标 …… 157
任务一　认识物流 …… 159
任务二　物流信息技术 …… 162
任务三　网店物流 …… 166
任务四　电子商务供应链管理 …… 167
项目小结 …… 172
课后习题 …… 172

项目八　电子商务数据分析与运营　　　　　　　　　　　　　　　　　　　173

　　知识目标　　　　　　　　　　　　　　　　　　　　　　　　　　　　　173
　　能力目标　　　　　　　　　　　　　　　　　　　　　　　　　　　　　173
　　任务一　电子商务数据分析基础　　　　　　　　　　　　　　　　　　　174
　　任务二　电子商务数据分析方法　　　　　　　　　　　　　　　　　　　175
　　任务三　电子商务数据运营基础　　　　　　　　　　　　　　　　　　　179
　　任务四　电子商务数据运营分类及应用案例　　　　　　　　　　　　　　182
　　项目小结　　　　　　　　　　　　　　　　　　　　　　　　　　　　　187
　　课后习题　　　　　　　　　　　　　　　　　　　　　　　　　　　　　187

模块三　电子商务创新与发展

项目九　移动电子商务　　　　　　　　　　　　　　　　　　　　　　　191

　　知识目标　　　　　　　　　　　　　　　　　　　　　　　　　　　　　191
　　能力目标　　　　　　　　　　　　　　　　　　　　　　　　　　　　　191
　　任务一　移动电子商务的产生与发展　　　　　　　　　　　　　　　　　192
　　任务二　移动电子商务的含义与特征　　　　　　　　　　　　　　　　　197
　　任务三　移动电子商务技术　　　　　　　　　　　　　　　　　　　　　198
　　项目小结　　　　　　　　　　　　　　　　　　　　　　　　　　　　　200
　　课后习题　　　　　　　　　　　　　　　　　　　　　　　　　　　　　200

项目十　跨境电子商务　　　　　　　　　　　　　　　　　　　　　　　201

　　知识目标　　　　　　　　　　　　　　　　　　　　　　　　　　　　　201
　　能力目标　　　　　　　　　　　　　　　　　　　　　　　　　　　　　201
　　任务一　跨境电子商务概述　　　　　　　　　　　　　　　　　　　　　202
　　任务二　跨境电子商务的模式简介　　　　　　　　　　　　　　　　　　207
　　任务三　跨境电子商务的物流模式　　　　　　　　　　　　　　　　　　212
　　任务四　跨境电子商务企业实施步骤　　　　　　　　　　　　　　　　　216
　　任务五　常见的跨境电商平台介绍　　　　　　　　　　　　　　　　　　219
　　项目小结　　　　　　　　　　　　　　　　　　　　　　　　　　　　　227
　　课后习题　　　　　　　　　　　　　　　　　　　　　　　　　　　　　227

参考文献　　　　　　　　　　　　　　　　　　　　　　　　　　　　　229

模块一　电子商务知识

1 项目一
电子商务认知

知识目标

1. 了解电子商务的产生和发展过程。
2. 了解电子商务对社会经济的影响。
3. 理解电子商务的含义。
4. 掌握电子商务的功能和特征。

能力目标

能整体把握电子商务的概念。

案例导入

2004年,网上创业成为电子商务发展的新亮点。一年前,某市组织了"4050网上创业活动",鼓励并帮助45岁左右的下岗职工进行再就业。下岗职工张阿姨和李阿姨积极投入了这一活动,并且都申请到政府提供的2万元创业基金资助。

张阿姨开设了一家经营时尚商品的网上商店,以受教育程度较高的年轻人为销售对象,网上商店为他们提供包括时尚化妆品、装饰品以及宝宝用品。张阿姨认为在网上做生意,诚信最重要,她严格把握进货质量,客观地宣传经营的商品,一般采用货到付款的方式,及时将货物送达订货人。一年过去了,张阿姨的网上商店生存下来,并且有了盈利。张阿姨说:"下岗曾使我一度陷入痛苦的深渊,互联网使我重新看到了生活的希望。"

李阿姨也开设了一个网上商店。为了丰富商品内容,李阿姨选择了多类商品,按照用户年龄设计了多个不同的商品介绍页面,并请专业人员应用多媒体技术把网页设计得有声有色。李阿姨对定价并不十分重视,也没有刻意拉开商品的价格档次。她说:"价格差距的作用不大。只要喜欢,顾客就一定会买。"半年下来,该网站的点击率在下岗职工同时创办的网站中已名列前茅,但销售额一直上不去。李阿姨最终得出的结论是:"开设网上商店的人都说在网上买商品很方便,但事实不是这样,因为目前网上商店所能提供的条件还不能完全满足客户的要求。例如,在网上买一件衣服就相当麻烦,因为不能直接接触到商品，所以需要投入很多精力来操作。再加上支付问题、安全问题、配送问题，顾客自然只浏览而不购买了。"现在，李阿姨已经完全退出了网络经营这个领域。

思考： 这是两个"4050"人员创业的实际例子。比较张阿姨和李阿姨的不同经历，请回答下列问题。

（1）张阿姨成功的主要原因是什么？

（2）李阿姨经营不顺利的主要原因是什么？

（3）作为个人创业，在开办网上商店时应主要考虑哪些问题？

（4）张阿姨和李阿姨都是在下岗后尝试利用互联网创业的，前者成功了，后者却遭受了挫折，但她们勇于创业的精神都给我们留下了深刻的印象。结合上述两个案例，根据电子商务发展的趋势，阐述电子商务专业学生创业理念培养的方法和重要性。

案例分析： （1）张阿姨成功的原因：①选择受教育程度较高的年轻人作为网站营销的对象，市场定位准确；②销售年轻人乐于购买的化妆品、装饰品和宝宝用品，商品定位准确；③注意诚信问题，以提高客户对网上商店的信任度；④针对目前人们对网上购物存在的疑虑，使用了正确的付款和送货方式。

（2）李阿姨不成功的原因：①销售商品种类过多，缺乏重点；②网站建设费用投入较多；③定价过程中没有很好地考虑网络的特点；④没有针对人们对网上购物的疑虑采取有效的解决方法。

（3）作为个人创业，在开办网上商店时应主要考虑：①筹集资金；②合理确定网上商店所售商品的市场定位；③合理确定商品的价格定位；④选择恰当的付款和配送方式。

（4）互联网创业理念培养的方法：①高等教育除重视专业知识的训练外，还应重视创业理念的培养；②通过分析不同企业、不同网站的创业思路和创业方法，培养正确的创业理念；③通过社会调查和社会实践，积累创业经验，提高创业活动的成功率。

互联网的快速发展已经彰显出越来越强的就业优势，并为个人创业提供了大量机会，缺乏创业理念将很难抓住发展机遇，互联网创业理念培养的重要性不言而喻。

任务一　电子商务的产生与发展

一、电子商务的产生

电子商务是在互联网发展、成熟的基础上产生的。1957年，苏联领先美国发射人造地球卫星，美国为扭转国际地位方面的劣势，专门建立国防高级研究计划署（Defense Advanced Research Project Agency）进行对策研究。20世纪60年代初，美国有关机构基于战略防御的需要，提出以网状计算机系统取代原先的集中连接方式。1969年，美国国防部资助开发的ARPANet试验成功，它采用分布式控制与处理系统，能在一个站点或多个站点遭到破坏时，保持其他所有站点间的连接完好。

1972年，ARPANet公布于世，此时ARPANet约拥有20个分组交换节点和50个站点，成为Internet的雏形。1972年，互联网工作组（INWG）成立；同年，BBN公司发明电子邮件并投入应用；1973年，ARPANet扩展到欧洲；1975年，微软公司诞生；1978年，BBS诞生；1981年，第一个商用BBS上市，实现交换程序和交换；1982年，商业电子邮件服务在美国启动，这是电子商务的最初形态。

1985年，美国国家科学基金会（NSF）建立NSFNet（National Sciencefoundation Network），同时开始设计一个能够将所有的计算机科研人员连接起来的网络。在美国政府的支持下，计算机科学网CSNet、ARPANet、MAILNet、NSFNet和其他一些网络联合，最终形成Internet。1986年，NSFNet取代ARPANet，成为Internet的主干网。1988年，MCI公司联入Internet，标志着商业机构开始进入互联网络。1989年，最早的Internet服务提供商Compuserve成立。同年，欧洲核子研究中心（CERN）研制成环球网（World Wide Web），利用一套协议Web标准，使分布于世界各地的科学家能方便地共享信息和科研成果。Web是通过一种超文本方式，把Internet上不同计算机内的信息有机地结合在一起，并通过超文本传输协议HTTP从一台Web服务器转到另一台Web服务器上检索信息，图文并茂地提供音频和视频信息。因此，Web标准的建立为电子商务提供了理想的工具。1991年，Internet的商业互联网交换联点CIX建成，标志着电子商务正式诞生。从1995年起，Internet主干网转由企业支持，实现商业化运营，电子商务进入快速成长阶段。

二、电子商务的发展

电子商务的发展是20世纪90年代全球竞争的反映。1991年9月1日，美国政府公布《高性能计算法》（Highperformance computing Act，HP），首次提出信息高速公路（information superhighway），并全面建设国家科研和教育网。公司和大学争相推出各种用途的软件，为科研服务提供多种技术手段支持，如WAIS能检索数据库、Gopher能存取Internet的各种信息资源等。同年，WWW环球网首次在Internet上进行商业应用，基于Internet的BBS新服务方式，不受线路限制，能满足100个用户同时上线，后来出现的基于Web形式的BBS，使访问人数几乎不受限制，交流作为BBS活动的核心，极大地满足了特定群体的需要。

1993年，美国提出"国家信息基础设施"（National Information Infrastructure，NII）计划，并取消利用互联网进行商业交易活动的限制。同年，NCSA开发的MOSAIC浏览器，使用户可以自由下载软件和文件，网景公司、雅虎公司等涌现，为互联网络的大规模应用奠定技术基础。1994年年初，互联网络购物中心Internet Shopping Center一成立，就有34家商店入驻。同年，Netscape推出Nevigator浏览器，进一步吸引大量企业进入Internet进行广告宣传，且网上销售活动逐渐增加，如培尼公司率先在网上开展百货零售，促进ISP和ICP业务迅速增长。1995年，美国又提出"全球信息基础设施"（GII）计划，加速信息公路建设。同年，互联网络进一步向个人和家庭倾斜，家庭上网数目大增，为电子商务提供规模需求。

1995年7月，英国威斯敏斯特国民银行、米德兰银行和英国电信公司发起在英国小城斯温登使用一种Mondex电子货币的实验。12月正式启动，居民无论在街头巷尾的杂货店还是超级市场，无论是买地铁票、公共汽车票还是买报纸、停车，都既不用钞票也不用硬币，而是使用Mondex。使用Mondex卡付账既不需要在收据单上签字，也不需要等待计算机或电话核实，实现网上支付。

1995年，一个新的网络技术Intranet（内部网）借助Internet发展起来，即利用Internet技术来建立自己的"内部网"，取代原来基于局域网的公司网络，实现更大范围时间和空间的信息传播。Intranet是利用Internet的技术和设备，为某一行业或企业提供综合性服务的计算机网络。它是一种不公开的网络，采取Internet的WWW标准和基础设施，通过防火墙与Internet相隔离，企业员工能方便地进入Internet，而未经授权的用户则不能进入。因此，Intranet 既具有传统型企业内部网的安全性，又有开放性和灵活性，通过提供灵活的信息发布形式，企业员工可以利用 Web 页面更快、更好地进行信息交流，提高工作效率；企业也可以及时向员工发布市场信息、技术信息及公司内部信息。

1996 年是电子商务蓬勃发展的一年，1 月，Java 语言推出；2 月，IBM 公司推出以互联网为基础的联机新闻和信息服务 INFOS-AGE；3 月，利用互联网出售亚特兰大奥运会门票，提供在线卡拉 OK 服务；7 月，奥运科技信息资料上网，WWW 在 ESPN 上提供 SPORTS ZONE 体育信息服务，开展体育资料查询、评论等。

1996 年 9 月 15 日，美国制定《国家信息基础结构：行动纲领》，阐述建设国家信息基础结构的重大意义、政府应发挥的作用和遵循的原则，以及政府应当采取的行动及实现计划带来的效益。NII 是一个能给用户随时提供大量信息的，由通信网络、计算机、数据库及日用电子产品组成的无缝网络。或者说，NII 是一个前所未有的、全国性的、世界性的电子通信网，把世界各地的人联系起来，并提供任何种类的可视化电子通信，把计算机、交互式电视、电话三种不同属性的设备结合起来，与电子通信网挂钩，还可把传呼机、蜂窝式电话、未来新奇的个人数字式助手等无线装置接入信息高速公路，目的是提供远程电子银行、教育、购物、税收、休闲、游戏、电视会议、电影订购、医疗诊断、广告传播、线上出版等各项服务。使每个家庭和企业通过光纤和多媒体，与全国范围内的商店、学校、银行、医院、图书馆、娱乐设施、新闻机构、电视广播台、各类数据资料库充分联结起来，达到最大限度的信息资源共享。

1996 年，IBM 公司与美洲银行、第一银行和梅隆银行等美国和加拿大的 15 家银行新设一个企业集团，开展支付汇款、电子贷款、股票和证券交易等活动的电子货币实验，以成本低廉的电子交易取代现金和支票。1996 年，互联网商业开始盈利，主要模式是销售产品、经营广告和信息，例如，美国杰森·奥利创办电脑网络商店，销售美国制作的所有爵士乐唱片和 2000 种进口唱片，无须支付房租，也无须存货，购物者只要输入 Cdnow.com，接通经销商，即可享受 24 小时送货到家；该网络商店同时经营广告，年营业额 600 万美元，毛利约 18%。1996 年，联合国国际委员会第 29 届年会通过《电子商务示范法》。1996 年 12 月 11 日，美国政府提出新的全球网络商业纲领性文件《全球电子商务政策框架》，主要涉及财务问题、法律问题和市场准入问题，具体内容如下。

(1) 电子商务的原则。政府应避免对电子商务做不恰当的限制，尽量减少参与和干涉合法交易，如新的手续或新的税收和资费；政府参与的目的是支持和加强一个最简单和最后一致的商业法制环境，保护消费者权益，保护知识产权，保护公平竞争，推进管理变革，促进世界范围内电子商务的发展。

(2) 电子商务应设置一个免税区。电子商务只适用现有的税收制度，避免新税和双重征税。

(3) 统一的商务法规。在电子商务法律问题方面，对知识产权保护、个人隐私、保密、信用、安全方面进行详尽的规定，并通过技术手段来实现。

(4) 电子商务的市场准入。对电子商务的各个领域进行深入描述，对广告内容、公共政策、文化特征、语言多样性提出具体要求，鼓励行业自律。

电子商务的推广应用是一个由初级到高级、由简单到复杂的过程，对社会经济的影响也是由浅入深、从点到面。从网上相互交流需求信息、发布产品广告，到网上采购或接受订单、结算支付账款，企业应用电子商务是从少部分业务到大部分业务，直至覆盖全部业务环节。从具体业务领域来看，也是由少到多逐步发展完善，如电子贸易的电子订单、电子发票、电子合同、电子签名,电子金融的网上银行、电子现金、电子钱包、电子资金转账,网上证券交易的电子委托、电子回执、网上查询等。Internet就像一个世纪前电力的应用一样,正全面改变着社会生活的面貌,网络学校、电子图书馆、网上书城、电子音乐厅、网上医院、电子社区、网上舞厅、电子棋室、网上投票、电子政府、网络幼儿园、虚拟购物中心等方面,Internet和电子商务的影响无所不至,将日益成为人们生活中不可缺少的内容,相信电子社会(E-society)、电子生活(E-life)、电子城市(E-city)都不是十分遥远的概念了。Internet和电子商务的飞速发展创造了新的商业奇迹或神话,Amazon、AOL、eBay等新型网络企业依靠电子商务的优越性和投资者对网络企业的钟情,从最初的几百万或几千万美元投资迅速成长为市值达数百亿甚至上千亿美元的巨型企业。1999年年末,美国在线(AOL)并购几百亿美元身价的时代华纳公司,开创了网络企业鲸吞老牌大型企业的先河,人们惊呼一个"快吃慢"的企业并购时代开始了。2000年2月底,香港盈科数码动力成功收购香港电讯是"小吃大""快吃慢"的又一突出事例,该公司上市仅10个月,股价就从0.68港元飚升到20港元,以2180亿港元市值吞并了市值高达3 150亿港元的"百年老店"香港电讯,创造网络时代又一奇迹。相信21世纪的商业舞台会上演一幕幕更精彩的电子商务市场争夺战。

任务二 电子商务的含义、特征与分类

一、电子商务的含义

目前,对电子商务这一事物有各种不同的解释,按照经济合作与发展组织(OECD)的简要定义:电子商务是在开放网络上进行的企业之间或企业与消费者之间的商业交易。按照我们的理解,电子商务是指利用计算机网络(Internet/Intranet/Extranet)在有关各方之间进行商务或业务信息的交换和处理,快速完成日常商务和业务活动的一种新方法、新手段、新技术。虽然电话、传真等电子设备也是商务活动的常用手段,但电子商务特指以计算机网络为依托进行的各种商务活动和有关活动,包括网上商品或服务的提供者、消费者、广告商、中间商等有关各方的行为总和。

电子商务,原是从英文electronic commerce翻译过来的,近年来欧美又出现electronic business的概念,中文也多译作"电子商务"(少数译作"电子业务")。笔者认为两者英文原意有很大差别:commerce多指商业贸易方面的活动,如批发零售业务,往往涉及商品的买进、卖出等实物运动,而纯粹劳务智力服务如法律咨询、医疗服务等,即使是有偿服务,一般也不称commerce;而business作为商务的含义则广泛得多,凡是以盈利为目的的经营性活动,不论是商品买卖还是劳务交易都属于其范畴。此外,business也有"业务"的含义,则各种非营利性活动也包含在内,如政府部门收税和发放社会福利、学校教育等。所以,从electronic commerce到electronic business,反映了Internet的应用领域拓宽,对社会经济的影响扩大、加深,两者都译为电子商务,前者可视为狭义的电子商务,后者可视为广义的电子商务。广义的电子商务不仅是网上贸易,也不限于商业化应用,而是电脑互联网络在社会各个领域的全面应用。笔者认为,对电子商务概念的理解应当宽泛一些,以便社会各方面对Internet应用的探索和研究。

对一般企业经营而言,电子商务包括的内容有业务信息交换、售前售后服务(提供产品和

服务的介绍、产品使用指南）、销售、电子支付（电子资金转账、信用卡、电子支票、电子钱包、电子现金）、运输（依托条形码和密码技术对实物商品的发送和运输实行网上跟踪以及对可电子化传送的多媒体产品的实际发送）、组建虚拟企业、厂商和贸易伙伴共享商业信息等。

案例阅读

狗不理：如何在几个月内盘活电商业务

一个有着近160年历史的"中华老字号"如何做电商？不缺品牌基础，更不缺强势产品，缺的是与年轻消费者沟通的渠道。

稻香村、沈大成、知味观……一系列老字号品牌在电商渠道的逆袭，让"天津三绝"之首"狗不理包子"羡慕不已，无奈的是，营销预算有限，靠传统的"砸钱换流量"模式，换来的是惨淡的销量。

事实上，"狗不理包子"创立于1858年，是国家级非物质文化遗产，早在20世纪60年代就以冷冻食品的形式出口海外，还开有多家分店。

当它频频出现在达人主播的镜头里，一个让人惊喜的变化发生了：在几个月内，狗不理迅速盘活了销量低迷的电商业务，找到了适合自己的营销模式。它是怎么做到的？

从一筹莫展到柳暗花明

2016年8月，陈佳刚刚担任电商运营经理时，"狗不理天猫旗舰店"（以下简称"狗不理"）已经在天猫等电商平台持续运营了三年左右，但日销仅数百元，月销两三万元。在他看来，作为一家知名品牌，只做出这样的成绩实在不应该。

现在的狗不理旗舰店以速冻包子为主打爆款，酱货、麻花辅之。但在当时，线上的产品并不丰富，在面点这个偏小的细分类目里，经营显得举步维艰，每天自然进店的消费者少之又少。

最初，陈佳想过采用直通车、钻展、淘宝客等电商导流的基本方式，但这些方式的初期投入较大，对"狗不理"这样的传统企业来说很难接受，"公司线下的基础还是挺强的，思路比较传统。产品做出来就赶紧卖出去，如果说要用几十万、上百万的营销费用砸直通车、去站外打广告，就可能通过不了。"陈佳对《天下网商》坦言。

直通车的"养词"，即培养关键词的精准匹配有其阶段性，需要在前期不断测试关键词的产品得分。陈佳在此前一家公司的电商运营中，经常两三天投入5 000～10 000元做直通车，但在"狗不理"，由于预算有限，两三天一般只花3 000元左右。

一边是运营费用的缺口，一边是难以提升的销量，怎么办？

2016年9月，陈佳来到阿里巴巴总部，希望能找到一些有用的资源进行突破。然而，在销量和店铺层级都达不到一定程度的情况下，A类活动、淘抢购、聚划算都没法参加，直通车已经有所投入，难道就没有别的引流方法了？

正在一筹莫展之际，陈佳在机缘巧合之下参加了淘宝达人学院的达人训练营，他第一次了解了"内容营销"的玩法，有多年电商经验的他意识到，这可能是突破瓶颈的方法。在现场，他结识了赵径玮、"荔枝娘娘"等一些达人。

不同于直通车这样的硬性投入，做红人直播虽然在初期可能也无法带来很高的销售额，但是按销售佣金结算的方式，甚至还能产生一定的利润，搜索权重也能逐步提升。如果营销预算有限，要慢慢培养店铺销量到可以做A类活动的程度，或许是值得尝试的方式。

通过达人合作，慢慢夯实店铺基础

说干就干，"狗不理"开始通过V任务寻求达人合作。最初，一名观看人数约一两千人的新手主播被狗不理的"悬赏"所吸引，主动要求合作。第一场直播下来，销售出100多单。尽管销量并不多，但陈佳看到了这条路径的可行性，决定继续尝试。

尝到了甜头后，"狗不理"与淘宝达人的第二期合作则瞄准了观看人数在五六万的达人。陈佳对此印象很深刻，有一期找了赵径玮，前期双方配合写脚本，在一次秒杀中，半小时卖出1 000多单，这让他感到兴奋不已："对我们来说，这个销量是之前很长时间里都不可能达到的。"

到了2016年天猫"双11"时，"狗不理"开始了和各个达人日常性的合作。当时的"狗不理"虽然还没有参加A类活动的资格，但已经可以参加草地冠名、有好货等常规推广活动。陈佳发现，这次销量比上一年"双11"增长了不少，达到15万元。

12月，"狗不理"的月销售额达到70余万元，陈佳认为已经打好了基础，紧接着便参加阿里"年货节"。由于作为面食类适合此次活动，加上之前数月有着不错的增长，"狗不理"顺利入选。这次，电商团队选择了一款面食大礼包作为主推款。

"狗不理"的这款产品每年在线下周边地区能销售8 000多万元，在线上却一直销量欠佳。在决定用这款产品扳回一城后，"狗不理"一边维持店铺基础运营，一边继续寻找达人合作，其中有站内的图文达人、主播，也有站外自媒体。在1月的年货节期间，该店销售额达到270万元。

对于"狗不理"来说，一直以来困扰其电商业务发展的，是苦于不知如何玩内容，到哪找达人合作。作为由淘宝达人团队联合淘宝大学、天下网商共同组建的，基于达人领域的综合学习型组织，淘宝达人学院为他带来了更合适的达人资源。

在陈佳加入的一些KA商家群中，逐渐开始有人称赞"狗不理"的发展势头良好。他反思后觉得，运营主播、达人的推广形式，更适合大品牌、老字号，或者是产品本身就有竞争优势的，能节省很大一部分市场营销费用。

"你要说我们百年品牌有多好多好，其实在商品的首页展示是放不开的，消费者可能也没有时间和兴趣去看。"陈佳说。相比之下，一位主播在镜头中"品鉴"包子，能把它的手工工艺、百年传承、选材等特点全面展示出来，美食达人们将这些卖点较为精准地传播给其吃货粉丝们，会获得更好的转化效果。

传统企业，如何向电商转型？

电商业务的较快增长，也给"狗不理"这家传统企业带来一些新的变化。陈佳认为，"狗不理"虽然品牌知名度高，但是之前扩散性仍不够强。在"狗不理"的销量提升后，有较多代理商和批发商直接通过天猫旗舰店与狗不理集团取得联系。

而在另一方面，"狗不理"也开始为电商做新的产品规划，以及适当扩大产能。对于目前数十万元的月销售额，该公司的目标是在2017财年做到年销售2 000万～3 000万元，而工厂计划扩大1.2～2倍的生产规模。

有天猫旗舰店作为标杆，"狗不理"也开始探索天猫、京东等平台旗舰店和本来生活等生鲜电商外新的渠道。据称，"狗不理"将在近期上线天猫超市，与"盒马鲜生"的合作也在洽谈中。

作为"中华老字号"，"狗不理"创始至今已有150多年历史，2005年起逐步改制，由国企转变为家族企业，董事长张彦森同时也手握天津同仁堂药业。改制后，"狗不理"开始大力发展酒店餐饮，走上了"高端、大气、上档次"的发展道路，价格也有所攀升。2016年1月，主营速冻包子、糕点、酱卤肉制品的狗不理食品股份有限公司正式挂牌新三板。

陈佳表示，"狗不理"的产品将继续主要面向中高端的消费群体，而"手工包制""18个褶"等技艺成为其竞争力的核心。除了继续在馅料上开发"高端包子",狗不理旗舰店也不想只卖速冻包子。百年老汤酱货等短保制品、定位办公室零食的麻花等产品成了接下来的推广重点。在规划中,短保制品将使用锁鲜装推向全国市场。

对于老字号电商转型的心得,陈佳说:"传统企业看到电商会是一种发展大趋势的情况下,是舍得投钱的,但是要先给它信心,然后才会跟着现在的电商玩法去做投入。"

资料来源:卖家资讯. 中国电子商务研究中心.

二、电子商务的特征

在商业社会下,电子商务是网络技术发展的重要成果,是信息化技术改变人们生活的重要体现。互联网为传统商业的发展提供了新的"助推剂",它与生俱来的开放、共享等特点也成为电子商务的固有属性。借助于网络的先天优势,电子商务将极大地革新企业的生产经营活动,它带来的思维方式的改变也将为世界经济运行带来变革,使其产生的价值远非任何一种传统贸易形式可以比拟。

(一)效率更高

借助现代化的通信手段,商业活动可以突破时间和距离的限制,降低了买卖双方沟通的时间成本,使交易的效率得到提高。同时得益于互联网的无国界性,全世界各地的企业、商家、消费者都可以通过互联网交换需求、供应等信息,交易各方获取信息更加方便,为各行各业创造了更多的贸易机会。

(二)成本更低

电子商务简化了交易活动的步骤,可以直接对接生产者供给和消费者需求,显著降低了交易中的人力、物力等成本,使商品和服务的价格更低,极大地促进了商业活动的开展。

(三)信息更灵

在当前社会,谁能抢先一步获得信息谁就取得了商业活动的主动权。尤其对于企业来讲,信息传递的快慢对商机的把握至关重要,越早获得信息,就意味着越早占领市场。互联网的出现引起了信息交换的革命,使大企业对信息不再拥有垄断优势,中小企业在信息获取上不再处于下风,甚至可以先一步发现商机。并且由于其信息交换的快捷方便,得到了商家和消费者的普遍欢迎。

(四)体验更佳

通过互联网提供的平台,如果交易的双方愿意,可以通过文字、语音,甚至实时视频的方式直接交流,双方的意见可以充分交换,使消费者的诉求得到充分表达。对于消费者来说,网上购物简单到点击几下鼠标的地步,免去了购物当中的时间、体力消耗,购物体验大大优于传统卖场。还可以通过网络反馈意见和建议,帮助商家及时改进产品和服务,不断提高消费者满意度。

三、电子商务的分类

根据运作方式、活动内容、交易范围、网络类型、商务模式、交易对象的不同,电子商务可以有很多种分类方法。目前最常用的分类方式是按照交易对象进行分类,下面主要研究这种分类方式。

从交易对象的角度来看,电子商务主要可以分为企业间的电子商务、企业对消费者的电子商务、消费者对消费者的电子商务、线上到线下的电子商务等类型,其他还有诸如企业对政府(B2G)、消费者对政府(C2G)、消费者对企业(C2B)等类型,本文不做讨论。

（一）企业间的电子商务

企业间的电子商务（business to business，B2B），是指企业之间进行电子商务交易，没有个人、政府、社会组织等参与。通俗来讲，是指通过互联网上的第三方交易平台，企业发布供求信息，进行订货、支付等交易活动，最终完成交易过程。阿里巴巴和慧聪网是我国典型的 B2B 交易平台。

（二）企业对消费者的电子商务

企业对消费者的电子商务（business to customer，B2C），是指企业和消费者之间的电子商务，即企业通过互联网等电子方式向消费者提供产品和服务的交易形式。B2C 电子商务一般是指网上零售业，也就是说企业通过互联网建立商店，消费者通过访问企业网店，完成挑选、下单、支付、收货等过程，售后服务、投诉等环节也通过网络完成。对于企业来讲，B2C 降低了选址、建店、维护、管理等运营成本，对于消费者来讲，降低了购物的时间成本，大大提高了交易效率。同时相比于消费者对消费者的电子商务，B2C 的商品质量和售后服务又有一定优势，因此 B2C 得到了更多消费者的认可，近年来发展速度较快。国内知名的 B2C 企业有亚马逊、京东、天猫等。

（三）消费者对消费者的电子商务

消费者对消费者的电子商务（customer to customer，C2C），是指消费者与消费者之间，通过互联网上的第三方交易平台，进行商务交易活动。在 C2C 模式中，消费者既可以是商品和服务的购买者，也通过交易平台发布自己的商品，自由定价并提供相关服务，让其他消费者进行选购，类似于传统的集贸市场。互联网的应用使 C2C 降低了交易成本，同时由于卖家数量极其庞大，规模大小不一，能够提供的产品和服务种类远远高于 B2C 模式，这是 C2C 的优势之一。C2C 中的交易平台负责对交易过程进行管理，规范买卖行为，打击假冒伪劣、恶意评价等，保障买卖双方利益。我国知名的交易平台供应商有淘宝网和拍拍网。

（四）线上到线下的电子商务

线上到线下的电子商务（online to offline，O2O）是电子商务的新兴模式，是指通过互联网搭建的宣传与推广平台，将消费者引向线下的实体商家，使电子商务切入传统零售与服务领域，搭建了线上与线下相互沟通的桥梁。消费者可以通过网上平台对线下商家提供的服务进行比较、筛选，并通过线上进行支付、预定，享受服务后还可以进行评价，为其他消费者提供参考。该模式最重要的意义是将线上线下市场进行有效融合，使电子商务真正走到我们身边，为生活带来便利。例如，餐饮娱乐团购、在线租车、网上酒店预定等都是典型的线上到线下的电子商务。

任务三　电子商务对社会经济的影响

正是由于现代电子商务具有以上一些优势使得电子商务必将对现代社会经济产生非常深远的影响。

一、电子商务改变了人们的消费方式

进入电子商务时代后，消费者的消费行为和消费需求发生了根本性的变化，主要表现为以下三点：

（1）由于选择范围的显著扩大，消费者可以通过网络从大量的供应商中找到理想的供应商，而不必像传统购物那样要花费大量的时间、精力去货比三家。

（2）消费者的消费行为将变得更加理智，对商品的价格可以精心比较，避免因不了解行情而上当受骗。

（3）消费需求变得更加多样化、个性化。消费者可直接与企业和商家在线信息沟通，向商家和生产厂家反馈自己对某种产品的需求，定制化生产将变得越来越普遍。现在越来越多的客户，特别是年轻的客户群，特别热衷这种新型的电子商务消费方式，他们通过网络直接浏览生产企业或商家的网站，及时了解企业或商家的商品信息，并根据需要直接与商家之间进行接洽，这样既可以在较短的时间内买到心仪的商品，又免去了货比三家的烦恼。

二、电子商务改变企业的生产方式

由于电子商务提供一套快捷方便的购物流程，消费者的个性化、特殊化需求完全可以通过网络反馈到厂商面前。为赢取顾客，制造业中的许多企业纷纷发展和普及电子商务，突出产品的设计风格，如美国福特汽车公司就通过改变原有的生产方式，推动了企业自身的发展壮大。

三、电子商务将给传统行业带来一场革命

传统商务交易过程中的实务操作由交易前的准备、贸易磋商过程、合同签订与执行、支付过程等环节组成，电子商务是在商务活动的全过程中，通过人与电子工具的结合减少中间环节，实现企业与企业、企业与消费者、消费者与消费者的交易方式。

四、电子商务将带来一个全新的金融业

网上支付结算是电子商务的关键环节之一，由此产生了网上银行电子现金、电子支票、银行卡支付网络等金融服务，将传统的金融业带入了一个全新的领域。

1995年，世界上第一家新型的网络银行——美国安全第一网络银行成立。1996年，中国银行建立了自己的网站，在国内金融业率先通过互联网提供银行服务。1999年9月，中国招商银行在国内首次全面启动网上银行——一网通，无论是在技术性能还是在业务量方面，在国内同业中都始终处于领先地位。人们在电子商务时代充分体验着鼠标上的金融世界所带来的便利。

五、电子商务促进了全球经济一体化

在传统贸易中，许多企业缺乏进出口渠道，从事国际贸易几乎是可望而不可即的。互联网是一个面向全球的开放性网络，无论企业在任何一个地方上网，它的影响范围都是世界性的。通过互联网实现的电子商务为企业打开了一条进行国际贸易的通道，有利于全球性的、统一的全球开放型市场体系的形成。

六、电子商务增加了新的就业机会

电子商务的发展将形成庞大的信息服务市场，需要大量的计算机网络技术人才和电子商务管理人才，增加了新的就业机会。

七、电子商务的正常开展将带动相关产业的发展

电子商务的出现带动了一系列相关产业的发展,为企业开拓网络市场创造了新的商机。它还会造就一批全新的电子商务企业,电子商务使中小企业可能以相对较低的成本进入全球电子化市场,拥有和大企业一样的信息资源,提高了中小企业的竞争能力。

项目小结

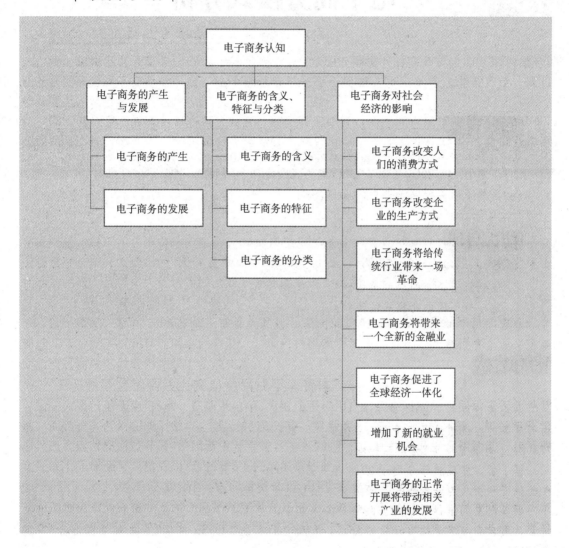

课后习题

1. 什么是电子商务?
2. 电子商务的产生与发展的主要原因是什么?
3. 电子商务对社会经济的主要影响是什么?

项目二 电子商务模式分析

知识目标

1. 了解电子商务模式的定义及其分类。
2. 了解 B2B、B2C、C2C、O2O 等常见的电子商务模式。
3. 掌握不同类型电子商务的盈利模式。

能力目标

1. 能独立分析企业属于哪种电子商务模式。
2. 能判断出企业的盈利模式。
3. 能分析不同电商模式的优缺点。

案例导入

发现旅行：提供一站式出境自由行服务

发现旅行成立于 2013 年 8 月 18 日，是一家主打精品路线，为用户提供一站式出境自由行服务的在线旅游服务平台，一直以"不飞廉航、不住快捷、不搜攻略、不去拼命"以及"7×24 小时管家服务"为产品标准。

据了解，发现旅行分别于 2014 年 6 月、2016 年 1 月获得由顺为资本投资的百万美元 A 轮融资和由众为资本领投、顺为资本跟投的千万美元级别 B 轮融资。

近日，发现旅行创始人王振华向媒体宣布，发现旅行全线升级，其中用户体验、用户运营、用户参与感是此次升级的重点。发现旅行品牌 Slogan 也从"专注出境自由行"下沉至"发现旅行，有当地管家的自由行"。

用户体验升级，行中服务全部交由当地管家

"当前产品虽然做到了确定性，但是我最多给 60 分。"王振华提到，虽然发现旅行 80% 的新增下单用户来自亲戚、朋友的推荐。有超过 96% 的用户在电话回访中选择"经过这次旅行体验，愿意向周围亲友推荐发现旅行的这款产品"，以及 90% 以上的用户愿意"下次出行的时候考虑选择发现旅行"。但这与最初做出一款介于传统旅行社跟团游和机+酒自助

游间的自由行产品还存有差距。

为此,王振华表示,在3~6个月内,发现旅行彻底突破行中服务,将目前行中总部管家+当地管家联动服务的模式升级至"行中服务全部交由当地管家"。这意味着,不久之后发现旅行用户在海外目的地的体验将从固定环节(接机、办理酒店入住、紧急情况求助)的管家服务拓展至全服务。

用户运营升级,专属卡权益比肩奢侈品 VIP 礼遇

"发小卡"被发现旅行定义为自由行领域含金量最高的一张粉丝专属卡。王振华认为,现在越来越多原面向C端的在线旅游企业开始转战B端,但是发现旅行不会步其后尘。不仅不会,发现旅行还将在成功经营自有流量的基础上,强化用户运营。"发小卡"的推出正是发现旅行在强化集中运营、策略运营的表现。

"发小卡"在权益设计上借鉴了星巴克"星享卡"。每个发现旅行粉丝所成功申购到的"发小卡"除了内存一定额度的固定权益(1张300元发现旅行产品优惠券;卡号可被作为邀请码发送给新用户,新用户每使用并支付成功一个订单,该"发小卡"的持有者可获得100元发现旅行产品优惠等)外,之后发现旅行还将向卡内不定期的存放粉丝专属优惠券,用于抢购发现旅行的爆款商品。

此外,"发小卡"的尊享之处更在于每张"发小卡"的卡面都印有全球唯一二维码,用于识别持卡人的个人信息。

线下,在发现旅行的任意海外目的地出示此卡,持卡人即使未在本次出行中预订任何发现旅行的商品,也都可以无条件寻求发现旅行当地管家的帮助。而这一权益的优异之处比肩奢侈品VIP用户的全球礼遇。

首批500张"发小卡"已与粉丝盛会前夕申购完毕,新一轮的正式申购将于6月22日15:00开放。申购资格为申购者需凭以本人手机号绑定的发现旅行账户在发现旅行官方渠道(官方微信、官网)购买过商品。

用户参与感升级,用户关系链向线下延伸

围绕"在你身边",发现旅行此次全线升级最后的重点落在了"用户关系链"的建设上。王振华认为,在线旅行企业目前的C端困境主要来自大部分把持流量者长期仅经营流量,而忽略了对用户关系链的经营。因此,长期以来在同等品牌认知度的情况下,在线旅游企业下单用户复购率要低于传统旅行社。

王振华提到,随着直播、虚拟现实技术的运用和日渐普及,增强与用户的实景交互正成为用户关系链建设新的利害之处。另外,在近期这轮以O2O概念为支撑的投资潮中,最近崛起的新巨头,包括Uber、Airbnb、滴滴、新美大,无一不是更主动在线下拥抱用户的企业。而就旅游本身而言,用户关系链的建设中不能少了体验与互动。

对此，经过两年多的积累，发现旅行准备向线下延伸。与同程旅游、途牛网这些 OTA 的策略不同，发现旅行希望在线下建立的用户关系链并不是基于固定的"点""线""面"，而是建立在分享经济的基础上，激活粉丝的活动创新力。

据悉，发现旅行将在近期推出新举措，用于支持粉丝自发的在线下组织富有创意的活动。其中，对那些优秀的创意，发现旅行官方还将给予额外奖励。笔者今天刚好了解到日本东京的一家小店——小笹，只有3平方米，就卖羊羹和最中饼两种点心，年赚 2 300 万人民币。同样，发现旅行最吸引笔者的点也是它的专注。现在的一些创业公司往往想什么都做，最后做失了用户黏性，这点引人思考。

资料来源：猎云网文，第七笔画．中国电子商务研究中心．

思考：发现旅游采用了哪种电子商务模式，为什么会采用这种模式？

任务一 电子商务的商业模式

一、商业模式的定义

电子商务的一个重要的特征就是它能不断地催生出新的商业模式。所谓商业模式，就是公司通过什么途径或方式来赚钱。简言之，即开展商务活动的方法，企业就此获得收益并以此维持生存和发展。商业模式还有一层含义，就是企业在一条价值链中处于什么地位，也就是企业通过什么方式为产品或是服务提升价值。例如，汽车公司如何通过卖车赚钱、食品公司如何通过卖食品赚钱、快递公司如何通过送快递赚钱、网络公司如何通过关注度和相关消费赚钱、通信公司如何通过收话费赚钱、超市如何通过平台和仓储赚钱等。只要有潜在或直接的盈利环节，就有商业模式存在。

商业模式是一种包含了一系列要素及其关系的概念性工具，用以阐明某个特定实体的商业逻辑。它描述了公司所能为客户提供的价值以及公司的内部结构、合作伙伴网络和关系资本等用以实现（创造、推销和交付）这一价值并产生可持续盈利收入的要素。

众学者对商业模式最新的解说是企业通过商业运作创造收益的一种方法。具体来说就是先对企业的客户进行分析，在分析的基础上研究向客户提供商品或服务（价值）的方式，目标是提高盈利能力和持续发展的能力。

二、商业模式的结构特征

按照企业的性质和行业的特征，商业模式可以分成多种类型，比较复杂的商业模式包括以下要素：

（1）客户的特征、与企业的关系、客户的价值诉求，以及客户能够为企业创造的价值。

（2）企业能够提供的产品和服务、企业的目标收藏。

（3）生产流程，按此来生产递送产品和服务，包括配送策略和营销策略。

（4）经营管理所需的资源，并说明哪些是已有的，哪些需要现在开发、生产，哪些需要从外部获得。

（5）企业的供应链，包括供应商和商务伙伴。

（6）主要的竞争对手、各自的市场份额，以及它们的优势和劣势。
（7）商业模式带来的竞争优势。
（8）企业可能发生的变化以及阻碍变化的因素。
（9）预期的经营收入，即收入模式、预期的成本、融资渠道、盈利能力等。
（10）价值诉求，是指运用某种商业模式所能创造的收益的分析，也即是企业从落实商业模式中可以得到的利益，这些利益包括无形的、难以量化的利益。

三、商业模式的功能

商业模式的功能也称为商业模式的目标，简单来说有以下几种：
（1）描述企业主要的经营流程。
（2）描述企业在价值链中的位置，包括潜在的商务伙伴和竞争对手，描述供应链和价值链。
（3）设计企业的竞争策略及长期经营规划。
（4）设计客户价值诉求。
（5）识别细分市场。
（6）描述企业的价值链结构。
（7）预测企业的成本和收益。

四、电子商务的一般商业模式

电子商务企业的商业模式有许多种，下面介绍最常见的5种电子商务商业模式。

（一）在线直销

电子商务的商业模式中最常见的是在线直接销售商品和服务。这样的销售有的是生产厂商直接销售给客户，省去了中间环节和实体店铺；有的是零售商销售给消费者，使配送更加便捷。若产品、服务是数字化的商品，那么这样的销售模式就更显示出它的效率。这种销售模式有多个变种，经营的模式也各不相同，主要运用在B2C和B2B的交易中。

（二）网络招投标平台

大的买家通常都会通过招投标平台来完成大宗采购。利用网络来进行招投标既节约时间，又节约金钱。由通用电气公司开发的网络招投标平台已经得到广泛使用。有些政府机构也规定采购活动必须通过网络招投标完成。

（三）电子市场与电子交易

电子市场以单独的形式存在已经有几十年的时间了，但是到了1996年，形形色色的电子市场都引入了新的更加有效的方法，加速交易的流程。只要精心地组织和管理，电子市场能够给交易双方都带来很大的利益。人们较多关注的是垂直市场，也就是在一个行业里开展交易的市场。

（四）病毒营销

病毒营销是指消费者之间的口口相传，帮助企业宣传产品和服务。病毒营销的形式有很多种，它对电子商务和社交商务的作用都很大。因此，只要能够说服人们向亲朋好友发送宣传资料，或者动员好友参加某些活动，企业就能提高品牌的知名度，甚至还能实现销售。口口相传式的广告活动在网络平台上，特别是在社交网络上非常流行。

（五）团购

团购在离线环境中很流行，尤其是企业在经营中运用得很多，它的理论基础是"数量折扣"。互联网是一个把个体聚拢在一起的平台，因此，它就具备了数量优势。2010 年，Groupon 网站推出了一种改良模式，方便人们在采购某一类商品时享受折扣优惠，这是最早的团购活动。

需要指出的是，一家企业一般不会只采取一种商业模式，通常会同时采用几种商业模式。

任务二　电子商务模式的分类

电子商务模式，就是指在网络环境和大数据环境中基于一定技术基础的商务运作方式和盈利模式。研究和分析电子商务模式的分类体系，有助于挖掘新的电子商务模式，为电子商务模式创新提供途径，也有助于企业制订特定的电子商务策略和实施步骤。

随着电子商务应用领域的不断扩大和信息服务方式的不断创新，其类型也层出不穷，电子商务模式可以从多个角度建立不同的分类框架，本任务主要按照交易形式或是参与者之间的关系，将电子商务分为以下几种不同的形式。

一、企业间电子商务模式

企业间电子商务（business to business，B2B）是参与者全为企业的电子商务模式，具体指企业与企业之间通过网络（互联网、内联网、专用网等）进行数据信息的交换、传递，开展交易活动的商业模式。它将企业内部网和企业的产品及服务，通过 B2B 网站或移动客户端与客户紧密结合起来，通过网络的快速反应，为客户提供更好的服务，从而促进企业的业务发展。这种交易有的是企业与供应商之间进行，有的则是企业是与其他各类企业之间的交易。这里所指的企业，可以是各类组织，不管是私有、国有、营利、非营利的，笼而统之地都称为企业。

B2B 电子商务的主要特征就是企业通过网络自动地开展交易，或是通过网络进行沟通、协作，目的是对经营、管理的持续优化。推动企业开展 B2B 电子商务的要素有很多，如降低成本、提升竞争优势、利用企业或是公共的网络交易平台，协调与供应商、客户间的关系，减少履约延误的现象，利用先进技术整合企业内、企业间的各种系统等。

根据企业的参与形式、买卖方的数量，我们可以将 B2B 电子商务分成 4 种基本的类型。

（一）以卖方为主的交易

以卖方为主即一个卖家，多个买家，如图 2-1 所示。从电子商务分类的角度来看，这样的市场关注的是一家企业销售或是购买的需求，所以可以称为一家企业为中心的电子商务。企业利用网络（外联网）直接向企业客户销售商品和服务，卖方可能是一家制造商，它把商品销售给中介，如批发商、零售商或是另外的企业，不管是哪种情况，卖方为主的网络市场只有一个卖家，而买家会有很多个，如思科公司。

（二）以买方为主的交易

以买方为主即一个买家，多个卖家，如图 2-2 所示。在卖方为主的网络市场中，买方的采购部门有时需要人工输入订单信息。此外，靠人工搜索网络店铺或网络市场，对产品和商家进行比较，这都是比较费力的事情。因此，一些买家会开设自己的采购市场，称为

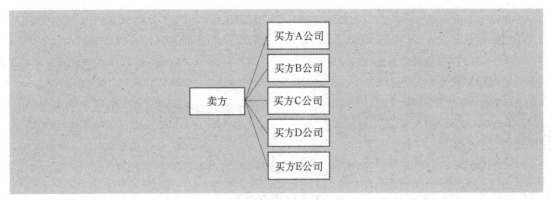

图 2-1　以卖方为主的交易

买方为主的网络市场，由买方邀请卖方出价并完成订购活动。这里，我们用采购来表示企业购买商品或是服务的活动。这项工作一般由采购代理来完成，也有的称其为公司采购人。在以买方为主或以卖方为主的市场上，由于由某一家企业决定了在交易中可以让谁来参与，也由其来掌握信息系统，这样的市场往往就是独家操作，运作的平台是买方或是卖方的公司网站，或者是在第三方(中介)的网站上，如小企业团购。

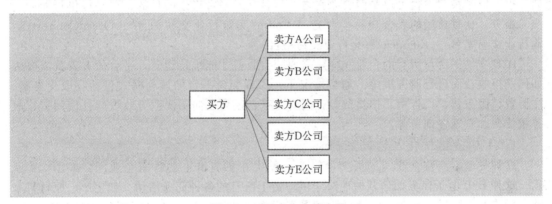

图 2-2　以买方为主的交易

（三）多方交易

多方交易即多个卖家对多个买家，如图 2-3 所示。在多对多电子商务市场中，多个买家和卖家在网络上相遇，目的是参与相互之间的交易，这样的电子商务市场有很多，有的被称作多方交易市场。多方交易市场一般是由第三方经营，或是由产业联盟来运作的，这个市场将众多企业买家和企业卖家聚集在一起，通常被称为 B2B 交易平台，简称为交易平台。交易平台除了交易活动，还有许多企业间的沟通活动，如传递行业新闻、在线讨论、开展市场调研等。有些交易平台还有支持服务，如支付系统和物流系统，企业还可以开展咨询活动。B2B 交易平台的名称也有很多，如网络市场、交易平台、交易社区、交易中心、互联网交易中心、B2B 平台等，这里我们统称为交易平台。

B2B 交易平台上，买卖双方可以就价格和数量进行磋商，这一点与实体市场相似。一般情况下，网络交易平台上的交易各方都要受到自由市场规则的制约，而 B2B 网络交易平台具有以下三大功能：①撮合买卖双方；②促进交易，优化交易流程；③制订交易规则，维护交易平台基础设施。

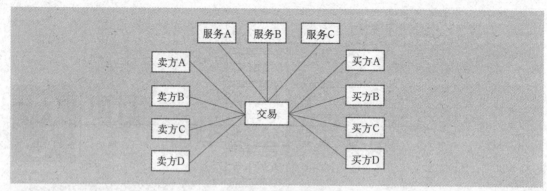

图 2-3 多方交易

一般情况下，B2B 交易平台的所有权属于第三方，这对买卖双方都有利，如洲际交易所(ICE)，这是一家基于互联网的 B2B 交易平台，主要经营期货合约交易、场外能源交易、商品期货交易以及一些金融衍生品交易，它通过网络与所有客户连接在一起。

当有些买家或是卖家的规模比较大时，它们自身也可以拥有这种交易平台，称为联合交易平台，通常由某个行业里的若干家大企业组成并运营的交易平台，它们可以是供货商，也可以是买家，也可以是两者兼有之。这种交易平台组建的目的主要是提供行业内的交易服务。比较典型的联合交易平台有 Avendra（宾馆行业交易平台）、OceanConnect（运输行业交易平台）、Elemica（石化行业交易平台）等。

B2B 交易平台与所有的企业一样，需要获得收益才能维持运营，平台所有者就需要为如何获得收益而进行商务决策。通常情况下，B2B 交易平台的盈利模式包括收取交易费、注册费、服务费、广告费、拍卖费等，同时，平台还可以向买卖双方收取软件使用费、服务租赁费、管理咨询费等。

（四）供应链优化及协同商务

这种类型不涉及企业间的买卖，较多地发生在供应链上的各家企业间，如图 2-4 所示。这种 B2B 电子商务如何开展取决于供应链上既有的各种商务活动，如生产、原材料采购、物流等。同时，企业间的交易不局限于买卖活动，还包括了协同商务，如沟通交流、协同设计、协同规划、信息共享等。

图 2-4 供应链优化及协同商务

案例阅读

阿里巴巴公司

阿里巴巴公司是全球 B2B 电子商务的领军企业，也是阿里巴巴集团的旗舰公司。该公司成立于 1999 年，全球几百万家买家和供货商可以在 3 个网络市场上从事商务活动：为进出口企业服务的国际交易市场（alibaba.com，工作语言是英语）；为中国本土企业开展国内贸易的中国市场（alibaba.com.cn）；为日本企业的进出口服务的日本市场（alibaba.co.jp，工作语言是日语）。这 3 个网络市场汇集了 240 多个国家的 5 000 万注册用户，供货商有 10 万多家，分属于 6 000 多个门类。阿里巴巴公司的总部在浙江省杭州市，它在中国的 40 多个城市以及欧洲一些国家和美国设有办事处。公司提供各种商务信息，全天候地撮合买卖双方。目前，阿里巴巴中国公司是中国国内最大的 B2B 网络交易市场。为了吸引买家，阿里巴巴网站上提供了各种免费工具和服务，但是它对供货商用户却是收费的，公司的收益主要来自于会员费和增值服务费。同时，阿里巴巴网站还打造了社交网络平台，增加了娱乐功能，目的是促进在线购买，所以在功能上它比单纯的电子商务网站及社交网站更胜一筹。

二、企业对消费者电子商务模式

企业对消费者电子商务（business to consumer，B2C）指的是企业向个体消费者销售产品和服务。这种模式还有一个名称叫"电子零售"（E-tailing），即零售商在互联网上向消费者开展零售业务。这种模式既可以以固定价格的形式销售，也可以用竞价的形式销售。电子零售业给制造商带来了便利，它们可以直接将产品销售给客户，省去了中间环节。虽然零售以及电子零售的概念意味着销售的对象是个别的消费者，即 B2C 电子商务，但是有时候很难与 B2B 电子商务进行区分。例如，亚马逊网站大多数时候向个体消费者销售书籍，这是 B2C 业务，但是它有时候也向企业销售图书，这就是 B2B 业务。

据中国电子商务研究中心监测数据显示，2016 年，中国网络零售交易额达 5.16 万亿元，同比增长 26.2%，是同期中国社会消费品零售总额增速的两倍有余。其中，实物商品网络销售交易额近 4.2 万亿元，占同期社会消费品零售总额逾 1/8，比 2016 年同期提高了近 2 个百分点。

用户满意度排名前十的电商，其中属于 B2C 电子商务的平台有苏宁易购、唯品会、亚马逊中国、京东、国美在线等六家。这是因为 B2C 电商大多属于自营电商或者自营＋平台电商的模式，它们加强了对商品来源、商品质量、商品供应及物流配送的管控能力，且在客户服务方面标准要求普遍程度高，给消费者提供更加优质的产品和服务，故用户满意度高。因此，随着互联网的发展，B2C 电子商务的模式发展非常迅速，是电子商务的发展方向，也是电子商务发展的一个重点和难点。

我们可以用多种方式对 B2C 电子商务进行分类，例如，按照商品种类，可以按照通用商品和专用商品进行分类；也可以按照销售地域对 B2C 电子商务进行分类；还可以按照收益规模对 B2C 电子商务进行分类，等等。在这里，我们主要是按照配送渠道的不同，将 B2C 电子商务分为 5 大类。

（一）邮购零售商开展网络业务所进行的直复营销

许多传统的邮购零售商增加一个网络新渠道就可以开展这样的业务，有些企业还有实体门店，但是它们的商业模式是直复营销。从广义上说，直复营销就是不借助实体门店的营销活动，开展直复营销的厂商直接从客户那里获取订单，跳过传统的中介，销售商既是零售商，也是制造商。成熟的、有经验的邮购企业要开展网络销售非常容易，因为它们已经拥有了完整的支付系统，也有仓储管理及订单处理等能力。

（二）由制造商开展的直复营销

由制造商开展的直复营销是指制造商利用公司网站直接向个体消费者开展销售活动。许多公司属于砖瓦鼠标式的企业，即传统企业开展电子商务活动来作为营销渠道的补充，如戴尔、耐克等，它们有自己的实体门店，同时也会借助其他的零售商来销售商品。参与直复营销的各方相互之间都会影响，销售商比较了解市场，因为它们与消费者直接打交道，消费者也因为直接接触制造商，所以对产品比较了解。例如，戴尔电脑公司主要的经营模式就属于由制造商开展的直复营销，同时它也会有按订单生产的模式。

（三）纯网络零售商

纯网络零售商也称为虚拟零售商，是指没有实体销售渠道，仅通过互联网直接向消费者销售商品和服务的企业，如亚马逊、唯品会就是典型的纯网络零售企业。这种模式的优势在于管理成本低，渠道更加流畅。缺陷就是没有实体的门店，有些企业甚至没有实体的配送系统来支持网络前台的运营，只能通过第三方物流来完成后续交易活动，这就对整个交易的客户满意度造成了一些非本企业带来的影响，如物流损坏等。

纯网络零售企业有普通商品零售和特殊商品零售之分。

▶ 1. 普遍商品零售

普通商品零售在线销售各种商品和服务，利用互联网向各地的客户销售各种各样的商品，而不需要维持大型的零售网络，普通商品零售电商有可能是由许多专门店铺构成的，一般规模都很大，一个零售商店中就可能包括了家具店、礼品店、书店、服装店等。

▶ 2. 特殊商品零售

特殊商品网络零售商是一个很狭窄的网络市场，例如，销售宠物玩具的 CatToys.com 网站以及销售伊朗等国出产的小毛毯的网站 rugman.com 上有 1.2 万种以上的小毛毯销售。经营这些特殊商品的企业在实体市场上很难持续经营，一是没有足够的客户，二是因为库存的品种不够多。

（四）砖瓦鼠标式零售商

这一类模式又有两个分支，取决于企业初创时的经营模式。过去，人们把传统企业开发的自己的网站作为辅助经营的手段，如沃尔玛，这样的企业通常被称为"砖瓦鼠标式企业"。但是，现在也出现了反过来发展的情况，一些成功经营的网络零售商自己创办实体店铺，利用网络环境建立的品牌优势支撑实体门店的传统经营，让网络零售从线上走到线下，如网络零售的先驱戴尔电脑，它就开设了自己的实体店铺。

在数字经济环境下，砖瓦鼠标式零售商，即传统零售商与在线交易网站相结合的商家，同时开展实体门店、电话销售、网络销售、移动终端设备销售等商业模式。如果同时经营实体店铺和网络店铺，那么这家企业的经营模式就可以称为多渠道商业模式。从实体店铺转向砖瓦鼠标式零售商的例子有百货商店（如梅西百货、西尔斯公司等）、折扣商店（如沃尔玛、塔吉特公司等），还包括许多超市等零售商。

（五）网络卖场

网络卖场又叫网络商城，是聚集多个网络店铺的场所。所谓网络店铺，是指一家企业开设的网站，企业通过网站销售商品和服务，店铺里一般都有购物车。许多网络店铺仅针对某个行业，有明确的细分市场。有的是由制造商开设的，有的则由零售商开设，也有个人开设的。网络卖场有两大类，一类是商业目录卖场，另一类是服务共享卖场。

▶ 1. 商业目录卖场

这类卖场基本上就是按照商品种类组成的一组商业目录。网站上的商品目录或者旗帜广告对商品或是店家进行广告，用户点击商品或是某个店铺的时候，通过链接转换到销售商的店铺，完成交易。这样的网络零售模式实际上是一种会员式营销模式，如蘑菇街、美丽说等。

▶ 2. 服务共享卖场

在服务共享卖场里，消费者搜索到商品，完成订购和支付，然后选择配送方式，网站可提供所有这些服务，如京东、唯品会等。

（六）其他分类

B2C 零售除了以上 5 种商业模式以外，还有其他几种商业模式。

▶ 1. 交易代理

交易代理是指买卖双方的网络中介，一般发生在旅游、职业市场、股票交易、保险等服务行业，通过收取交易费来获取利润。

▶ 2. 信息门户

门户网站是一种信息平台，它可以用来支持网络市场、网络店铺的经营以及其他各种电子商务活动的开展。网络信息门户就是通过网络浏览器可以获得重要的内部商务信息或外部商务信息的一个站点。许多门户网站都可以由用户进行个性化改造。信息门户将来自于不同渠道汇集的信息整合在一起，除了提供信息，它还提供对厂商的链接收取佣金，提供网站托管和软件租赁，销售商品，通过广告费、注册费、交易费等来实现盈利。

▶ 3. 社区门户及社交网络

这种模式是指将社区服务及商品销售或会员式营销结合在一起，通过广告费、注册费、加盟费和推荐费等来获取企业利益。

▶ 4. 虚拟营销

这种模式是通过使用电子邮件、短消息等作为广告媒体，也可以用直销、加盟营销等方式来进行营销运营，主要通过销售商品和服务来获利。

除了以上列举的这些 B2C 商业模式之外，还有一些商业模式如内容创建及传播、做市商、按订单制作、服务提供商等。

三、消费者对企业电子商务模式

消费者对企业电子商务（consumer to business，C2B）是指个人利用互联网将产品、服务销售给组织，还有的是个体消费者寻找商家，委托商家将自己的产品、服务销售出去。Priceline.com 网络公司就是一家知名的 C2B 企业，它帮助个体消费者将能够提供的旅游服务销售出去。

C2B 模式充分利用了互联网的特点，把分散的消费者以及其购买需求聚合起来，形成了类似于集团购买的大订单。这种模式改变了 B2C 模式中用户一对一出价的弱势地位，个体消费者可享受到以批发商价格购买单件商品的实际利益，从而增加了其参与感与成就感。因此，C2B 模式是一种逆向商业模式，它有两个重要的核心：个性化订制和集体议价。

与传统的电子商务不同，C2B 模式的电子商务网站使得消费者不需要自己去寻找商家，而是通过 C2B 网站把需求信息发布出去，由商家来报价、竞标，消费者可以选择与性价比最佳的商家交易。C2B 电商模式真正做到了让消费者省时、省力、省钱。目前，C2B 电商网站多以网络团购网的形式出现。

案例阅读

报喜鸟：推上门量体 C2B 订制

量体裁衣，或许是服饰行业最终极的理想：基于消费者精细化的需求进行生产，不需要预测风险，不需要过早投入，且没有库存。商务男装的受冷落可能是从中国男人越来越爱美开始的，除了在正式场合的需要外，商务男装已经很难撬开男人们的钱包。

这样的低迷局势从本土商务男装公布的业绩中也一览无遗。七匹狼、利郎、卡宾的 2016 年上半年净利润较去年同期分别下降了 5.63%、3.9% 与 30.9%，原本的商务男装大佬雅戈尔的服装板块较去年同期也下滑 7.2%，净利润更是比同期缩水 21.91%。

因此，关店拓展新渠道、投资副业、孵化新品牌，商务男装品牌纷纷寻找新的增长点来止损自救，从 2013 年开始业绩就不断下滑的报喜鸟也是如此，它选择了把目光投向个性化订制业务。但是满足客户一人一版却不增加过多成本，短时间能实现量产又不降低效率和品质，这几道横在订制面前的"拦路虎"让"量体裁衣"模式一直被束缚在金字塔塔尖，成为了少数人的游戏。为了降低这道门槛，报喜鸟在 2014 年花费了上亿元打造智能化工厂。

据介绍，在报喜鸟推出的 C2B 订制业务中，从消费者下单到收到货只需 10 天：当消费者通过线下门店、电话或者报喜鸟的天猫官方旗舰店等各个渠道下单，数据将自动传到后台，自动生成纸样，自动排料，自动生成 PLT、CUT 文件，整个过程不需要人工干预，直接连接激光或者刀裁床，完成自动制版、裁剪。

同时，每件下单衣服都将拥有唯一编码，该编码会被转入专属芯片，芯片会伴随着这个订单流转到每一个车间，工人进行缝合以及工艺制作时，可以通过解码器读取芯片信息，获取工艺分解图。这让服装、面辅料等均可以精确到个体识别和控制，一人一版的订制生产也可以像流水线生产般准确快捷。

"这个智能化工厂一年的产能可以达到 10 万套。"报喜鸟品牌总经理钱武对电商在线记者透露，2016 年，订制业务的销售占比已经占到报喜鸟总营业收入的 17%，而这是在报喜鸟成衣销售额没有下降的前提下，找到的新的增量市场。

把 C2B 搬上线

20 世纪 90 年代，温州一带的服装企业多以制造为主，企业品牌意识不强。报喜鸟董事长吴志泽在通过国外参观学习之后，意识到品牌的重要性，说服合作伙伴采用共同投资进行品牌创立，并通过"特许加盟、连锁专卖"的营销模式，"全国统一价不打折"的承诺，将报喜鸟定位打造成高端男装。正是吴志泽这些放在彼时显得十分大胆的想法，让报喜鸟在创立后的十几年一直走的顺风顺水。

不过，近两年随着消费升级，群体标签失去了魅力，个性化力量迅速崛起，对于具有一定消费能力的中产阶层来说，设计和时尚有了更强烈的需求。光大证券的资深分析师李捷在发布的行业报告中就曾预测：大众化订制服装规模空间在 1 000 亿元以上，到 2020 年有望达到 2 000 亿元以上。"互联网＋订制"的概念在市场也表现火热，七匹狼、乔治白等服饰品牌都曾推出过订制业务，但是由于订制服装价格昂贵，出货周期长加上受到量体服务区域的限制，一直属于小众消费。

面对电商商务对传统服饰行业产生了冲击，从 2013 年开始，报喜鸟开始面临业绩下降的困境。吴志泽瞄准了订制行业的蓝海，并顺应互联网发展趋势，开展电商业务。2015年，他选择将报喜鸟线下实行多年的C2B私人订制业务搬到线上，推出了多元化全品类"O2O＋C2B"的经营模式。

其实早在2003年，报喜鸟就已经启动订制业务的摸索，从开始为特殊人群订制到面对所有人群，从西装衬衫较为单一品类到如今覆盖夹克、大衣、毛衫、皮鞋等全品类，从原先几个城市店铺试点到现在全国超过900家实体门店，储备超过1 000名的量体师和搭配师，业务的渐成规模为开展电商C2B量体订制打下了基础。

"全渠道模式的建立解决了消费者购买流程与体验的问题。"吴志泽介绍，依托现有量体师资源，报喜鸟设立门店级、省会级、总部级三级联动响应机制，这解决了量体响应时间长、区域限制的问题。不过，刚开始将C2B业务搬到线上时，也曾遇到了线下加盟商的不理解的困境。为了调动他们的积极性，报喜鸟从利益分配下手，不论是线上或者线下订单，让量体师和搭配师都能拿到同等的利益分成。

打开报喜鸟官网的页面，"2天内上门量体，10天内成品交付"的订制时间承诺被放在了显眼的位置。"无论客户在哪个场景和渠道下单都可以实现，比起刚开始说的72小时上门量体，360小时成品交付，时间在不断缩短"，报喜鸟电商总监胡军补充道。

订制与流水线的效率如何只差10%？

2014年，报喜鸟投入1亿元布局工业4.0智能化生产，完成第一条智能化生产线的改造。这也是报喜鸟订制业务时间承诺的底气所在。

改造后的生产线通过对CAPP(计算机辅助工艺编制)、RFID(射频识别)、智能吊挂、智能ECAD(电子电路计算机辅助设计)、自动裁床和EWMS(仓储管理信息系统)等系统建设，以及Hybris电子商务平台的二次开发改造，与国内专业软件厂商合作开发虚拟现实仿真技术与3D渲染技术，构建PLM(产品生命周期管理)、CRM(客户关系管理)、SCM(供应链管理)等系统，可以实现一单一流、一人一版、一衣一款的全品类模块化客户自主设计。通过这条智能化生产线，工人每天可完成3～4件服装的生产，这与传统成衣流水线生产的效率差距只有10%左右。

简单来说，在报喜鸟从消费者下单到商品出货，过程只需要10天左右，完成这一流程只需要三个步骤：

(1) 当非门店订单产生后，报喜鸟会派出量体师和搭配师上门给顾客进行量体和搭配建议，除了常规的皮尺、面料册等工具，还会配备一台iPad，为消费者展示产品的搭配效果展示。

(2) 数据采集完成后，每个订单在报喜鸟中都拥有唯一编码，这一编码输入芯片，植入智能衣架，开始流转到每个车间。芯片中存储着订单相关的所有信息，面辅料、裁剪方式，工艺操作图等。

(3) 在服装完成自动打版、裁剪之后，每道工序上的工人可以通过无线射频识别器读取订单操作信息，按照操作示意图完成工序操作，在一道工序完成后，衣物会带着所有物料来到下一个工位，直至所有工序完成，完成打包出货。

"改造后的智能工厂足以承接来自报喜鸟全国各地的订单，年产量最高可达到10万套。"胡军表示，尽管目前线下还是占据8成的订制单量，但是线上业务的成长也不容小觑，从2015年该业务上线后，天猫保持着50%以上的年增长速度。

在此前刚结束的"双11"中，私人订制业务也创造了超过百万级的销售额。而此前，吴志泽也公开表示了对于私人订制业务的信心，认为到了2017年，该业务可占到公司自有品牌销售收入的50%。

据悉，经过几年对于订单、工艺、原材料、供应商、生产制造、仓储物流等数据的汇聚，报喜鸟智能制造平台积累行业数据10亿条，可以提供不同版型组合数据20万亿条，面料、配件数据20万条。"相比于一般绣字、绘图等轻订制来说，报喜鸟做的是重订制，从版型、面料、工艺等，消费者都可以自主选择"，胡军说相比于前两年的西装、衬衫等特定场合穿着的服装大热，近两年大衣、毛衫等休闲服饰增长明显。针对用户的个性化需求特征的挖掘和分析，报喜鸟通过样本数据采集分析，这让服饰剪裁更加符合国人的身材，客户的年平均订制次数可达1.5次。

投资未来的方式

当被问及为何要大力投入私人服饰订制服务时，钱武分析："一个事物发展到某个阶段就会遇到瓶颈，随着营运成本的增加，我们利用C2B和C2M的模式来提升竞争力，从而降低库存、营销、运营的成本，这是降低品牌成长成本的一种方式"，而胡军则把它称为是"投资未来"的方式。

在报喜鸟这项重点布局的项目中，胡军透露在实现智能化生产后，还要实现服务互联网化。"目前，在我们工厂里，有一个大屏幕，每一个订单的信息都会在大屏上显示，目前做到了哪一个环节，大约什么时候可以交货等。"以后，这项服务不仅会出现在报喜鸟的内部，还将为消费者所服务。当消费者输入订单编号后，就可以随时查询到订单现在所处的阶段，就像一个面向所有人的透明数据工厂。

服装私人订制走到最后，需要慢慢淡化设计师成分，逐渐放大客户需要张扬的个人性格和需求，让客户参与到设计的过程中，让产品成为专属于客户个人，是订制最终的意义所在。胡军表示为了培养客户的这种意识，报喜鸟今年举办了首届华服大赛，根据消费者或参与调研的顾客对于产品、细节的描述，以及较有设计想法的消费者设计稿，来制作成衣，报喜鸟计划在未来三年内，将研发、物流、企业管理的互联网智能化升级完毕，让消费者不仅可以第一时间掌握自己的订单信息，还可以通过移动端参与设计研发，对设计师的新品提出建议。

"在后台具有强大的产能后，想要快速发展，离不开前台规模的扩大。"钱武介绍，报喜鸟看到了基于传统零售店铺的导向，始终具有局限性，除了拓展线上渠道外，也在寻求异业联盟，如婚纱影楼、商业会议等其他渠道来对私服订制概念进行深化。

据悉，在报喜鸟2015年营业总收入22.4亿元人民币中，私人订制的收入贡献率超过了15%。因为没有库存压力，利润率也比传统销售要高出许多。而2016年，这一比例已经上升到了17%。

资源来源：电商在线．中国电子商务研究中心．

四、消费者对消费者电子商务模式

消费者对消费者电子商务（consumer to consumer，C2C）是指消费者直接与其他消费者进行交易。例如，一位消费者通过网络分类广告的形式向另一位消费者销售家居用品、汽车等物品。这类商务活动还可以由第三方参与或是在社交网络上进行，由它们来组织、管理、促成交易，如淘宝网站上的销售主要都是C2C电子商务。C2C交易包含分类广告、音乐以及文档的分享、就业岗位的招聘及应聘（如智联招聘网站等）和个人需求服务（如婚恋网站百合网等）。

在C2C网络交易中，消费者将商品和服务销售给其他消费者，参与交易的人成千上万，交易的商品也是五花八门，这就使买卖双方配对成功成为一件难事，成本非常高，以至于出现了类似于淘宝这样的中介机构网站。它们负责将买卖双方进行配对，有的向卖方收取少量的费用，分享卖方出让商品、服务所得到的利益。

电子商务对传统的交易模式进行了重构，小企业甚至个人都有了与大企业相似的机遇，因此，许多网站相继出现，它们专门为消费者与消费者之间进行交易而提供服务，以下是几种常见的应用模式。

（一）C2C 拍卖活动

C2C 在线交易的一种成功方式就是在线拍卖，它以互联网为平台、以竞争价格为核心，建立生产者和消费者之间的交流与互动机制，共同确定价格和数量，从而达到均衡的一种市场经济过程。在许多国家，通过拍卖网站进行买卖已经非常流行。大多数买卖活动都是通过中介网站操作的（如 eBay 网）。消费者可以登录一般的拍卖网站，也可以登录专门的拍卖网站。还有一些用户可以通过特殊的软件自行开展拍卖活动，通过逆向拍卖的形式进行 C2C 在线交易。

（二）分类广告

分类广告是一种全新的网络广告服务形式，主要满足企事业单位和个人商户在互联网上发布各类产品和服务广告的需求，并为广大网民提供实用、丰富、真实的消费和商务信息资源。与传统媒体分类广告相比，网络分类广告容量大，表现形式多样化、立体化，可查询、收藏信息。在形式上，分类广告一般是指版面位置相对固定、规格较小的非工商广告，多数情况下"扎堆"出现，并按行业划分开，以便于客户查找。

（三）个人服务项目

网络上有多种个人服务项目，如律师、工匠、报税员、投资理财咨询、征婚等，有些是通过分类广告做宣传，有些则是通过专门的网站或是商品名录来做宣传；有些收费，有些免费。但是，在购买服务的时候，要十分谨慎，因为诈骗的现象十分普遍。

（四）文档分享

文档分享，简单地说就是各类文档的交换分享，带来彼此的轻松和便捷。随着个人电脑的普及，现在绝大多数人不但拥有了电脑，在个人生活、学习、工作等方面更是离不开电脑。使用电脑可以方便快捷地创建、管理文档，常见的文档包括 Word 文档、Excel 文档、PowerPoint 文档、图片照片文档等。

文档分享平台的出现有两个方面的原因，一方面由于用户自己电脑里的文档越来越多，有的对自己来说可能已无多大用处，丢之可惜，但存之又占用空间；另一方面，别人可能正在为寻找这篇文档而焦头烂额，这时文档分享就应运而生了，文档分享平台在两个文档之间架起了一座互通的桥梁，进一步提高了工作、学习的效率，带来了生活的便捷。

国内比较有名的文档分享平台如下。

▶ 1. 百度文库文档分享

百度文库文档分享是供网友在线分享文档的开放平台，在这里，用户可以在线阅读和下载涉及课件、习题、考试题库、论文报告、专业资料、各类公文模板、法律文件、文学小说等多个领域的资料。平台上所累积的文档均来自热心用户的积极上传，百度网站自身不编辑或修改用户上传的文档内容。用户通过上传文档，可以获得平台虚拟的积分奖励，用于下载自己需要的文档。下载文档需要登录，免费文档可以登录后下载，对于上传用户已标价了的文档，则下载时需要付出虚拟积分。当前平台支持主流的 .doc(.docx)、.ppt(.pptx)、.xls(.xlsx)、.pdf、.txt 等文件格式。

▶ 2. 香当网

专注于各类 Word 文档，能够使人们自由地分享 Word 文档，包括工作总结、工作计划、文档公文、讲话致辞、心得体会、个人简历等，都是比较实用的文档。缺点是：一定要先上传原创文档，才可以获得分享他人文档的权限，分享比例是 1∶6～20。

▶ 3. 幻客网

专注于各类 PPT 文档，也支持其他多种文档格式，用户注册登录后即可上传分享自己的文档，免费的阅读并下载他人分享的文档。缺点是目前文档数量还很少。

▶ 4. 豆丁网

优秀的 C2C 文档销售与分享社区，分享多种文件格式的文档，包括 Excel 文档、PowerPoint 文档、文本文件、JPEG 图片文件等。缺点是支持格式多了，反而显得烦琐、不实用。

▶ 5. 35 资料网

35 资料网是一个专注于资料上传分享、文档在线阅读、资料购买销售的 C2C 型电子商务网站。可通过以 Flash Player 形式内嵌在网页中的 DOC35 专用阅读器来阅读对应文档资料，了解文档的实际内容。

据统计，在众多文档交流需求中，教育类课件首当其冲，主要供老师备课和学生学习使用。

(五) 社交网络中的 C2C 活动及虚拟装备交易

社交网络为 C2C 在线交易的发展提供了理想的场所，人们以 C2C 在线交易的形式分享音乐，或是销售音乐文件、物物交换、销售虚拟装备、提供各类服务等，一般情况下，这些交易都是合法的。据数据显示，社交网络对消费者行为具有重大影响，这一现象在中国表现尤为突出，逾 70% 的消费者利用社交媒体平台购物，在亚太地区各国中比例最高。

案例阅读

易观发布二手车电商 C2C 领域行业数据

近日，易观发布了二手车电商 C2C 领域行业数据，数据显示，在 APP 用户启动次数上，瓜子二手车直卖网领先其他同类企业，排名第一。

记者了解到，在二手车电商 C2C 领域，易观呈现了瓜子二手车、人人车和好车无忧三家数据。数据显示，瓜子二手车 APP 用户启动次数上优势领先，2016 年 7 月，该数据达到 5 993.51 万次。人人车和好车无忧分别为 5 298.4 万次和 1 733.9 万次。易观指出，用户启动次数是衡量 APP 的重要指标之一，指的是某一 APP 在所选时间段内用户打开次数的总和，从侧面反映了用户对 APP 的使用黏度。

瓜子二手车 APP 走势良好，与瓜子二手车在移动互联网领域的布局和投入紧密相关。自成立以来，瓜子二手车便对移动业务重点布局，并在 APP 端和 WAP 端不断优化产品形态，持续提升用户体验。瓜子二手车 APP 在内容设置、页面设计、用户体验上都做到了简单便捷，为用户提供了很好的体验。目前，瓜子二手车移动端流量在其总流量中占比已超过一半。

与此同时，瓜子二手车推出的C2C直卖模式深入人心。据了解，以瓜子二手车为代表的二手车电商企业崛起，带动了二手车市场活跃度，尤其是瓜子二手车推出的C2C直卖模式，省去中间商环节，受到了用户的认可和青睐。

此前，全球领先的市场咨询机构Millward Brown（华通明略）最近公布的《2016Q2二手车品牌健康度追踪研究报告》也在多个维度证明了瓜子二手车的市场表现：瓜子二手车直卖网成为用户最常用的二手车网站，在品牌金字塔各层级的转化率上，瓜子二手车位列榜首。

资料来源：南方网.

五、线上到线下电子商务模式

线上到线下电子商务（online to offline，O2O）是指将线下的商务机会与互联网结合，让互联网成为线下交易的平台，这个概念最早来源于美国。O2O的概念非常广泛，既可涉及线上，又可涉及线下。

O2O电子商务模式需具备五大要素：独立网上商城、国家级权威行业可信网站认证、在线网络广告营销推广、全面社交媒体与客户在线互动、线上线下一体化的会员营销系统，它是传统产业与互联网的结合点，也是"互联网＋"最核心的支撑点。

O2O电子商务模式中线上和线下的依存关系，可以从4个方面来理解。

（一）线上交易到线下消费体验

这是一种非常常见的模式，从2011年开始兴起的生活服务类团购，都是采用的线上完成交易，线下用户消费体验服务，其中还出现了送礼的衍生模式，再加上2011年创新工场董事长李开复提出的"团购是很小的O2O"，于是，O2O模式一直被定义为线上线下互动的主流，且很多人就认为线上线下互动就是这个模式。

（二）线下营销到线上交易

这个模式，早在2005年就出现并大热过一段时间，但当时没有智能手机的出现，直到近几年智能手机和移动网络的普及，二维码扫码购物模式的兴起，才使许多企业又重新开始通过在线下做营销在线上实现交易。

（三）线下营销到线上交易再到线下消费体验

三大通信运营商（移动、联通及电信）为留住手机用户，会在不同的时间段进行此种营销，而且很多营销在线下触发，线上完成交易，然后客户在线下消费体验，如每年开学季，三大运营商通过开展"校园新生开卡送×××"的形式，在线下开展营销活动，让消费者在线上完成交易，然后用户再到线下完成消费体验。

（四）线上交易或营销到线下消费体验再到线上消费体验

这种模式的存在并不多，但是其存在有其意义。例如，宜家家居通过官方网站在线了解获取最新的产品推广信息，然后到线下实体店消费体验，最后回到网站上进行下订单购买。

通过对这4种O2O依存关系的梳理，我们可以提炼出3个词来形容O2O模式，即营销、交易、消费体验。营销是企划行为，交易则是营运行为，消费体验是用户感受行为，而这些都是在互联网诞生前就已经存在的商务行为。简单来说，O2O就是生活消费领域中虚实互动的新型商务模式。

案例阅读

OTA新战争：孙洁能否唤醒携程的"狼性"？

OTA硝烟再起，面对强敌环伺，虎视眈眈，孙洁该如何带领携程走向下一个巅峰？

过去近20年，在线旅游市场老大携程虽然面临去哪儿、艺龙等同行的竞争，但是在资本的裹挟下，这些竞争对手最终都被携程并购，纳入麾下。

2015年，携程并购最大的竞争对手去哪儿后，看似已经成为在线旅游市场不可撼动的霸主，经过一年的整合，梁建章退位，新任CEO孙洁上任，携程进入"后梁建章时代"。但携程的战争，似乎才刚刚开始。价值万亿的在线旅游市场，这次进场的不再是曾经一穷二白的"小公司"，而是阿里，携带海量用户、流量和金钱的互联网大鳄，通过支付宝和淘宝的消费场景，阿里飞猪试图全面围堵携程；而外部，美国的"爱彼迎"(Airbnb)则开始正式进入中国，全力开发旅游住宿市场，处于内外夹击的携程，2017年将面临一场真正的战争。

而CFO出身的孙洁，能唤醒携程需要的"狼性"，应对这场真正的硬仗吗？

围"程"

携程新CEO孙洁上任后，公司掀起了一场"洋务运动"，全员开始学英语，准备迎接国际化；上任后第一季度财报，孙洁交出了一份满意的答卷。

近期，孙洁密集地接受众多媒体采访，她总会为上述两件事情感到骄傲。这与她有海外留学背景和财务出身的履历有关，在孙洁看来，国内OTA的战争已经结束，携程已经告别了创业阶段。

但国内旅游市场战争真的结束了吗？携程此时正面临更严重的竞争考验，大批全新的竞争者介入市场竞争，其中不乏航空公司、阿里飞猪、美团这样的对手。它们不但给用户更多的返利诱惑，给合作酒店更高的分成利益，而且往往都有自己更独特的资源优势，例如有的是航空公司投资成立的，具有最好的机票资源；有的是为消费者打造更特色化的旅途消费套餐等。

而最近两年，携程受到的非议却不断增多，业务增长缺乏创新驱动，营收增长靠提高合作伙伴订单分成比例来实现；而在C端用户，2016年频繁爆发的虚假低价机票、欺诈和歧视消费者等行为频发，陷入"围城"的携程，或许需要的不只是洋务运动。

矛·盾

在业界看来，携程的问题是过早地脱离了"创业状态"。此时携程最需要的，或许是互联网界另外一个红衣大炮来带领公司杀出重围，消灭竞争对手。

不可否认，孙洁出众的能力帮助携程在海外资本市场屡有斩获，但若出任公司操盘手，会将携程带入跨国公司的体制化管理风格。

众所周知，外企的管理体制已经越来越难以适应如今"草莽英雄"的中国互联网行业。先不说众多外企互联网公司在中国折戟沉沙。就拿外企注重流程化、强调合规的经营而言，冗繁的体制化管理往往无法面对快速变化、花样百出的国内竞争市场。

举个外企的例子，前段时间刷爆朋友圈的《奥美巨变关头》一文，其中一个细节揭示这家国际化运营的广告巨头已经不能适应中国互联网公司对广告和文案快速交付的需要。因为按照奥美的流程，一个简单即时新闻稿件竟然需要2天审批才能开始撰写。

互联网市场竞争有很多突发事件，需要大公司能以敏捷响应的方式运营，最快速、直接、高效地去解决问题。而不是一环一环地上报流程，等批示下来了，市场机会早就错过了。

毫无疑问，做财务人员最重要的品质不是创新而是合规，要尽量保守地去运营，以确保公司安全、稳定。CEO 主外负责战略和市场开发，有赌性，看好一项技术或者业务，可以孤注一掷去投资；而 CFO 主内，重要的是要确保公司资金安全、稳定，不要因为 CEO 的魄力而孤注一掷，最终造成公司出现财务问题。两个角色，缺一不可。

应战

一位经济学教授曾指出：创新企业需要销售能力和技术、产品能力很强的人，在开疆拓土上有很强的优势。而当一家企业已经做到很大，进入稳定期，这时候财务或运营能力强的人可以当 CEO。

即便全球 500 强成熟大公司，在竞争时期，选择了错误的 CFO 出任 CEO，后果可能也会很严重。其中最著名的莫过于手机巨头诺基亚，前 CEO 康培凯在面对苹果、谷歌掀起的新一轮智能手机战争中，表现"愚蠢、迟钝"的保守策略，最终毁掉了整个诺基亚手机王朝。康培凯曾经作为法律顾问进入诺基亚，后成为公司 CFO。在商战中缺乏敏锐的判断力和狼性，无法应对激烈的市场革新，可能是 CFO 先天性的弱点。

反观携程，也许在 CFO 角度来看，包括去哪儿、艺龙等多笔收购案很完美，扫清了竞争，提升了股票价值，而且减少了竞争支出，拉升了利润，若无孙洁，也无今日携程。

但 2017 全新的在线旅游竞争环境下，携程如何应对，成为业界关注的焦点。

六、其他电子商务模式

（一）企业内电子商务

企业内电子商务（intrabusiness EC）包括所有组织内部的电子商务活动，组织内的机构或是个人利用网络进行商品、服务和信息的交换。例如，将公司的产品销售给员工，或是开展在线培训、网络协同设计等。

（二）企业对员工电子商务

企业对员工电子商务（business to employees，B2E）是企业内电子商务的一个分支。组织通过网络将产品、服务、信息等传递给员工。这里所说的员工，主要是指外派员工，这些员工或是代表公司外出办理业务，或是帮助客户开展维修业务。

（三）协同商务

协同商务（collaborative commerce，C-commerce）指的是在线利用数字技术进行协同合作，用于产品、服务的计划、设计、开发、管理和调研，以及对电子商务应用的创新等领域。一个典型的例子就是制造商通过网络与供应商进行协同合作，供应商为制造商设计产品或是某件产品的零部件。在供应链中，协同商务的主要利益是降低成本、增加收入、加速商品流动、维系客户等。能带来这些利益的原因是缺货现象少了，订单处理时间更加从容了，存货量下降了，原材料成本降低，销量提高，竞争优势明显了。

（四）企业网购引入质量控制

B2Q 模式即企业网购引入质量控制，从本质来讲是建立在 B2B 和 B2C 模式的基础上，创造性地引入了质量控制的创新模式，是一种站在巨人肩膀上的创新，也是一种应对市场需求的创新。B2Q 模式的交易双方网上先达成意向交易合同，签单后根据买方需要可引进入第三方（验货、验厂、设备调试）工程师进行商品品质检验及售后安装调试服务。

（五）厂商对消费者的电子商务模式

厂商对消费者的电子商务模式（factory to customer，F2C），是指品牌公司把设计好的产品交由工厂代工后通过终端送达消费者，确保产品合理，同时质量服务都有保证。它们为消费者提供了性价比的产品。

除以上介绍的商务模式以外，其实还有很多电子商务模式，如 B2F、M2C、B2M 等，在这里就不一一列举了。

任务三　电子商务的盈利模式

盈利模式，是管理学的重要研究对象之一。盈利模式指按照利益相关者划分的企业收入结构、成本结构以及相应的目标利润。它是对企业经营要素进行价值识别和管理，在经营要素中找到盈利机会，即探求企业利润来源、生产过程以及产出方式的系统方法。还有观点认为，它是企业通过自身以及相关利益者资源的整合并形成的一种实现价值创造、价值获取、利益分配的组织机制及商业架构。

传统行业思考的只是产品创新，而互联网行业似乎还得思考商业模式创新。例如，在1999 年时候大家还为 Google 没有商业模式而担忧，Facebook 上市了之后也仍旧没有牢靠的商业模式，但是，现在的 Google 和 Facebook 都不需要为收入发愁。所以，只要用户数量积累到一定程度，自然有赚钱的门道"涌现"出来。下面为大家介绍几种最简单的盈利模式。

一、实物商品盈利模式

▶ 1. 自己生产、自己销售

自己直接生产、直接销售给用户。

▶ 2. 外包生产、自己销售

把生产环节外包出去，自己负责直接销售给用户。

▶ 3. 只生产、不销售

自己负责生产，交给分销商销售。

▶ 4. 只销售、不生产

自己作为分销商，或者提供销售商品的交易市场。

现在很多电子商务网站就是只销售、不生产的商业模式。但是随着互联网的发展，实物商品的模式往往是混合的，不是单一的，当然混合的模式有好处也有坏处。

二、广告盈利模式

简单来说广告盈利模式就是企业允许个人或是公司在自己的网站上刊登广告，收取费用。自从谷歌开始在搜索结果旁边放广告以来，广告已经成了互联网行业默认的首选变现方式。广告也变成了大多数盈利模式的首选。

▶ 1. 展示广告

展示广告一般形式是文字、banner 图片、通栏横幅、文本链接、弹窗等，通常是按展示的位置和时间收费，也就是我们所说的包月广告或包天、包周广告。这是目前最常见的模式。

▶ 2. 广告联盟

广告联盟相当于互联网形式的广告代理商，广告主在广告联盟上发布广告，广告联盟再把广告推送到各个网站或 APP 里去。百度联盟、Google AdSense 是最大的两个广告联盟。如果网站流量还没有到一定程度时，都会选择跟广告联盟合作，只有做到一定流量后，才会跟确定的广告主直接建立合作关系。广告联盟一般是按广告的点击次数收费。

▶ 3. 电商广告

最常见的电商广告就是阿里妈妈了，京东、亚马逊、当当都有自己的电商广告，凡客当年也是靠这个突然蹿红的。这些广告一般是按销售额提成付费。很多导购网站，就是完全靠这种收入的，特别是海淘导购网站，会接入各个海外购物网站的广告。

▶ 4. 软文

软文是指把广告内容和文章内容完美结合在一起，让用户在阅读文章时，既得到了他需要的内容，也了解了广告的内容。很多媒体网站或者微博、微信大号，都是靠软文赚钱的。

▶ 5. 虚拟产品换广告效果

可以为用户提供免费虚拟产品，但是代价是用户必须接受一定的广告，如看完一段广告、注册某个网站的用户、下载某个 APP 等。

▶ 6. 用户行为数据

通过分析用户在网站或 APP 上的操作方式，可以分析用户的习惯和心理，从而有利于在产品设计和商业规划上做出正确的决策。很多企业都需要这样的用户使用习惯的数据，所以可以卖这样的数据。淘宝数据魔法就提供这样的服务，可以告诉你什么地方、什么商品、什么风格、什么尺码最受用户欢迎。

三、交易平台盈利模式

▶ 1. 实物交易平台

用户在平台上进行商品交易，通过平台支付，平台从中收取佣金。天猫就是最大的实物交易平台，天猫的佣金是其主要的收入来源。

▶ 2. 服务交易平台

用户在平台上提供和接受服务，通过平台支付，从中收取佣金。威客平台猪八戒就是这样收取佣金的。Uber、滴滴的盈利模式也是收取司机车费的佣金。

▶ 3. 沉淀资金模式

用户在平台上留存有资金，平台可以用这些沉淀的资金赚取投资收益回报。传统零售业用账期压供应商的货款，就是为了用沉淀资金赚钱，现在这个套路也应用到互联网行业了，很多互联网金融企业、O2O 企业也是寄希望于这个模式。

四、直接收费盈利模式

▶ 1. 定期付费模式

这种商业模式类似于手机话费的月套餐，定期付钱获得一定期限内的服务。相当于一次性付费直接买软件，定期付费的单笔付费金额比较小，所以用户付费的门槛相对较低。例如，QQ 会员就是按月/按年付费的模式，现在的价格差不多是每个月 10Q 币。

▶ 2. 按需付费

按需付费是用户实际购买服务时才需要支付相应的费用。例如，在爱奇艺里看到想看的某一部电影，花 5 块钱，只看这一部，这是按需付费。如果买了爱奇艺的 VIP 用户，在一段时间内所有会员免费的电影都可以看,这就是定期付费模式。再如,要在道客巴巴下载文件需要5块钱,用微信支付后就可以下载了。

▶ 3. 打印机模式

打印机的商业模式是指,先以很便宜的价格卖给消费者一个基础性设备,如打印机,用户要使用这个设备,就必须以较高的价格继续购买其他配件,如耗材。剃须刀也是采用类似的商业模式,刀架的价格近乎白送,然后通过卖刀片赚钱。

再如,家用游戏机也是,索尼和任天堂以低于成本的价格卖游戏机,然后用很高的价格卖游戏光盘。因为日本打印机公司爱普生首先采用这种商业模式,所以把它叫作打印机模式。

五、免费增值盈利模式

免费增值商业模式就是让一部分用户免费使用产品,而另外一部分用户购买增值服务,通过付费增值服务赚回成本和利润。不过,一般采取免费增值模式的产品可能只有0.5%~1%的免费用户会转化为付费用户。

▶ 1. 限定次数免费使用

这种模式是在一定次数之内,用户可以免费使用,超出这个次数的就需要付费了。

▶ 2. 限定人数免费使用

这种模式是指用户数量在一定人数之内就是免费的,如果用户数量超出这个限定额就要收费了。例如,某公司注册了某个域名,打算用这个域名作为企业邮箱,企业邮箱服务商可以要求5个以内邮箱地址免费,超过5个邮箱地址就要购买它们的服务。

▶ 3. 限定免费用户可使用的功能

免费用户只能使用少数几种功能,如果想使用所有功能就得付费。

▶ 4. 应用内购买

应用的下载和安装使用是免费的,但是在使用的过程中,可以为特定的功能付费。最常见的就是游戏了,可以在应用内购买虚拟装备或者道具等。

▶ 5. 试用期免费

让用户在最初一定的期限内可以免费使用,超过试用期之后就要付费了。

▶ 6. 核心功能免费,其他功能收费

APP store里的APP有不少都是这种模式,一个产品分为免费版和收费版。免费版里基本功能都有了,但是要获得更多的功能就要收费。例如,照片处理应用的免费版有几个基本的滤镜效果,但是如果要更炫更酷的滤镜就要下载付费版。

▶ 7. 核心功能免费,同时导流到其他付费服务

例如,微信中的聊天功能是免费的,但是微信内置了很多其他服务,游戏、支付、京东、滴滴打车,这些服务都有可能是收费的。

▶ 8. 组织活动

通过免费服务聚齐人气,然后组织各种线下活动,这些活动可以获得广告或赞助,或者在活动中销售商品或服务。例如,很多媒体通过组织线下行业峰会赚钱。还有的地方社区会组织线下展销会、推荐会,如装修展销会、婚纱摄影秀等,销售商品或服务。

总之,互联网的世界里从来不缺少盈利的办法,还有很多更加复杂、巧妙的盈利模式,所以要想通过互联网经营盈利,商家应该做的是回归本质,做好产品、获取用户的口碑,不要在根基不稳的时候过于担心未来如何赚钱的问题。

项目小结

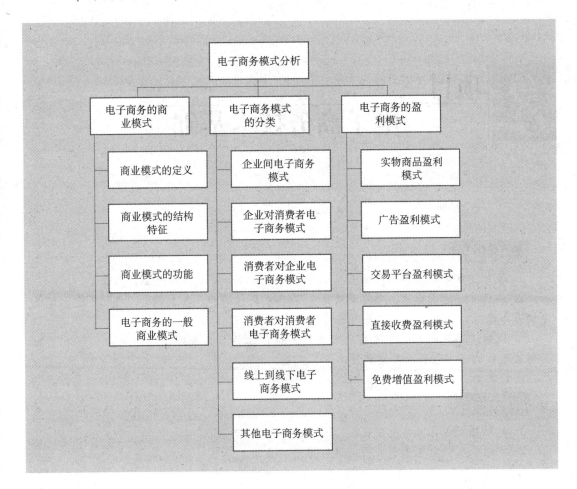

课后习题

1. B2B 电子商务模式的分类有哪些？
2. B2C 网络零售的商业模式有哪些？
3. 什么是 C2C，常见的 C2C 应用模式有哪些？
4. O2O 电商模式中，线上与线下的 4 种依存关系是什么？

项目三 电子商务技术基础

> **知识目标**
>
> 1. 理解并掌握计算机网络的含义、功能和分类等计算机网络的基础知识。
> 2. 掌握互联网的含义、特征等概念，了解互联网的产生与发展，了解IP地址与域名的基本概念，了解互联网的基本服务方式。
> 3. 理解并掌握电子商务网站的概念、作用、分类与构成等基础知识，了解电子商务网站建设的基本流程及其建设技术。

> **能力目标**
>
> 1. 能够识别常见网络类型。
> 2. 能结合实际对电子商务网站进行规划和设计。

案例导入

雕爷牛腩

"雕爷牛腩"是一家"轻奢餐"餐厅，名字听着就挺特别。开业至今，很多人慕名而来，每天门庭若市，吃饭都要排很久的队。

"雕爷牛腩"创办者叫孟醒，人称"雕爷"，他并非做餐饮的专业人士，开办这家餐厅，被很多人，包括雕爷自己，看作一次商业风险很高的尝试，充满了互联网式玩法的餐厅运作。

在菜品方面，雕爷追求简洁，同时只供应12道菜，追求极致精神；在网络营销方面，微博引流兼客服，微信做CRM；在粉丝文化方面，雕爷形成了自己的粉丝文化，越有人骂，"死忠粉"就越坚强；而在产品改进方面，配有专门团队每天进行舆情监测，针对问题持续进行优化和改进。

思考：雕爷牛腩的故事带给你什么样的启示？

任务一 计算机网络

网络是组织和个人实施电子商务的基础和前提,没有网络及相关技术,电子商务无从谈起,电子商务的买方、卖方、银行、认证中心、物流中心等参与方都要通过网络进行信息传递,来完成交易。网络对电子商务的重要作用不言而喻。

一、计算机网络的概念

迄今为止,对计算机网络并没有一个统一和精准的定义,而且随着网络技术的发展,对网络的定义也会发生变化。

有人认为,从逻辑结构来看,计算机网络是以传输信息为基础目的,用通信线路将多个计算机连接起来的计算机系统的集合,一个计算机网络的组成包括传输介质和通信设备。

有人认为,从用户角度来看,计算机网络存在着一个能为用户自动管理的网络操作系统,由它来调用用户所需调用的资源,而整个网络像一个大的计算机系统一样,对用户是透明的。

也有人从需求的角度认为,计算机网络就是由大量独立但相互连接起来的计算机来共同完成计算任务。

目前,大家较为认可的计算机网络的定义是:通过通信线路及传输设备将多台地理上分散的、具备独立功能的计算机、终端及其外部设备连接起来,在网络操作系统、网络管理软件及网络通信协议的管理和协调下,实现数据通信和资源共享的系统。

以上定义包含三层意思:

(1) 计算机网络的主要功能是实现数据通信和资源共享;
(2) 连入网络的计算机在地理位置上是分散的,功能上是独立的;
(3) 连入网络的计算机之间进行通信要遵循网络通信协议。

二、计算机网络的发展历程

(一) 诞生阶段

20 世纪 60 年代中期之前的第一代计算机网络是以单个计算机为中心的远程联机系统,典型应用是由一台计算机和全美范围内 2 000 多个终端组成的飞机订票系统。终端是一台计算机的外部设备,包括显示器和键盘,无 CPU 和内存。随着远程终端的增多,在主机前增加了前端机(FEP)。当时,人们把计算机网络定义为"以传输信息为目的而连接起来,实现远程信息处理或进一步达到资源共享的系统",这样的通信系统已具备了网络的雏形。

(二) 形成阶段

20 世纪 60 年代中期至 70 年代的第二代计算机网络是以多个主机通过通信线路互联起来,为用户提供服务,典型代表是美国国防部高级研究计划局协助开发的 ARPAnet。主机之间不是直接用线路相连,而是由接口报文处理机(IMP)转接后互联的。IMP 和它们之间互联的通信线路一起负责主机间的通信任务,构成了通信子网。通信子网互联的主机负责运行程序,提供资源共享,组成了资源子网。这个时期,网络概念为"以能够相互共享资源为目的互联起来的具有独立功能的计算机的集合体",形成了计算机网络的基本概念。

（三）互联互通阶段

20世纪70年代末至90年代的第三代计算机网络是具有统一的网络体系结构并遵循国际标准的开放式和标准化的网络。ARPAnet兴起后，计算机网络发展迅猛，各大计算机公司相继推出自己的网络体系结构及实现这些结构的软硬件产品。由于没有统一的标准，不同厂商的产品之间互联很困难，人们迫切需要一种开放性的标准化实用网络环境，这样应运而生了两种国际通用的最重要的体系结构，即TCP/IP体系结构和国际标准化组织的OSI体系结构。

（四）高速网络技术阶段

20世纪90年代末至今的第四代计算机网络，由于局域网技术发展成熟，出现光纤及高速网络技术、多媒体网络、智能网络，整个网络就像一个对用户透明的大的计算机系统，发展为以Internet为代表的互联网。

三、计算机网络的功能

计算机网络有很多功能，其中最重要的三个功能是：数据通信、资源共享和分布处理。

（一）数据通信

数据通信是计算机网络最基本的功能。它用来快速传送计算机与终端、计算机与计算机之间的各种信息，包括文字信件、新闻消息、咨询信息、图片资料、报纸版面等。利用这一特点，可实现将分散在各个地区的单位或部门用计算机网络联系起来，进行统一的调配、控制和管理。

（二）资源共享

资源指的是网络中所有的软件、硬件和数据资源。共享指的是网络中的用户都能够部分或全部地享受这些资源。例如，某些地区或单位的数据库（如飞机机票、饭店客房等）可供全网使用；某些单位设计的软件可供需要的地方有偿调用或办理一定手续后调用；一些外部设备如打印机，可面向用户，使不具有这些设备的地方也能使用这些硬件设备。如果不能实现资源共享，各地区都需要有一套完整的软、硬件及数据资源，则将大大地增加全系统的投资费用。

（三）分布处理

当某台计算机负担过重时，或该计算机正在处理某项工作时，网络可将新任务转交给空闲的计算机来完成，这样处理能均衡各计算机的负载，提高处理问题的实时性；对于大型综合性问题，可将问题各部分交给不同的计算机分头处理，充分利用网络资源，扩大计算机的处理能力，即增强实用性。对解决复杂问题来讲，多台计算机联合使用并构成高性能的计算机体系，这种协同工作、并行处理要比单独购置高性能的大型计算机便宜得多。

四、计算机网络的构成

从逻辑功能或结构上讲，计算机网络可以分为通信子网和资源子网两个部分。

（一）通信子网

通信子网是指网络中实现网络通信功能的设备及其软件的集合，通信设备、网络通信协议、通信控制软件等属于通信子网，是网络的内层，负责数据的传输。通信子网由中继器、集线器、网桥、路由器、网关等硬件设备和相关软件组成。

（二）资源子网

资源子网是指网络中实现资源共享功能的设备及其软件的集合，网络主机、终端及其附属设备（包括硬件、系统软件和应用软件等）属于资源子网，是网络的外层，负责数据的处理。资源子网由联网的服务器、工作站、共享的打印机和其他设备及相关软件所组成。

五、计算机网络的分类

计算机网络根据不同的分类标准可以分为不同的类型。常见的分类标准有按覆盖范围与规模划分、按传输介质划分、按网络的数据传输与交换系统的所有权划分、按网络传输技术划分、按所采用的拓扑结构划分等。

（一）按覆盖范围与规模分类

按这种标准可以把各种网络划分为局域网、广域网、城域网三种。不过在此要说明的一点，这里的网络划分并没有严格意义上地理范围的区分，只能是一个定性的概念。

▶ 1. 局域网（local area network，LAN）

局域网，顾名思义，就是局部范围内使用的计算机网络，它的覆盖范围较小，一般覆盖方圆几米到10千米左右，故其范围可以小到一个房间，也可以大到一栋楼、一个小区、一个校园、一家工厂，甚至是一条街道。另外，局域网在计算机、手机等终端的数量没有太多的限制，少的可以只有两台，多的可达数百上千台。

随着计算机网络技术的发展和计算机、手机价格以及上网资费的降低，现在局域网得到充分的应用和普及，几乎每个单位都有自己的局域网，绝大部分的家庭都有自己的小型局域网。故局域网具有范围小、用户少、成本低、传输速率较快等特点。IEEE 的 802 标准委员会定义了多种主要的局域网：以太网（Ethernet）、令牌环网（Token Ring）、光纤分布式接口网络（FDDI）、异步传输模式网（ATM）以及最新的无线局域网（WLAN）。目前速率最快的局域网是 10G 以太网。

▶ 2. 城域网（metropolitan area network，MAN）

城域网，字面意思就是一个城市范围内的计算机网络。城域网在地理范围上可以说是局域网的延伸，可以看作是较大的局域网，它的覆盖范围介于局域网和广域网之间，一般为方圆 10 千米至 100 千米的范围，城域网的覆盖范围在一个城市内，它将位于一个城市之内不同地点的多个局域网连接起来实现资源共享。城域网与局域网相比扩展的距离更长，连接的计算机数量更多，城域网所使用的通信设备和网络设备的功能要求比局域网高，以便有效地覆盖整个城市的地理范围。故城域网具有范围大、用户多、成本高、传输速率快等特点。一般在一个大型城市中，城域网可以将多个学校、企事业单位、公司和医院的局域网连接起来共享资源。

▶ 3. 广域网（wide area network，WAN）

广域网，也称为远程网，顾名思义就是在一个相对广阔的地理范围内或者相对远的距离进行数据传输的计算机网络，覆盖范围可以是方圆几百千米到几千千米、甚至几万千米的范围内。由于远距离数据传输的带宽有限，信息衰减也比较严重，因此广域网的数据传输速率比局域网要慢得多。广域网可以覆盖一个城市、一个国家甚至于全球。Internet 是广域网的一种，但它不是一种具体独立性的网络，它将同类或不同类的物理网络（局域网、广域网与城域网）互联，并通过高层协议实现不同类网络间的通信。故广域网具有范围广、用户量庞大、成本较高、传输速率低等特点。这种城域网因为所连接的用户多，总出口带宽有限，所以用户的终端连接速率一般较低，通常为9.6K～45Mb/s，如邮电部的CHI-NANET、CHINAPAC和CHINADDN网。

（二）按传输介质分类

▶ 1. 有线网

有线网，顾名思义，就是采用有线方式进行连接的计算机网络。这里的有线是指采用的传输介质是物理线材，如双绞线、同轴电缆以及现在较为普及的光纤。最初的计算机网络都是有线网。在相当长的时期内，同轴电缆+双绞线网是常见的一种联网方式，由于采用电话线拨号上网，故其优点是比较经济，安装较为便利，但缺点也很明显，其传输率和抗干扰能力一般，传输距离较短。随着计算机网络技术的发展和光纤的普及，光纤+双绞线网开始进入寻常百姓家，它具有安装方便、传输速率高、抗干扰能力强等特点，目前中国移动、中国联通、中国电信等运营商在我国大部分地区（除了部分偏远地区）基本完成了同轴电缆+双绞线网到光纤+双绞线网的更新换代。

▶ 2. 无线网

随着笔记本电脑、PDA、手机、平板电脑等便携式计算机及移动终端设备的日益普及和发展，人们经常要在路途中使用收发邮件、阅读新闻资讯、网上购物等网络服务，然而有线网又无法随时随地满足人们的上网需要，无线网在这种情况下应运而生。无线网络的发展依赖于无线通信技术的支持。无线通信系统主要有低功率的无绳电话系统、模拟蜂窝系统、数字蜂窝系统、移动卫星系统、无线LAN和无线WAN等。

无线网，顾名思义是采用无线传输介质进行连接的计算机网络。通常我们说无线网一般是指无线局域网，正因为它摆脱了有形传输介质的束缚，所以无线网的最大特点就是自由，只要在网络的覆盖范围内，可以在任何一个地方与服务器及其他工作站连接，而不需要重新铺设电缆。这一特点非常适合那些移动办公一族，在机场、宾馆、酒店等地（通常把这些地方称为"热点"），只要无线网络能够覆盖到，它都可以随时随地连接上无线网络。酒店行业流传这样一句话：WiFi速度快，住客体验好；WiFi信号差，客户跑得快。没有WiFi，再舒适的酒店也住得不舒心。实际上，酒店行业无线网络的建设已成为同行业竞争的软实力。越来越多的酒店陆续开始建立自己的WiFi服务系统，为顾客提供高质量贴心的服务。

案例阅读

春节拜年没WiFi不去？

近段时间，微博上流传着这样一句话："世界上最遥远的距离莫过于我们坐在一起，你却在玩手机"。在春节假期，这种现象出现了升级版，不少人去朋友、亲戚家串门、拜年，见面第一句不是问候"新年好"，而是先问"WiFi密码是多少"。有些人甚至在出发前，就打听哪些亲朋家有WiFi，没有的则不考虑去。

老家在南充的市民庞先生，春节带着一家老小回去住了几天。出发前，庞先生的妻子把亲戚的电话挨个都打了。"她挨家挨户了解，哪些家里有WiFi，有WiFi的亲戚家，才考虑去住。"庞先生说，手机流量有限，家里和单位都有WiFi，上网十分方便。回去那么多天，不上网会感觉难受，所以他们出发前就打听好哪些亲戚家有WiFi。回南充这几天，庞先生和妻子一直住在有WiFi的亲戚家。"出门前有所准备，万一去有的亲戚家没有WiFi，要离开也不礼貌了。"庞先生说。

（三）按网络的数据传输与交换系统的所有权分类

▶ 1. 公共网（公众网）

公共网是为全社会所有人提供服务的网络。一般由政府邮电通信部门来控制和管理，可提供数据交换服务，可连接大量的计算机和终端，如基于电信系统的公用网络。

▶ 2. 专用网

专用网主要为满足某单位或部门的需要而设计的网络，只为拥有者提供服务，不向拥有者以外的人提供服务。如学校的校园网、航空公司、证券网络等。

（四）按网络传输技术分类

▶ 1. 广播式网络

广播式网络仅有一条通信信道，为网络上的所有机器共享，通过某种语法组织的分组或包可以发送并接收任何机器的消息。

▶ 2. 点到点网络

点到点网络由一对对计算机间的多条连接组成。通过中间设备直接发到接收的计算机设备上，其他计算机无法收到这个消息，即计算机之间可以建立一对一的连接而不受其他设备的影响。

（五）按所采用的拓扑结构分类

拓扑结构就是网络的物理连接形式。如果不考虑实际网络的地理位置，把网络中的计算机看作一个节点，把通信线路看作一根连线，这就抽象出计算机网络的拓扑结构。局域网的拓扑结构主要有星形、总线型、环形、树形、网状、混合型等六种。

▶ 1. 星形拓扑结构

这种结构以一台设备作为中央节点，其他外围节点都单独连接在中央节点上。各外围节点之间不能直接通信，必须通过中央节点进行通信。中央节点可以是文件服务器或专门的接线设备，负责接收某个外围节点的信息，再转发给另外一个外围节点。这种结构的优点是结构简单、服务方便、建网容易、故障诊断与隔离比较简便、便于管理。缺点是需要的电缆长、安装费用多；网络运行依赖于中央节点，因而可靠性低；若要增加新的节点，就必须增加中央节点的连接，扩充比较困难。

▶ 2. 总线型拓扑结构

这种结构所有节点都直接连到一条主干电缆上，这条主干电缆就称为总线。该类结构没有关键性节点，任何一个节点都可以通过主干电缆与连接到总线上的所有节点通信。这种结构的优点是电缆长度短，布线容易；结构简单，可靠性高；增加新节点时，只需在总线的任何点接入，易于扩充。总线结构的缺点是故障检测需要在各个节点进行，故障诊断困难，隔离也困难，尤其是总线故障会引起整个网络的瘫痪。

▶ 3. 环形拓扑结构

这种结构各节点形成闭合的环，信息在环中进行单向流动，可实现环上任意两节点间的通信。环形结构的优点是电缆长度短、成本低。该结构的缺点是某一节点出现故障会引起全网故障，且故障诊断涉及每一个节点，故障诊断困难；若要扩充环的配置，就需要关掉部分已接入网中的节点，重新配置困难。

▶ 4. 树形拓扑结构

树形结构是总线形结构的扩展，它是在总线网上加上分支形成的，其传输介质可有多条分支，但不形成闭合回路。树形拓扑结构就像一棵"根"朝上的树，与总线型拓扑结构相比，主要区别在于总线型拓扑结构中没有"根"。树形拓扑结构的优点是具有一定容错能力、可靠性强、便于广播式工作、容易扩充，缺点是整个网络对根的依赖性很大，一旦网络的根发生故障，整个系统就不能正常工作。

▶ 5. 网状拓扑结构

将多个子网或多个网络连接起来构成网状拓扑结构。在一个子网中，集线器、中继器将多个设备连接起来，而桥接器、路由器及网关则将子网连接起来。网状拓扑结构的优点：可靠性高、资源共享方便、有好的通信软件支持下通信效率高。缺点是成本高、结构复杂、软件控制麻烦。

▶ 6. 混合型拓扑结构

现实生活中由于各种主客观原因，我们组建的网络在拓扑结构上并不是单一种类的，有时会有两种甚至两种以上的拓扑结构混合在一起，我们把这种多种拓扑结构的局域网连在一起而形成的拓扑结构称为混合型拓扑结构，简称混合结构。混合型拓扑结构的网络兼具不同拓扑结构的优点。

除以上几种分类外，还可以按带宽将计算机网络分为基带网和宽带网；按不同的途径分为科研网、教育网、商业网、企业网、校园网等；按数据交换方式分为电路交换网、报文交换网和分组交换网；按服务方式分为对等网和客户机/服务器网络。

六、计算机网络的连接方式

根据网络连接的用户数量、计算机数量和这些用户所要求提供的服务等要求，网络连接通常有两种：对等网和客户机/服务器网络。

（一）对等网

如果网络连接的用户数比较少，且要共享的数据、资源不多，用对等网就可以了。所谓对等网就是在网络中，计算机是同等的，计算机能够访问网络中其他用户所提供的资源，也能为网络中其他计算机提供资源。对等网络常被称为工作组。

（二）客户机/服务器网络

网络连接的第二种方式是客户机/服务器网络。与对等网相比，客户机/服务器网络可以提供组建大型网络的能力，它能向用户提供更大量的资源和网络服务。

服务器实际上是一台处理能力比较强的计算机，服务器上运行的是网络操作系统（NOS），网络中可以包含不同类型的、具有专门用途的服务器，如WEB服务器、打印服务器、邮件服务器等。

客户机是网络中能够享用服务器所提供服务的计算机。

客户机/服务器网络的优点在于网络提供了对资源的集中控制，它能使用户更容易找到资源。所付出的代价是需要有专用的服务器和在其上运行的网络操作系统。

任务二　互联网概述

互联网的发展对中国政治、经济、文化、社会等领域发展产生了深刻影响。据CNN-IC统计数据显示，截至2016年6月，中国网民规模达7.1亿人，中国互联网普及率达到

51.7%，网民规模连续 9 年位居全球首位。中国互联网普及率的提高，极大地推动了中国电子商务的发展，中国电子商务研究中心统计数据显示，2016 年上半年，中国电子商务交易额达 10.5 万亿元，同比增长 37.6%。而且由于这几年网民的暴增与电子商务平台的增多，网购已经"飞入寻常百姓家"，越来越多的人开始在网上购物，"双 11"和"双 12"的网购盛宴就是最有力的证据。电子商务的蓬勃发展使政府企事业单位以及个人都认识到网络对政策宣传、生产经营、个人学习和生活的重要性，纷纷组建自己的局域网络，以实现与 Internet 的互联。互联网的重要性已经不言而喻。

一、互联网的产生与发展

20 世纪 60 年代初，古巴核导弹危机发生，美国和苏联之间的冷战状态随之升温，核毁灭的威胁成了人们日常生活的话题。在美国对古巴封锁的同时，越南战争爆发，许多第三世界国家发生政治危机。由于美国联邦经费的刺激和公众恐惧心理的影响，"实验室冷战"也开始了。人们认为，能否保持科学技术上的领先地位，将决定战争的胜负，而科学技术的进步则依赖于计算机领域的发展。到了 60 年代末，每一个主要的联邦基金研究中心，包括纯商业性组织、大学，都有了由美国新兴电脑工业提供的最新技术装备的计算机设备，计算机中心互联以共享数据的思想得到了迅速发展。

美国国防部认为，如果仅有一个集中的军事指挥中心，万一这个中心被苏联的核武器摧毁，全国的军事指挥将处于瘫痪状态，其后果将不堪设想，因此有必要设计这样一个分散的指挥系统——它由一个个分散的指挥点组成，当部分指挥点被摧毁后其他点仍能正常工作，而这些分散的点又能通过某种形式的通信网取得联系。

在这种背景下，从 1960 年开始，美国国防部下属的美国高级研究计划署（Advanced Research Project Agency，ARPA）开始进行网间互联技术的研究。ARPA 通过发放许可和签约合同的形势，让那些技术思想比较有前景的大学或者公司来为它完成工作。1969 年，ARPA 在 UCLA（加州大学洛杉矶分校）、SRI（斯坦福研究院）、UCSB（加州大学圣芭芭拉分校）和 UTAH（犹他大学）建立了有四个节点的实验性网络——ARPAnet，ARPAnet 是世界上第一个运营的封包交换网络，它是全球互联网的始祖。

20 世纪 70 年代，ARPAnet 已经有了好几十个计算机网络，但是每个网络只能在网络内部的计算机之间互联通信，不同计算机网络之间仍然不能互通。为此，ARPA 又设立了新的研究项目，支持学术界和工业界进行有关的研究。研究的主要内容就是想用一种新的方法将不同的计算机局域网互联，形成"互联网"，研究人员称为 internetwork，简称 Internet。这个名词一直沿用到现在。

在研究实现互联的过程中，计算机软件起了主要的作用。1974 年，出现了连接分组网络的协议，其中就包括了 TCP/IP，即著名的网际互联协议 IP 和传输控制协议 TCP。这两个协议相互配合，其中，IP 是基本的通信协议，TCP 是帮助 IP 实现可靠传输的协议。TCP/IP 有一个非常重要的特点，就是开放性，即 TCP/IP 的规范和互联网的技术都是公开的，目的就是使任何厂家生产的计算机都能相互通信，使互联网成为一个开放的系统。这正是后来互联网得到飞速发展的重要原因。

ARPA 在 1982 年接受了 TCP/IP，选定互联网为主要的计算机通信系统，并把其他的军用计算机网络都转换到 TCP/IP。1983 年，ARPAnet 分成两部分：一部分军用，称为 MILNET；另一部分供民用，仍称 ARPAnet。

1986 年，美国国家科学基金组织（National Science Foundation，NSF）将分布在美国

各地的 5 个为科研教育服务的超级计算机中心互联,并支持地区网络,形成 NSFnet。1988 年,NSFnet 替代 ARPAnet 成为互联网的主干网。NSFnet 主干网利用了在 ARPAnet 中已证明是非常成功的 TCP/IP 技术,准许各大学、政府或私人科研机构的网络加入。1989 年,ARPAnet 解散,互联网从军用转向民用。

Internet 的发展引起了商家的极大兴趣。1992 年,美国 IBM、MCI、MERIT 三家公司联合组建了一个高级网络服务公司(Advanced Networks and Services,ANS),建立了一个新的网络,叫作 ANSnet,成为互联网的另一个主干网。它与 NSFnet 不同,NSFnet 是由国家出资建立的,而 ANSnet 则是 ANS 公司所有,从而使互联网开始走向商业化。

1995 年 4 月 30 日,NSFnet 正式宣布停止运作。而此时互联网的骨干网已经覆盖了全球 91 个国家,主机已超过 400 万台。此后的 20 年,互联网更以惊人的速度向前发展,截至 2015 年年底,互联网覆盖了全球绝大部分国家和地区,全球上网人口已达到 32 亿人。

二、互联网相关的基本概念

Internet 又叫互联网,它是世界上规模最大,信息资源最丰富,开放式的,由成千上万个网络及上千万台计算机相互连接而成的全球性的计算机网络,是具有提供信息资源查询和信息资源共享功能的全球最大的信息超级市场。

从概念中我们可以看出互联网的特点有三个:规模最大、信息资源最丰富、开放式;互联网的功能有两个:信息资源查询和信息资源共享。它是全球性的计算机网络,也是全球最大的信息超级市场。

(一) OSI 参考模型

在网络发展初期,各个公司都各自研究开发自己的网络体系结构,而它们的网络体系结构是各不相同的。这种自行发展的网络,由于在网络体系结构上差别很大,以至于它们之间互不相容,难于相互连接以构成更大的网络系统。为了使不同公司之间的网络能够互联互通,国际标准化组织(ISO)于 1978 年提出一个有助于开发和理解计算机通信的模型,这一模型被称为开放系统互联参考模型(Open System Interconnection Reference Model,OSI/RM)。1984 年 10 月 15 日,ISO 公布了 OSI 参考模型(见图 3-1),该模型成为信息处理系统互联、互通和协作的国际标准,生产厂商可以根据 OSI 模型的标准设计自己的产品。该模型定义了网络互连的七层框架,从上到下高分别是:应用层、表示层、会话层、传输层、网络层、数据链路层、物理层。在这一框架下进一步详细规定了每一层的功能,以实现开放系统环境中的互连性、互操作性和应用的可移植性。

第 7 层:应用层
第 6 层:表示层
第 5 层:会话层
第 4 层:传输层
第 3 层:网络层
第 2 层:数据链路层
第 1 层:物理层

图 3-1 OSI 参考模型示意图

▶ 1. 第7层：应用层(application layer)

应用层处于最高层，也是最靠近用户的一层，为用户的应用程序提供网络服务。为OSI模型以外的应用程序(电子数据表格程序、字处理程序、数据库程序及网络安全程序等)提供服务。应用层识别并证实目的通信方的可用性，使协同工作的应用程序之间进行同步，建立传输错误纠正和数据完整性控制方面协定，还判断是否为所需的通信过程留有足够的资源。

▶ 2. 第6层：表示层(presentation layer)

表示层确保一个系统应用层发送的信息能够被另外一个系统的应用层所识别。表示层的主要功能包括：完成应用层所用数据的任何所需转换、能够将数据转换成计算机或系统程序所能读得懂的格式、数据压缩和解压缩、加密和解密。当然，数据加密和压缩也可由运行在OSI应用层以上的用户应用程序来完成。

▶ 3. 第5层：会话层(session layer)

会话层主要负责建立、管理和终止两节点应用程序之间的会话。会话层为表示层提供服务，同时，也同步表示层实体之间的对话，管理它们之间的数据交换。除了会话层的这些基本规则以外，会话层也提供会话单元之间的同步、服务类别，并且报告会话层、表示层与应用层中产生的错误。

▶ 4. 第4层：传输层(transport layer)

传输层把数据分段并组装成数据流。传输服务经过传输连接建立阶段、数据传送阶段、传输连接释放阶段才完成。它的主要功能是为数据的传输提供服务，屏蔽传输层执行的细节。同时，作为一个转换层，传输层是最后一个管理路由包和错误恢复的层，用于弥补网络层的不足。

▶ 5. 第3层：网络层(net work layer)

网络层负责数据包经过多条链路，由信源到信宿的传递过程。它的主要功能是提供路由，即选择到达目标主机的最佳路径，并沿着该路径传送数据包，同时负责拥挤控制和流量控制。网络层向传输层提供传输服务，使传输层无须知道任何数据传输和链接的交换技术。网络边界的路由器就工作在这个层次上。

▶ 6. 第2层：数据链路层(data link layer)

数据链路层建立在物理传输层的基础上，其主要任务是加强物理层传输原始比特的功能。数据链路层以帧为单位传输数据，它的主要任务就是进行数据封装和数据链接的建立。它为网络层提供可靠的传递机制，表现为一条无差错信道，常见的交换机、网卡等网络设备都是工作在这个层次上。

▶ 7. 第1层：物理层(physical layer)

物理层是整个OSI参考模型的最底层，它的任务就是提供网络的物理链接。所以，物理层是建立在物理介质上的，它提供的是机械和电气接口，主要包括电缆、物理端口和附属设备，如双绞线、同轴电缆、接线设备等。计算机的串口和并口在网络中是工作在物理层，常见的集线器、调制解调器等设备也工作在物理层。

(二) TCP/IP协议

TCP/IP(Transfer Control Protocol/Internet Protocol)是互联网技术的核心，是基于TCP和IP这两个最初的协议之上的不同的通信协议的大的集合。由一组小的、专业化的协议组成，包括TCP、IP、UDP、ARP、ICMP，以及其他的一些被称为子协议的协议。它规范了网络上的所有通信设备,是主机与主机之间的数据往来格式以及传送方式,低成本和跨平台通信的可靠性使它成为 Internet 的标准模型,是局域网的首选协议。

TCP/IP 和 OSI 模型一样也采用分层体系结构。不过,TCP/IP 协议并不完全符合 OSI 的七层参考模型,而是分为四层,由上到下分别是应用层、传输层、互联网层和网络接口层。TCP/IP 协议的每一层都呼叫它的下一层所提供的网络来完成自己的需求。由于 ARPAnet 的设计者注重的是网络互联,允许通信子网(网络接口层)采用已有的或是将来有的各种协议,所以这个层次中没有提供专门的协议。实际上,TCP/IP 协议可以通过网络接口层连接到任何网络上,例如 X.25 交换网或 IEEE802 局域网。TCP/IP 协议的每一层都提供特定的功能,层与层之间相对独立,与 OSI 七层模型相比,TCP/IP 没有表示层和会话层,这两层的功能由应用层提供,OSI 的物理层和数据链路层功能由网络接口层完成。其与 ISO/OSI 参考模型的对应关系如表 3-1 所示。

表 3-1 TCP/IP 参考模型与 OSI 参考模型

TCP/IP 参考模型	OSI 参考模型
应用层	应用层
	表示层
	会话层
传输层	传输层
互联网层(又称网络层)	网络层
网络接口层(又称链路层)	数据链路层
	物理层

TCP/IP 各层的功能如下。

▶ 1. 应用层

应用层大致对应于 OSI 模型的应用层、表示层和会话层,该层中包括了所有的高层协议,如常见的远程网络登录协议(TELNET)、文件传输协议(FTP)、简单邮件传输协议(SMPT)、超文本传输协议(HTTP)和域名系统服务(DNS)等。

▶ 2. 传输层

传输层相当于 OSI 模型的传输层,该层负责在源主机和目的主机之间提供端与端的数据传输服务。这一层上主要有传输控制协议(TCP)和用户数据报协议(UDP),这些协议负责提供流控制、错误校验和排序服务。

▶ 3. 互联网层

互联网层对应于 OSI 模型的网络层,该层负责将分组独立地从信源传送到信宿,主要解决路由选择、阻塞控制及网际互联问题,包括网际协议(IP)、地址解析协议(ARP)、网际控制报文协议(ICMP)。

▶ 4. 网络接口层

网络接口层大致对应于 OSI 模型的数据链路层和物理层,该层处理数据的格式化以及将数据传输到网络电缆。

三、IP 地址与域名

（一）IP 地址

▶ 1. IP 地址的概念

在国际互联网上有数十亿台电脑主机，为了区分这些主机，人们给每台主机都分配了一个专门的"地址"作为标识，称为 IP 地址，就像每个公民一样都有唯一的一个身份证号码，所以网上的每一台主机的 IP 就好比它在网上的身份证号码，同段网络中，IP 地址不可以重复。

▶ 2. IPv4 地址

IPv4 地址是一个 32 位的二进制数，通常由 4 个以"."隔开的十进制数组成，称为"点分十进制"。IP 地址通常用点分十进制表示成 a.b.c.d 的形式，其中，a、b、c、d 都是 0～255 之间的十进制整数。例如，点分十进制 IP 地址 100.4.5.6，实际上是 32 位二进制数 01100100.00000100.00000101.00000110。

在 Internet 中，每台计算机分配一个唯一的 IP 地址，主机间进行信息传递时，只要知道对方的 IP 地址，就可以通过 TCP/IP 协议进行传输。全球理论上有 43 亿个 IPv4 地址，随着互联网的发展，IPv4 地址资源面临枯竭，这是开发 IPv6 地址的主要原因之一。

▶ 3. IPv6 地址

IPv6 是 Internet Protocol Version 6 的缩写，也被称作下一代互联网协议，它是由 IETF 小组（Internet Engineering Task Force，Internet 工程任务组）设计用来替代现行的 IPv4 协议的一种新的 IP 协议，号称可以为全世界的每一粒沙子编上一个网址。

由于 IPv4 最大的问题在于网络地址资源有限，严重制约了互联网的应用和发展。IPv6 的使用，不仅能解决网络地址资源数量的问题，而且也解决了多种接入设备连入互联网的障碍。

IPv6 的地址长度为 128b，是 IPv4 地址长度的 4 倍。于是 IPv4 点分十进制格式不再适用，应采用十六进制表示。IPv6 有 3 种表示方法，即冒分十六进制表示法、0 位压缩表示法、内嵌 IPv4 地址表示法。

冒分十六进制表示法的格式为 X：X：X：X：X：X：X：X，其中每个 X 表示地址中的 16b，以十六进制表示，如 ABCD：EF01：2345：6789：ABCD：EF01：2345：6789。这种表示法中，每个 X 的前导 0 是可以省略的，例如，2001：0DB8：0000：0023：0008：0800：200C：417A 就可以表示为 2001：DB8：0：23：8：800：200C：417A。

在某些情况下，一个 IPv6 地址中间可能包含很长的一段 0，可以把连续的一段 0 压缩为"::"，这种方法就是 0 位压缩表示法。但为保证地址解析的唯一性，地址中"::"只能出现一次，例如，FF01：0：0：0：0：0：0：1101 表示为 FF01::1101；0：0：0：0：0：0：0：1 表示为::1；0：0：0：0：0：0：0：0 表示为::。

为了实现 IPv4 与 IPv6 互通，IPv4 地址会嵌入 IPv6 地址中，这就是内嵌 IPv4 地址表示法。此时地址常表示为：X：X：X：X：X：X：d.d.d.d，前 96b 采用冒分十六进制表示，而最后 32b 地址则使用 IPv4 的点分十进制表示，例如，::192.168.0.1 与::FFFF：192.168.0.1 就是两个典型的例子，注意在前 96b 中，压缩 0 位的方法依旧适用。

与 IPv4 相比，IPv6 具有以下优势：

(1) IPv6 具有更大的地址空间。IPv4 中规定 IP 地址长度为 32，最大地址个数为 2 的 32 次方，即 43 亿个；而 IPv6 中 IP 地址的长度为 128，即最大地址个数为 2 的 128 次方。

与32位地址空间相比，其地址空间增加了$2^{128}-2^{32}$个。

（2）IPv6使用更小的路由表。IPv6的地址分配一开始就遵循聚类的原则，这使路由器能在路由表中用一条记录表示一片子网，大大减小了路由器中路由表的长度，提高了路由器转发数据包的速度。

（3）IPv6增加了增强的组播支持以及对流的控制，这使网络上的多媒体应用有了长足发展的机会，为服务质量（quality of service，QoS）控制提供了良好的网络平台。

（4）IPv6加入了对自动配置的支持。这是对DHCP协议的改进和扩展，使网络（尤其是局域网）的管理更加方便和快捷。

（5）IPv6具有更高的安全性。在使用IPv6网络中用户可以对网络层的数据进行加密并对IP报文进行校验，在IPv6中的加密与鉴别选项提供了分组的保密性与完整性，极大地增强了网络的安全性。

（6）允许扩充。如果新的技术或应用需要时，IPv6允许协议进行扩充。

（7）更好的头部格式。IPv6使用新的头部格式，其选项与基本头部分开，如果需要，可将选项插入到基本头部与上层数据之间。这就简化和加速了路由选择过程，因为大多数的选项不需要由路由选择。

（二）域名

▶ 1. 域名的概念

Internet上每台主机都有唯一的IP地址作为标识，但是IP地址全是数字，难于记忆和书写，因此在IP地址的基础上又发展出一种符号化的地址方案，来代替数字型的IP地址。每一个符号化的地址都与特定的IP地址对应，这样网络上的资源访问起来就容易得多了。这个与网络上的数字型IP地址相对应的字符型地址就被称为域名。域名类似于互联网上的门牌号码，用于识别和定位互联网上计算机的层次化结构字符标识，与计算机的IP地址一一对应。

可见域名就是上网单位的名称，是一个通过计算机登上网络的单位在该网中的地址。一个公司如果希望在网络上建立自己的主页，就必须取得一个域名，域名也是由若干部分组成，包括数字和字母。通过该地址，人们可以在网络上找到所需的详细资料。域名是上网单位和个人在网络上的重要标识，起着识别作用，便于他人识别和检索某一企业、组织或个人的信息资源，从而更好地实现网络上的资源共享。

域名是由一串用点分隔开的字母、数字和分隔符组成的，表示Internet上某一台计算机或计算机组的名称。域名中间部分的开头和结尾必须是数字或字母，域名中字母不区分大小写，但长度需控制在63个字符以内。表示地理位置或区域的最高域名或顶级域名必须遵循国际标准，中间部分可以任意选择，前提是没有被人注册。例如，www.163.com、www.baidu.com等这些网址就是该网的域名。

域名采用层次结构，每一层构成一个子域名，子域名之间用圆点隔开，自左至右分别为主机名、网络名、机构名、最高域名。例如，上海市政府官网域名为www.shanghai.gov.cn，其中www为主机名，shanghai为网络名，.gov为机构名，.cn为最高域名。

▶ 2. 域名的分类

域名分为顶级域名和二级域名。顶级域名又可以分为国际域名和国内域名。

1）顶级域名

国际域名（international top-level domain-names，iTDs），也叫国际顶级域名，这也是

使用最早也最广泛的域名。例如，表示工商企业的 .com、表示网络提供商的 .net、表示非营利组织的 .org 等。

国内域名，又称为国内顶级域名（national top-level domain names，nTLDs），即按照国家的不同分配不同后缀，这些域名即为该国的国内顶级域名。目前 200 多个国家和地区都按照 ISO3166 国家代码分配了顶级域名，例如中国是 cn、美国是 us、日本是 jp 等。

常见的国际域名和国内域名如表 3-2 所示。

表 3-2　常见的互联网国际域名和国内域名

国际顶级域名——机构名		国内顶级域名	
域　名	含　义	域　名	含　义
com	商业机构	cn	中国大陆
edu	教育机构	hk	中国香港
gov	政府机构	mo	中国澳门
net	网络服务机构	tw	中国台湾
org	非营利组织	us	美国
int	国际机构	jp	日本
ac	科研机构	uk	英国
firm	公司、企业	ca	加拿大
name	个人	fr	法国
biz	商务	de	德国
store	商店、百货	ru	俄罗斯
coop	商业合作团体	in	印度
info	信息服务机构	au	澳大利亚
aero	航空航天	ch	瑞士
mil	军事机构	br	巴西

在实际使用和功能上，国际域名与国内域名没有任何区别，都是互联网上的具有唯一性的标识。只是在最终管理机构上，国际域名由美国商业部授权的互联网名称与数字地址分配机构（The Internet Corporation for Assigned Names and Numbers，ICANN）负责注册和管理；而国内域名则由中国互联网络管理中心（China Internet Network Information Center，CNNIC）负责注册和管理。

2）二级域名

二级域名，即顶级域名之下的域名。在国际顶级域名下，它是指域名注册人的网上名称，如 ibm、yahoo、microsoft 等；在国家顶级域名下，它是表示注册企业类别的符号，如 com、edu、gov、net 等。

中国在国际互联网络信息中心正式注册并运行的顶级域名是 cn，这也是中国的一级域名。在顶级域名之下，中国的二级域名又分为类别域名和行政区域名两类。类别域名共 6 个，包括用于科研机构的 ac；用于工商金融企业的 com；用于教育机构的 edu；用于政府部门的 gov；用于互联网络信息中心和运行中心的 net；用于非营利组织的 org。而行政区域名有 34 个，分别对应于中国各省、自治区和直辖市。

四、互联网的基本服务

（一）远程登录服务

远程登录（Telnet）是 Internet 提供的基本信息服务之一，是提供远程连接服务的终端访问协议，是 TCP/IP 协议的一部分。远程登录是指可以通过一台计算机登录到另一台互联网上的计算机，操纵远程主机，使用其中的资源。例如，使用打印机等设备或根据权限访问、修改、上传、下载磁盘上的文件。要登录到远程计算机，须知道远程计算机的域名或 IP 地址，并注册有登录名和密码，否则无权登录。

（二）文件传送服务

文件传送服务（file transfer protocol，FTP）是互联网上最早提供的服务之一，目的是提高文件的共享性。FTP 允许用户在计算机之间传送文件，并且文件的类型不限，可以是文本文件也可以是二进制可执行文件、声音文件、图像文件、数据压缩文件等。文件传输服务是一种双向的文件传输，它允许将本地计算机中文件上传到远端计算机中，也可以将远端计算机中的文件下载到本地计算机中。简单地说，FTP 就是完成两台计算机之间的复制，从远程计算机复制文件至自己的计算机上，称为下载，若将文件从自己计算机中复制至远程计算机上，则称为上传。

FTP 有两种传输方式：一是 Web 方式，即在浏览器的地址栏上直接输入 FTP 网站的网址来登录服务器，例如登录腾讯官方网站下载 QQ 安装程序；二是软件方式，利用专用的 FTP 软件来传输文件。常用的 FTP 下载工具是迅雷、QQ 旋风、Flash Get、Net ants（网络蚂蚁）等。

（三）电子邮件服务

毫无疑问，电子邮件（E-mail）是互联网上最基本、最常用的服务。电子邮件好比是邮局的信件一样，不过它的不同之处在于，电子邮件是通过 Internet 与其他用户进行联系的快速、简洁、高效、价廉的现代化通信手段。电子邮件在发送与接收过程中都要遵循 SMTP、POP3 等协议，这些协议确保了电子邮件在各种不同系统之间的传输。其中，SMTP 负责电子邮件的发送，而 POP3 则用于接收 Internet 上的电子邮件。

（四）电子公告板系统

电子公告板系统（bulletin board system，BBS）是 Internet 上著名的信息服务系统之一，发展非常迅速，几乎遍及整个 Internet，因为它提供的信息服务涉及的主题相当广泛，如科学研究、时事评论等各个方面，世界各地的人们可以开展讨论，交流思想，寻求帮助。BBS 站为用户开辟一块展示"公告"信息的公用存储空间作为"公告板"。这就像实际生活中的公告板一样，用户在这里可以围绕某一主题开展持续不断的讨论，可以把自己参加讨论的文字"张贴"在公告板上，或者从中读取其他人"张贴"的信息。电子公告板的好处是可以由用户来"订阅"，每条信息也能像电子邮件一样被复制和转发。在 BBS 站点，用户通过浏览、发帖、回帖来发布自己的信息和参与讨论的观点。BBS 正在逐步成为有影响的社会舆论工具之一。

（五）万维网

万维网或环球网（world wide web，WWW）的创建是为了解决 Internet 上的信息传递问题，在 WWW 创建之前，几乎所有的信息发布都是通过 E-mail、FTP 和 Telnet 等。但由于 Internet 上的信息散乱地分布在各处，因此除非知道所需信息的位置，否则无法对信息进行搜索。WWW 是一个基于超文本技术的信息检索服务工具，它将互联网上世界各地的众多信息资源有机地组织在一起，链接成一个庞大的信息网。WWW 通过超文本传输协议（HTTP）向用户提供多媒体信息，其基本单位是网页，每个网页可以包含文字、图形、图像、动画、声音视频等多种元素。WWW 采用客户机/服务器模式。客户端通常为 WWW 浏览器，常见的 WWW 浏览器有 IE 浏览器、火狐浏览器、谷歌浏览器等。服务器是运行服务器软件，并且有超文本和超媒体驻留其中的计算机。浏览器与服务器之间通过超文本协议进行通信和交互对话。

（六）搜索引擎

搜索引擎是指根据一定的策略、运用特定的计算机程序从互联网上搜集信息，在对信息进行组织和处理后，为用户提供检索服务，将用户检索相关的信息展示给用户的系统。搜索引擎包括全文索引、目录索引、元搜索引擎、垂直搜索引擎、集合式搜索引擎、门户搜索引擎与免费链接列表等。国内最常见的搜索引擎有百度、谷歌、搜狗搜索、360 搜索、搜狐、新浪、网易、搜星搜索引擎等，其中百度、谷歌、搜狗搜索、360 搜索属于全文索引，搜狐、新浪、网易属于目录索引，搜星搜索引擎则属于元搜索引擎。

任务三 电子商务网站及其建设

一、电子商务网站概述

（一）电子商务网站的概念

电子商务网站是指在软、硬件基础设施的支持下，由一系列网页、制作工具、编程技术、后台数据库等构成，具有实现不同电子商务应用的各种功能，可以发挥广告宣传、经销代理、银行与运输公司中介、信息流运动平台等方面的作用。广义上的电子商务网站由网页和具有商务功能的软件系统、数据库、服务器、支持技术、网络等构成。狭义的电子商务网站由主页面、公司组织结构和员工组成等背景资料页面、滚动新闻页面、广告宣传页面、客户反馈页面等众多网页构成。

可以说，电子商务网站是企业或商家在 Internet 上设立的商务系统，是企业展示产品与服务的舞台，是实施电子商务的企业或商家与服务对象之间的交互界面，是企业或商家开展电子商务的基本手段和电子商务系统的重要部分。

（二）电子商务网站的作用

电子商务网站可提供网上交易和管理等全过程的服务，因此它具有广告宣传、在线展会、虚拟展会、咨询洽谈、网上订购、网上支付、电子账户、服务传递、意见征询、交易管理等各项功能。

▶ 1. 广告宣传

电子商务网站可凭借企业的 Web 服务器和客户的浏览，在 Internet 上发播各类商业信息。客户可借助网上的检索工具迅速地找到所需商品信息，而商家可利用网上主页和电子邮件在全球范围内进行广告宣传。与以往的各类广告相比，网上的广告成本最为低廉，而提供给顾客的信息量却最为丰富。

2. 咨询洽谈

电子商务网站可借助非实时的电子邮件、新闻组和实时的讨论组来了解市场和商品信息、洽谈交易事务，如有进一步的需求，还可用网上的白板会议来交流即时的图形信息。网上的咨询和洽谈能超越人们面对面洽谈的限制、提供多种方便的异地交谈形式。

3. 网上订购

电子商务网站可借助 Web 中的邮件交互传送实现网上的订购。网上的订购通常都是在产品介绍的页面上提供十分友好的订购提示信息和订购功能。当客户填完订购单后，通常系统会回复确认信息单来保证订购信息的收悉。订购信息也可采用加密的方式使客户和商家的商业信息不会泄漏。

4. 网上支付

网上支付是电子商务的一个重要的环节，客户和商家之间可采用信用卡账号进行支付，在网上直接采用电子支付手段将可省去交易中很多人员的开销。网上支付将需要更为可靠的信息传输安全性控制以防止欺骗、窃听、冒用等非法行为。

5. 电子账户

网上的支付必须有电子金融来支持，即银行或信用卡公司及保险公司等金融单位要为金融服务提供网上操作的服务，而电子账户管理是其基本的组成部分。

6. 服务传递

对于已付了款的客户应将其订购的货物尽快地传递到他们的手中。而有些货物在本地，有些货物在异地，电子邮件将能在网络中进行物流的调配，而最适合在网上直接传递的货物是信息产品。

7. 意见征询

电子商务网站能十分方便地采用网页上的选择、填空等格式的文件来收集用户对销售服务的反馈意见，这样能使企业的市场运营形成一个封闭的回路。客户的反馈意见不仅能提高售后服务的水平，更使企业获得改进产品、发现市场的商业机会。

8. 交易管理

整个交易的管理将涉及人、财、物多个方面，企业和企业、企业和客户及企业内部等各方面的协调和管理。因此，交易管理是涉及商务活动全过程的管理。

（三）电子商务网站的类型

1. 按照商务目的和业务功能分类

1) 基本型商务网站

这种类型的电商网站主要是想通过网络媒体和电子商务的基本手段进行公司宣传和客户服务。由于网站功能并不复杂，对软硬件要求不高，这类网站建设成本较低，性价比较高，适用于小型企业。

2) 宣传型商务网站

宣传型商务网站的主要目的是提升公司形象，扩大品牌影响，拓展海内外潜在市场。这种类型的网站在具备一般网站的基本功能的同时，主要突出对企业的宣传作用，适用于所有类型的企业，尤其是外贸型企业。

3) 客户服务型商务网站

一般而言，建设客户服务型商务网站的主要目的就是为了方便企业与客户及时沟通、为产品或服务提供技术支持、降低成本、提高工作效率。这种类型的网站除了具备一般网站的基本功能之外，主要着重于企业宣传和客户服务。它的适用比较广泛，几乎适用于所有类型的企业。

4）完全电子商务运作型网站

建设完全电子商务运作型网站的目的是实现网上客户服务和产品在线销售，为公司直接创造利润、提高竞争力。它的特点是具备完全的电子商务功能，并突出公司形象的宣传、客户服务和电子商务功能。由于这类网站具备完全的电子商务功能，对软硬件要求较高，故网站建设成本也比较高，适合各类有完全电子商务需求且资金实力较雄厚的企业。

▶ 2. 按照构建网站的主题分类

1）行业电子商务网站

行业电子商务网站是指以行业机构为主体，构建一个大型的电子商务网站，为本行业的企业和部门进行电子化贸易提供信息发布、商品订购、客户交流等活动的平台，如慧聪网、隆众石化网、金银岛、中国工控网等。

2）企业电子商务网站

企业电子商务网站是指以为主体构建网站来实施电子商务活动，根据企业生产的主导产品和提供的主要服务的不同可进一步分为各种不同类型的网站。我们正处于电子商务时代，几乎每家企业都在构建自己的电子商务平台，如苹果、三星、海尔、美的、联想、华硕等国内外知名企业均建立自己的电子商务网站。

3）政府电子商务网站

政府电子商务网站是指以政府机构为主体构建的，实现电子商务活动，为面向企业和个人等的税收及公共服务提供的网络化交互平台。20世纪末，新加坡国防部的资讯科技部门推出了世界上首个互联网政府采购系统后，新加坡的财政部和资讯通信发展管理局就考虑把它推广到其他政府部门，政府电子商务网站就诞生了，政府采购活动大多在网上进行；同时，政府也能够利用资讯，了解人民的要求，提供个性化的服务。另外，该类型网站在国际化商务交流中也发挥着重要作用。

4）服务机构电子商务网站

服务机构电子商务网站是指以服务机构为主体构建网站来实施电子商务活动，包括商业服务机构的电子商务网站、金融服务机构的电子商务网站、邮政通信服务机构的电子商务网站、家政服务机构的电子商务网站、休闲娱乐服务机构的电子商务网站等。这类网站是由非营利性组织或特殊公共服务性组织出资建设的，如世界和平组织、金融组织、邮政服务等。它们有的虽然收费，但获取利润并不是网站经营的唯一目标，往往是为了提供更多的服务。

▶ 3. 按照网站拥有者的职能分类

1）生产型商务网站

生产型商务网站是指以生产企业为主体构建网站来实施电子商务的，这种商务网站往往是由生产产品的企业建立的，其主要目的是用以推广、宣传其产品和服务，以便生产企业直接在自己的网站上开展在线产品销售和在线技术服务，以增加销售量，增强企业的竞争力。

作为最简单的商务网站形式，企业可以在自己网站的产品页面附上订单，用户如果对产品比较满意，可直接在页面上下订单，然后汇款，企业收款发货，完成整个销售过程。这种商务网站比较实用，主要特点是信息量大并提供大额订单。生产型企业要在网上实现在线销售，必须与传统的经营模式紧密结合，分析市场定位，调查用户需求，制订合适的电子商务发展战略,设计相应的电子商务应用系统架构。

2）流通型商务网站

流通型商务网站是指由流通企业来建立的,其主要目的是通过网站宣传与推广所销售的产品与服务,以便客户在网上能更好地了解产品的性能和用途,从而促使客户在线购买。这种商务网站着重全面介绍产品和服务,展示产品的外观与功能。商务网站的页面制作精美、动感十足,很容易吸引用户。流通企业要实现在线销售,必须与传统商业模式紧密结合,在做好研究、分析与电子商务构架设计的基础上,设计和构建商务网站的页面,充分利用网络的优越性,为用户提供丰富的商品、便利的操作流程和友好的交流平台。

▶ **4. 按照产品线的宽度和深度进行分类**

1）水平型电子商务网站

水平型电子商务网站,又称多元化电子商务网站,主要提供多行业产品的网上经营。这种类型的网站聚集很多类别的产品,综合性强,类似于网上购物中心,旨在为用户提供产品线宽、可比性强的商业服务,如淘宝网、天猫、京东商城、苏宁易购、一号店等。

水平型电子商务网站的优点是基本上涵盖了整个行业,在广度上下功夫,产品线的宽度大,聚集了大量产品,在品牌知名度、用户数、跨行业、技术研发等方面有着其他类型网站无法企及的优势。

但水平型电子商务网站也有一些缺点,就是这类网站在深度和产品配套性方面有所欠缺,处在中间商的位置,在产品价格方面处于不利地位;而且其用户虽多,但却不一定是客户想要的用户,在用户精确度、行业服务深度上略有不足。

2）垂直型电子商务网站

垂直型电子商务网站是指在某一个行业或细分市场深化运营的电子商务网站,其商品都是同一类型的产品。这类网站多为从事同种产品的 B2C 或者 B2B 业务,其业务都是针对同类产品的,如凡客诚品、唯品会、聚美优品、新蛋网等。

垂直型电子商务网站的优势在于专注和专业,能够提供更加符合特定人群的消费产品,满足某一领域用户的特定习惯,因此能够更容易取得用户信任,从而加深产品的印象和口碑传播,形成品牌和独特的品牌价值,这也是小资本创业企业的必经之路。

垂直型电子商务网站的缺点也很明显,其在品牌知名度、用户数、行业广度、技术研发等方面与水平型电子商务网站存在较大差距;个体规模小,很难达到足够的品牌积累;竞争力差,无法持续抵御强大竞争对手的激烈竞争;受众窄,难以形成规模效应;产业链太短,研发能力弱。

（四）电子商务网站的构成

▶ **1. 网站域名**

网站域名是企业地址名,每个域名在整个 Internet 中都是唯一的。一个好的域名是一个企业的无形资产,它和企业的形象紧密地联系在一起。

▶ **2. 网站地点**

网站地点是电子商务网站所在服务器存放的物理地点。

▶ **3. 网站页面**

一个吸引人的网站页面就像一流装修的商场,不但可以吸引客户,而且可以增加客户的购物信心。

▶ **4. 商品目录**

网站设置合理的商品目录结构、方便的导航和快速的搜索,可以使用户快速、方便地找到所需要的商品和相关的信息。

▶ 5. 购物车

购物车是连接商品展示和付款台的关键环节，方便、完善和灵活的购物车可以使客户感受到良好的服务，提高客户购物的信心。

▶ 6. 付款台

付款台是购物结算地点，是整个支付系统的一部分。

▶ 7. 计数器

计数器用来统计网站被访问的次数。

▶ 8. 留言板

留言板向客户提供留言服务，用来获取客户对网站的评价、建议和需求等信息。

▶ 9. 会员管理

会员管理用于管理客户信息资料，既方便了客户的购物，又有助于商户分析客户的购物偏好。

▶ 10. 商品盘点

商品盘点是对网站的日常维护，随时掌握商品的状态，有利于更好地满足客户的需求。

▶ 11. 库存管理

库存管理是任何商务活动的基础，商务网站也一样需要进行良好的库存管理。

▶ 12. 商品配送

商品配送是网站购物的最后一步，一般是通过物流系统将商品快速、可靠地送到最终用户手中。

二、电子商务网站的建设

了解了一些基本概念之后，我们就要着手准备建设网站了。首先要了解为什么要建网站。

（一）建站的目的

一般情况下，建设电子商务网站出于以下目的。

（1）纯粹是为了兴趣爱好。随着科技的发展，越来越多的人对计算机网络产生兴趣，也想加入其中，建立属于自己的网站。

（2）为了赚钱，充分利用网络提供的有利条件，以 Internet 作为媒介从事一些商务活动，时下火热的"电商"话题充斥着网络就足以证明这一点。

（3）不管是现实中的企业还是网络公司，现在越来越多的企业喜欢建立自己的官方网站，以充分展示自己的产品优势，从而起到非常好的宣传作用。

（4）组建非营利组织。一个非常著名的非营利网站——维基百科，是一个基于 wiki 技术的多语言百科全书协作计划，也是一部用不同语言写成的百科全书，其目标及宗旨是为地球上的每一个人提供自由的百科全书。

在规划建设网站之前，一定要对网站进行定位，明确建设网站的目的和功能，避免盲目设计，否则既达不到宣传和实用目的，又浪费了人力和物力。

（二）建站的常见误区

▶ 1. 误区一：别人都建设了自己的网站，我也要搭建一个

网站建设时的盲目性，必然会导致网站规划的目的不明确，这样的情况在初入行者的

身上比较多见。这样的人往往没有深入研究,仅仅是一时兴起,目的不明确,访问者更是犹如处于云里雾里,网站当然会失败。

▶ 2. 误区二:域名、空间、程序我都有,建个网站应该很简单

如果说上一个误区是完全不懂网络的人说的话,那么这个误区可以说是内行人的无知了。拥有程序、域名、空间与建不建网站是没有任何逻辑关系的,我们还是要仔细研究,根据实际需求来建站。

建设网站时要有明确的目标和计划,针对企业的状况和需求认真规划,把自己拥有的一些建站因素当作建网筹码的想法是很幼稚的。

问题探究

1. 问题一:你的建站目的是什么?
(1) 为自己的业务做广告。
(2) 产品、服务的销售。
(3) 建立一种公益性服务。
(4) 为一种思想、观念、事业做宣传。
(5) 使自己的业务走向世界。个人兴趣与爱好。
(6) 塑造企业形象。
(7) 将来卖掉网站。
2. 问题二:你设想中的网站规模是多大?
(1) 很小,有一个网站就行。
(2) 从最小的规模开始,然后逐步发展。
(3) 相当复杂。
(4) 极其庞大而复杂。

(三) 网站定位

▶ 1. 网站的名称

要建设一个网站,首先要确定网站的名称,它是网站设计中重要的组成部分。网站名称必须简洁易记,因为这对后期网站的品牌建设和推广优化都会有很大的帮助。

网站命名的要求:合理合法、一目了然、没有歧义、简短易记、富有特色。

▶ 2. 域名

不管是个人网站还是企业网站,域名是一个网络硬性标记。网站在网络上展现的名称就是域名,所以域名对一个网站来说极其重要。很多互联网爱好者喜欢域名投资,也是因为他们具有市场预见性。

那么,一个好的域名应满足哪些要求呢?
(1) 好域名要短小精悍。
(2) 好域名要容易记住。
(3) 好域名要容易拼写。
(4) 好域名要具有描述性。
(5) 好域名不要含有连词符。
(6) 好域名不要含有数字。
(7) 好域名不要使用变形单词。

(8) 好域名不要含有冠词。

(9) 好域名要有品牌效应。

(10) 好域名要有标注自己的域名后缀。

▶ 3. 网站的主题

目前的网站主题很多，而且还在不断增加，关键是要看我们所要建设的网站处于一个什么样的大主题下，然后再进行细分，最后得到一个恰当的网站主题。如果网站的大主题是 SEO，那么我们要具体关注 SEO 的哪些方面呢？这就是确定网站主题的关键因素。

另外一个方面就是网站主题一定要专业、精练，包罗万象只会让访问者觉得没有特色，甚至没有重点。

一项互联网调查显示，相较于大而全的站点，人们更喜欢浏览一些专而精的站点，因为这些站点能够给他们带来更专业的内容和知识，也就是迎合了需求。当然，这也是为了能够更快、更准地找到自己想要的内容。如果浏览一些大型网站，则要一层一层打开页面，才能找到自己想要的东西，无形中浪费了很多时间。

网站主题一定要创新。人们处于一个信息爆炸的时代，同一条新闻可能所有的网站都会报道。那么，在这样的前提下，怎样才能把用户吸引到自己的网站上来呢？答案就是：创新。网站主题也是如此，足够吸引眼球，别人才会驻足，网站才会得到重视。当然，创新的主题一定要配合精彩的内容，否则会适得其反。

从个人网站的角度出发，主要看个人的喜好，这有很大的自由度。例如，爱好文学，就可以专门建立一个文学交流论坛；喜欢中国唐代文学，就可以建立一个唐代文化交流站点；喜欢唐代李白的诗句，则可以专门建立一个研究李白诗句的交流基地。

4. 网站的规模

确定了网站主题，就面临另外一些问题。要创建一个多大规模的网站？是大型、中型，还是小型？建站预算是多少？多久能够上线？是自己做还是交给专业团队做？

(四) 网站的结构与布局

在内容设计完成之后，网站的目标及内容主题等有关问题已经确定。结构设计要做的事情就是将内容划分为清晰合理的层次体系，如栏目的划分及其关系、网页的层次及其关系、链接的路径设置、功能在网页上的分配等。

▶ 1. 物理结构

网站物理结构是指网站目录及其包含文件的真实存储位置所表现出来的结构，一般有两种表现形式，分别是扁平式物理结构和树形物理结构。

对小型网站来说，所有网页都存放在网站根目录下，这种结构就是扁平式物理结构。扁平式物理结构对搜索引擎而言是最为理想的，因为只要一次访问即可遍历所有页面。但是，如果网站页面比较多，根目录下文件太多，查找、维护起来就会非常麻烦。所以，扁平式物理结构一般适用于只有少量页面的小型和微型站点。

对规模大一些的网站，往往需要二层、三层甚至多层子目录才能保证网页的正常存储，这种多层级目录也称树形物理结构，即根目录下再细分成多个频道或目录，然后在每一个目录下再存储属于这个目录的内容网页。采用树形物理结构的优点是维护容易，缺点是搜索引擎的抓取会相对困难。目前，互联网上的网站因为内容普遍比较丰富，所以大都采用树形物理结构。

▶ 2. 逻辑结构

与网站的物理结构不同，网站的逻辑结构也称链接结构，主要是指由网页内部链接形成的逻辑结构。逻辑结构和物理结构的区别在于，逻辑结构由网站页面的连接关系决定，而物理结构由网站页面的物理存储位置决定。

在网站的逻辑结构中，通常采用链接深度来描述页面之间的逻辑关系。链接深度是指从源页面到达目标页面所经过路径的数量。例如，某网站的页面 A 中存在一个指向目标页面 B 的链接，则从页面 A 到页面 B 的链接深度就是 1。

和物理结构类似，网站的逻辑结构同样可以分为扁平式和树形两种。在扁平式逻辑结构的网站中，任意两个页面之间都可以相互连接，即网站中任意一个页面都包含其他所有页面的链接，网页之间的链接深度都是 1。目前的网络上，很少有单纯采用扁平式逻辑结构作为整站结构的网站。树形逻辑结构是指用分类、频道等页面，对具有同类属性的页面进行链接地址组织的网站结构。在树形逻辑结构网站中，链接深度大都大于 1。

1) 确定网站的目录结构

网站的目录是指建立网站时所创建的目录，目录结构则主要是指物理结构和逻辑结构。当网站涉及多个尤其是成千上万个页面时，就需要有一个清晰的网站结构来确保搜索引擎的抓取和用户的访问。网站的目录结构就起到这样的作用，它在 SEO 中意义非凡。

千万不要把一个网站的所有文件都放在根目录下，这会给网站造成非常大的负担，降低文件上传的速度，维护起来也会非常麻烦。每个子目录都应该有自己的文件从属，如 image、extension。不管是数据库后台还是网站自动生成的页面，都需要遵循这个目录结构，这样做的好处是不会造成网站文件的混乱。

2) 确定网站的链接结构

了解链接结构之前，我们需要熟悉一个概念——拓扑结构。所谓拓扑结构是指网络中各个站点相互连接的形式，它反映的是一个网站中实体和实体之间的链接形式，而网站中的拓扑就是页面与页面之间的结构关系。

3) 页面布局方式

层叠样式表(CSS)，是一种用于控制网页样式并允许将样式信息与网页内容分离的标记性语言，目前流行的是 DIV+CSS 布局方式。CSS 能够帮助我们实现许多功能，对普通用户来说，CSS 显得过于复杂，这里我们只需要了解它的作用就可以了。对 CSS 感兴趣的读者可以自己学习一下，这对于站点布局是有好处的。

相较于 CSS，表格布局相对简单，表格在格式化文本时非常便捷。但是，CSS 要更为稳定一些，可是页面中如果出现多表格嵌套的话，会增加页面负担，不仅用户体验不好，而且对搜索引擎也不友好（因为大量的表格框架代码不利于搜索引擎的检索和收录）。

框架其实是一种很好的布局方式，但是它有一个缺点，就是不利于进行 SEO 推广，也不利于搜索引擎的使用。

(五) 域名和主机

随着互联网的不断发展，建站成本正日益降低。对于初级的入门用户来说，开源建站程序的蓬勃发展，更是将用户带入了一个低成本的环境。总体来看，在网站起始阶段，每位用户都需要投入的成本可能就是域名和主机了。而域名和主机的选择在一定程度上决定了网站今后的运行情况，适当的域名选择和良好的主机配置，可以避免站点运作过程中出现的一些基础性问题。

一般来说，当做好站点的规划，考虑好需要建立站点的类型之后，就可以着手注册域名和购买主机服务器了，当然也不排除先拥有一个较好的域名之后才开始建站的情况。

▶ 1. 域名注册与解析

在域名注册过程中，需要注意以下几点。

（1）域名与站点的联系。一个域名与站点类型是否匹配，是站点能否获得较高熟悉度的一个重要因素。例如，对于一个电影类型的站点，域名中是否能够体现"电影"这个词显得尤为重要，无论域名是"dianying"或"dy"，都间接说明了站点的类型，让访问者能够对站点内容一目了然，并加深印象。

（2）域名的长度。域名是由一串字符组成的，较长的字符串与较短的字符串所带来的记忆难度差别是显而易见的。为了能够让用户迅速记住域名，在符合站点类型特点的前提下，可以尽可能缩短域名的长度。

（3）域名注册商提供的服务。域名的注册期一般都不会低于一年。由于域名注册商的规模、服务、技术等因素影响，在长期服务过程中，域名注册商的服务水平也成为注册域名时应需要考虑的一个重要因素。特别是在易受相关政策影响的国家和地区，域名注册商的选择尤为重要。从国内的实际情况来看，在价格方面，国外域名注册商普遍要低于国内域名注册商，同时，国外域名注册商受到政策影响的可能性也要远远低于国内域名注册商。因此，推荐注册域名时应考虑国外的大型域名注册商，如全球最大的域名服务商 Godaddy.com。

对于域名注册过程，国内外的域名注册商基本上是流程一致，大同小异。首先查询要注册的域名是否已被注册，如未注册，则可在填写一系列的注册信息之后，付款并完成注册。上述注册信息一般通过 whois 注册信息查询系统可以查阅得到。出于对安全因素的考虑，可以选择注册商提供的 whois 信息隐藏服务将其隐藏。

域名注册后，可以登录域名管理面板进行域名解析，将域名绑定到网站的主机服务器上，只有完成这一步才能使用注册的域名直接访问网站。所以说，域名解析也就是将域名指向主机空间 IP 地址，让人们通过注册的域名方便地访问网站的一种服务。该服务由 DNS 服务器完成。对于域名解析，其实也就是解析 DNS 中的各项资源记录。

▶ 2. 主机

1）主机的基础知识

对于网站来说，主机的意义不同于传统意义的 PC。简单地说，主机就是存放网站内容的地方，可以称为主机空间、网站服务器、主机服务器等。在日常的站点维护操作中，用户对于主机的操作是极为频繁的。一台运行状态良好的主机，也是网站能够正常运行的首要前提条件。

状态良好的主机，也是网站能够正常运行的首要前提条件。

主机的购买主要是向具有相关资质的 IDC 服务商购买。互联网数据中心（Internet Data Center，IDC）业务是伴随着互联网的发展而出现的。它的功能是凭借 IDC 丰富的 IT 基础资源和高度集中化、标准化的运营管理系统向客户提供数据存储、数据备份、数据交换等服务，客户可以通过租用 IDC 的服务来建设自身的信息系统。国内较大的 IDC 服务商有万网、新网，国外较为出名的则有 Godaddy、HostEase、IXWebHosting。

一般来说，可以在 IDC 服务商处同时进行域名和主机的购买。

在选购主机时我们会发现，主机的名称和种类纷繁复杂，不同主机的价格差异也很大。因此，需要先弄清楚主机的分类，以便选择更加适合个人需求的主机。

2）主机的分类

（1）虚拟主机，也称虚拟服务器，是指利用虚拟主机技术将一台服务器划分成多台虚拟的服务器，每一台虚拟主机都具有独立的域名和完整的 Internet 服务器（支持 WWW、

FTP、E-mail 等)功能。虚拟主机之间完全独立，并可由用户自行管理。从操作来看，每一台虚拟主机和一台独立的主机完全一样。虚拟主机的各项参数一般由 IDC 服务商事先规定，同时由于服务器的硬件条件限制，当一台服务器上的虚拟主机用户越多，服务器资源就越紧张。因此，选购虚拟主机的时候，硬件配置条件成了重要的标准。很多人喜欢选择国外的 HostEase 主机，就是由于其服务器配置较高，每台服务器托管账户的数量较少，负载也就较其他主机高。由于虚拟主机价格较为便宜，因此成为许多初级建站者和中小型站点的首选，也是应用最为广泛的网站主机类型。

(2) VPS 主机，即虚拟专用服务器，是指将一台服务器分区成多台虚拟独立专享服务器的技术。每一台使用 VPS 技术的虚拟独立服务器拥有独立的公网 IP 地址、操作系统、硬盘空间、内存空间、CPU 资源等，还可以进行安装系统与程序、重启服务器等操作。VPS 主机与虚拟主机的主要区别在于其实现了服务器硬件底层隔离，简单地说，就是当同一服务器上的其他 VPS 主机当机或出现故障时，其他 VPS 主机不会受到影响。同时，因为 VPS 主机拥有完全独立的资源，其运行较虚拟主机也更为稳定和高效，因此一般是虚拟主机用户升级的首选。美国主机商 Lunarpages 提供了很好的 VPS 主机，具体可访问 http://cn.lunarpages.com 了解相关信息。

(3) 独立主机，是指客户独立租用一台服务器来展示自己的网站或提供服务。独立主机与虚拟主机相比，具有空间更大、速度更快、CPU 计算独立等优势，当然价格也更贵高。HostEase 也提供独立主机，可以到其中文官网查看相关信息。

(4) 云主机。云主机是近年来随着云计算的发展兴起的一种主机类型，是一种类似 VPS 主机的虚拟化技术。VPS 是在一台服务器上虚拟出多个类似独立主机的部分，而云主机是在一组集群服务器上虚拟出多个类似独立主机的部分，集群中每台服务器上都有云主机的一个镜像，从而大大提高了虚拟主机的安全性和稳定性，除非集群内的所有服务器全部出现问题，云主机才会无法访问。可以简单地理解，云主机其实是虚拟主机的一种更为安全的变种。由于云主机刚刚兴起，因此其价格也较高。

(5) 主机托管，是指自身拥有服务器，只是将其放置在 IDC 的机房中，由自己或其他人员进行远程维护，主要利用 IDC 机房的环境和资源来保证服务器的正常运转。除了上述分类之外，根据主机的操作系统，可以分为 Windows 主机和 Linux 主机；根据主机的所在地，可以分为国内主机、美国主机、中国香港主机等；根据支持的程序语言，又分为 PHP 主机、ASP 主机、JSP 主机等，具体信息可以到相关网站查阅。

3) 主机的选购

主机的选购对于一个站点有着至关重要的作用。运行状态稳定的主机是网站进行其他操作的前提。因此，对于主机的选购要慎之又慎，要根据站点的实际运行情况进行合理的选购。

选购主机时，主要考虑下面几个因素。

(1) 网站程序的开发语言与运行环境：主机是存放网站程序的地方，因此在选购主机时的第一考虑因素是该主机是否能够满足网站程序的良好运行。简单地说，开发语言为 ASP 或 .NET，一般选购操作系统为 Windows 的主机；开发语言为 PHP 或 JSP，一般选购操作系统为 Linux 或 UNIX 的主机。进一步需要考虑的是该主机是否支持数据库、支持何种类型的数据库、数据库大小为多少等。

(2) 网站空间的大小：网站空间的大小可能是众多用户首次选购主机重点关注的一个指标，很多 IDC 服务商也常常强调该数据来吸引客户。其实，空间的大小主要与站点的内容有很大的关系，除非是图片、视频之类的站点，一般大小的空间大都可以满足站点的日常需要，无须过分追求该数据。

（3）流量大小：用户在打开网站的任何页面时都会或多或少产生流量，IDC服务商出于资源分配平衡的考虑，都会对这些流量加以限制。因此，在选购主机时，要估算站点的访问数量及其流量的消耗，避免因为流量过大而被IDC服务商关闭主机或限制速度。

（4）链接数：链接数是指同时接受申请进而打开网站页面的访问人数。链接数的大小直接关系到虚拟主机上用户网站的登录访问水平。如果将链接数限制得太少，那么能同时访问用户网站的人数就会受到限制，进而出现访客等待时间过长等不正常情况。通常在Windows主机中会出现IIS链接数限制。

（5）主机访问速度：在选购主机时，这一指标为用户所看重，但一般缺乏有效的手段去真实地衡量，只能根据IDC服务商的水平和服务器的位置进行判断。一般来说，如果站点主要面向国内用户，则宜选择国内主机；若站点浏览者多为国外访客，可考虑选择国外主机。需要提醒的是，选择国内主机时，要注意该主机是否支持电信和网通的双线路，在仅支持一条线路时，可能会造成另一条线路的用户访问站点时不够顺畅的问题。

（6）其他附属功能：除了上述提到的因素之外，还有其他附属功能可以在选购主机时加以考虑，以提升主机使用的便捷性。例如，支持cPanel面板的主机就有更为强大的操作功能，国外的HostEase、WebHostingPad等主机商都提供cPanel面板；支持在线FTP和解压缩可以更方便地进行文件上传；支持主机无缝升级会有更便捷的升级体验等。同样，热衷于选择IXWebHosting主机的用户，可能就是因为其赠送独立的IP地址，不用担心因其他网站的牵连而被封掉IP地址。

由于主机在使用过程中受网站程序、地理位置、个人带宽等诸多因素的影响，因此知名IDC服务商的服务和质量相对比较有保证，在合理的价格范围内可以优先选购。

（六）网站的规划设计

▶ 1. 什么是网站规划

网站规划是指在网站建设前对市场进行分析，确定网站的目的和功能，并根据需要对网站建设中的技术、内容、费用、测试、维护等做出规划，这是普遍给出的定义，看起来似乎比较简单。上述描述是在规划人员对网站规划有一定经验的基础上进行定义的，而没有经验的新手用户，看了这个定义会感觉有些理论化。

新入门的用户及相关人员可以从两个方面来理解网站规划的定义，分别是网站的可行性和网站的实现。第一个方面主要是用户根据网站的创意来定位网站的主题、用户群体、地域、市场、推广等是否具有可行性，以及网站相对其他同类网站的优势。第二个方面主要是在确定第一个方面之后，去考虑网站如何实现，包括技术、人员、经济等因素。就目前的互联网发展趋势来看，重点还是第一个方面，因为它是网站后续是否成功的关键点之一。

网站规划好比汽车设计，前期的规划设计做不好，就会影响产品的性能及安全等多个方面。所以，新手用户在建站之前必须把网站的主题、市场、用户群体、后续的推广营销、网站具体功能等都考虑好，这样网站才会有比较好的基础，后续的运营推广也会比较容易开展，不然就会出现很多问题。

▶ 2. 网站规划的原则

网站在规划时需要遵循一些原则，目的是避免在规划过程中出现主题偏移、考虑不全面、缺乏可行性的问题。一般网站在规划设计时需要把握以下两个原则。

1）紧跟总目标

制作网站的目标、出发点需要体现在网站的规划中，否则会造成"偏题"的现象，导致规划的网站和原先设想的不一样，也就失去了做网站的意义。例如，企业需要加强在互联网领域的宣传，以提升企业品牌，增加企业产品的销售渠道，在规划企业的网站时就需要紧扣这两个目标，充分考虑如何在企业网站中体现企业的品牌和产品。可以在规划企业的网站时，在网站导航栏和重要位置展示企业的介绍、取得的荣誉、资质等，同时加强企业产品的展示，如增加在线咨询、在线订购等功能。

2）考虑要全面且切实可行

这一点考察的是用户的综合能力。因为网站的规划涉及很多方面，不同的网站涉及的内容也会不同，对于新手用户来说，由于没有丰富的网站规划经验，可能会出现很多问题。常见的问题主要有两个方面：一个方面就是考虑不够周全，很多用户在刚开始做网站规划时都会出现这样的问题，这一点只能通过不断实践来总结经验，提升自己；另一个方面是要保证规划的网站方案切实可行，这一点新老用户都要注意，容易出现的错误有技术层面、用户需求层面、市场定位层面、经济层面等。技术层面的问题主要是规划的技术要求无法实现，超出了现阶段的技术水平，这说明用户对网站技术的相关知识了解不够。用户需求层面的问题主要是对用户群体的需求定位有误。市场定位层面的问题主要是对网站所面对的市场认识不足而造成的错误。经济层面的问题是指人力、物力方面超出了现有的实力。

所以，在网站规划中需要把握上面的两大原则，避免网站在规划阶段出现问题，这是影响网站能否上线、能否成功的重要因素。

▶ 3. 网站规划的流程

下面具体介绍实际的网站规划流程。

1）分析预定网站的用户群体

网站规划的第一步不是确定网站的主题，而是分析预定网站主题所对应的用户群体，因为最开始设定的网站主题不一定合适，也不一定可行，用户应综合自身所掌握的情况来选择适合自己网站服务的对象。网站的用户群体分析主要有以下方面。

（1）分析用户群体的类型。不同的网站涉及的用户群体不尽相同。例如，农业相关网站的用户群体主要是农民，这一群体对互联网了解不多，则相关网站的内容、内容的表现形式、网站的布局方面应做到简洁、丰富、易操作，同时做好线下活动，为农民提供各类优惠信息、专家指导等实用的内容。通过这样的分析，就了解了这一群体的特性及网站后续的运营方式，网站的主题就可以有多种选择，如农业资讯网站、农资团购网站、农业培训服务网站等，从中选择一个或多个整合，就可以为自己网站的主题定位。结合自身情况来选择就能提高网站成功的可能性。

（2）分析用户群体的市场。在了解了预定网站的用户群体类型后，接下来就需要从用户群体的市场角度来分析一下市场规模、市场需求、市场竞争，并结合自身的资源来确定网站的市场。

① 市场规模。假设网站主题是地方性网站，那么用户群体自然是所在的城市人口，而群体的市场规模就是所在城市的上网群体。一般来说，地方性网站所服务的群体就是它的市场规模（当然其他城市的用户访问也算是该网站的用户，我们这里主要讲该网站的主流用户群体），这是地方性网站有别于其他网站类型的一点，即具有地域特征。

② 市场需求。地方性网站属于城市生活服务类网站，内容一般包含这个城市的吃、

喝、住、行、玩，同时会根据所在城市的特性（历史、风俗、习俗等）推出一些特色频道。地方性网站的需求来源很灵活，既可以来源于用户运营过程中的策划，也可以来源于用户群体自身的发掘。

③ 市场竞争。对于地方性网站，最重要的就是同城竞争，目前的地方性网站一个城市一般都会有两家以上（除县级以上的城市），这时考验的不仅仅是用户的推广、优化手段，更多的是用户对于网站用户群体的理解及掌握的所在城市的资源，这些都是地方性网站竞争的有利因素。

（3）分析用户群体的习性。这一点主要包括预定网站的用户群体有哪些习性，通过分析来帮助网站制订后续的运营、推广、营销方面的规划。这里的群体习性主要包括上网习性、生活习性、消费习性。

① 上网习性。不同的网站主题所对应的用户群体会有不同的上网习性，主要包括上网时间、上网时长、上网范围、上网地点等。例如，游戏网站的用户群体的上网时间主要集中在节假日、周末、中午及晚上 7 点以后，上网时长与所处时间段有关，节假日、周末是最长的，晚上 7 点以后是其次，中午时间最短。上网范围是指用户除了浏览当前网站外对其他网站的浏览。例如，游戏网站的主流用户群应该是男性，男性除浏览游戏网站外，还会关注资讯、时政、军事、体育等内容，游戏网站的用户上网地点一般为家里、网吧、办公室，通过上述分析就能基本判断预定网站群体的习性，从而为网站后续的运营提供如网站更新、推广方式等方面的参考。

② 生活习性。网站用户群体的生活习性也会给网站的运营带来帮助。还是以上述游戏网站为例。游戏网站的用户群体大部分是男性，且多半为学生和上班族，这一群体的生活规律都有几点一线、生活时间两极化、喜好感官体验、有活力、有精力的特点，这样就可以根据用户的生活习性为网站的内容建设、网站更新时间、推广宣传的方式提供有力帮助和参考。

③ 消费习性。网站用户群体的消费习性决定了网站服务的定价策略、收费方式。还是以前面的游戏网站为例，男性、学生、上班族，这一群体的消费习惯应该是爽快、大方、频率不是特别高。在实际的网站运营中，根据用户消费习性来制订相应的定价策略会比较符合用户的习性，也能达到盈利的目的。在对预定网站的用户群体做了上述分析总结后，就能大致了解网站用户群体的类型、市场规模和行为习惯。

2）制订网站主题及策略

用户在完成对预定网站用户群体的分析后，就可以根据分析的结果，结合自身的资源做综合判断，并确定最终的网站主题，即为某一特定用户名群体解决他们某一方面的需要和问题。

网站主题的确定意味着网站的发展方向、运营策略、营销方式、人员配置及费用投入的确定，这一系列内容都要详细体现在网站的规划文档中，作为网站后续运营的指导性文档。

以农业类网站为例，前文在用户群体、市场、用户习性三个方面阐述了网站用户群体需要去关注的内容，总结了用户群体的一些特性和特征。接下来，我们就可以就分析的结果做第二步工作——制订网站的主题及后续的运营策略。

在以上例子中，与农业相关的用户群体是农民及涉农人员，而且这一群体的特性是上网习惯单一、网络忠诚度比较高，同时对互联网知识了解不多，用户群体的习性比较朴实、实在。另外，这一用户群体的市场规模比较大，并且国家目前对农业有很多新的政策出台,大力扶持农业发展及农民种粮积极性。结合上述内容,若要规划一个与农业相关的网站,可选的网站主题如下。

(1) 农业资讯类网站。这一类网站是专门提供农业资讯、相关农业政策及农业专业知识的网站,在确定主题后,后续的主要策略如下。

运营策略:农业资讯类网站的目标就是向用户提供最新最全的农业资讯和专业知识,所以需要用户对农业相关内容有比较全面的了解,再将用户需要的内容呈现在网站上,根据用户群体的特点可确定以文字、视频、图片为主要的网站内容表现形式。

营销推广方式:农业资讯类网站在上线后的营销推广方式还是要以网站优化和 SEO 为主,通过网络推广网站原创、实用的优质内容,提升网站的整体质量和知名度,以满足用户的需求。另外,可与农业相关院校、企事业单位合作来为网站的内容建设、宣传推广提供有效的帮助。

人员配置:针对这样一个农业资讯类网站,人员配置及投入不是特别大,初期有 2 名专职编辑、1 名美工、1 名技术人员基本就能满足日常运营的需要。作为有经验的用户来说,这样的网站一般都是由一个人完成所有的工作,大大节省了网站的开支。

盈利模式:资讯类网站的盈利模式目前主要还是广告和对外。前期需要把网站的内容作为重点工作,建设高质量的内容,再做优化、推广,当网站的流量达到一定程度时就可以对外开放广告业务。同时,可结合各类院校、企事业单位,针对农民关注的热点问题及农业发展的趋势制作一些原创内容,作为网站的收费服务。另外,也可以与当地的农业管理部门合作,推出一些线下讲座、培训等,提升网站的综合知名度。

(2) 本地化的农资电商网站。这一类网站属于在线销售类网站,定位于在线销售农资产品,即本地化的农资电商网站。此类网站在确定主题后,后续的策略如下。

运营策略:农资销售类网站属于 B2C 电商网站,所以运营需要按照本地电商网站来操作。做好网站的设计和用户体验是电商类网站的一个重要方面,同时,可推出团购类活动增加网站的知名度,并在当地结合线下活动,吸引用户的参与。目前农资类销售网站不算太多,随着互联网的发展,农资网络化将在未来成为一个新的发展方向。

营销推广方式:本地化的农资电商网站在营销推广方面需要以线上、线下相结合的方式进行,除正常的优化、推广外,还需要在线下通过投入硬广、活动等形式提升网站在本地的知名度。另外,团购、发放优惠券的形式也可作为网站宣传推广的途径。

人员配置及投入:本地电商网站的投入相对大一些,在人员方面,需要 2 名专职编辑、3~5 名客服人员、1 名美工、2 名技术人员、2 名推广人员及若干市场人员。

盈利模式:本地电商网站主要靠在线销售来获取利润。为了提高网站交易量,一方面要做好网站的宣传推广,另一方面则要提升网站的用户体验,从内外两个方面来提高网站的销售量。

通过上述对农业类网站用户群体的分析,我们得出了两个网站主题,从而它们的运作、推广、盈利模式都不尽相同,这说明前期的网站规划是整个网站生命周期的开始,也是最重要的一个环节。所以,用户在准备制作新的网站时,需要花大量时间做好前期的网站规划,这样后期网站成功的可能性才会比较大,而这也是很多用户比较忽视的一个地方。新手用户在学习网站的建设运营时必须学好这项本领,并养成习惯,以增加网站成功的可能性。

3) 实现网站规划

到这里,网站规划工作已经算完成一半了,下面的工作主要是将网站规划的内容通过有效的技术手段实现。

我们在这一步无须像专业公司那样经过美工设计、网页制作、程序制作的过程，只需要规划好网站，寻找到合适的网站程序并安装、调试，再下载一套适合自己的模板，把前期的网站内容建设好，网站制作就基本完成了。

4）制订网站初期运营策略

完成了上述3个步骤后，一个网站就算基本完成了，接下来需要进行网络运营、推广。在运营网站之前，最好制订几个阶段的工作计划和目标，以适应网站的发展。网站初期运营策略一般比较简单，主要涉及如下两个方面。

内容建设：网站初期最重要的工作之一就是网站内容的建设，这是网站后续发展的基础。根据前面制订的网站主题，先把网站的内容丰富起来，当网站的内容达到一定量时就可以做第二个方面的工作。

网站推广：这个工作分为两部分，一是网站内部的优化，一是网站外部的推广。

在经历了上述4个步骤后，网站规划工作就算基本完成了。

三、电子商务网站建设技术

（一）常用建站技术

▶ 1. HTML

HTML(hypertext marked language)即超文本标记语言，是一种用来制作超文本文档的简单标记语言。HTML是由Web的发明者Tim Berners-Lee和同事Daniel W. Connolly于1990年创立的一种标记式语言。它是标准通用化标记语言SGML的应用。

用HTML编写的超文本文档称为HTML文档，它能独立于各种操作系统平台（如UNIX，Windows等）。通过HTML，将所需要表达的信息按某种规则写成HTML文件，通过专用的浏览器来识别，并将这些HTML"翻译"成可以识别的信息，即所有的计算机都能够理解的一种用于出版的"母语"，就是我们现在所见到的网页。

自1990年以来HTML就一直被用作WWW的信息表示语言，用于描述Homepage的格式设计和它与WWW上其他Homepage的连结信息。使用HTML语言描述的文件需要通过WWW浏览器显示出效果。

HTML是一种建立网页文件的语言，透过标记式的指令，将影像、声音、图片、文字、动画、影视等内容显示出来。因为它可以从一个文件跳转到另一个文件，与世界各地主机的文件连接。超文本传输协议规定了浏览器在运行HTML文档时所遵循的规则和进行的操作，HTTP协议的制定使浏览器在运行超文本时有了统一的规则和标准。

▶ 2. DHTML

DHTML(dynamic HTML)就是动态的HTML(标准通用标记语言下的一个应用)，是相对传统的静态的HTML而言的一种制作网页的概念。所谓动态HTML，其实并不是一门新的语言，它只是HTML、CSS和客户端脚本的一种集成。DHTML不是一种技术、标准或规范，只是一种将已有的网页技术、语言标准整合运用，制作出能在下载后仍然能实时变换页面元素效果的网页设计概念。DHTML是一种创建动态和交互Web站点的技术集。DHTML就是当网页从Web服务器下载后无须再经过服务器的处理，而在浏览器中直接动态地更新网页的内容、排版样式和动画。

▶ 3. Java

Java是由Sun Microsystems公司于1995年5月推出的，是一种可以撰写跨平台应用程序的面向对象的程序设计语言。它最初被命名为Oak，目标设定在家用电器等小型系统的编程语言,来解决诸如电视机、电话、闹钟、烤面包机等家用电器的控制和通信问题。由于这些智能化家电的市场需求没有预期的高,Sun 放弃了该项计划。就在 Oak 几近失败之时,随着互联网的发展,Sun 看到了 Oak 在计算机网络上的广阔应用前景,于是改造了 Oak,以"Java"的名称正式发布。Java 技术具有卓越的通用性、高效性、平台移植性和安全性,广泛应用于 PC、数据中心、游戏控制台、科学超级计算机、移动电话和互联网,同时拥有全球最大的开发者专业社群。

▶ 4. ASP

ASP(active server pages)是 Microsoft 公司开发的服务器端脚本环境,可用来创建动态交互式网页并建立强大的 Web 应用程序。当服务器收到对 ASP 文件的请求时,它会处理包含在用于构建发送给浏览器的 HTML 网页文件中的服务器端脚本代码。除服务器端脚本代码外,ASP 文件也可以包含文本、HTML(包括相关的客户端脚本)和 com 组件调用。

ASP 简单、易于维护,是小型页面应用程序的选择,在使用 DCOM(distributed component object model)和 MTS(microsoft transaction server)的情况下,ASP 甚至可以实现中等规模的企业应用程序。

▶ 5. PHP

PHP(hypertext preprocessor)即超文本预处理器,是一种通用开源脚本语言。语法吸收了 C 语言、Java 和 Perl 的特点,便于学习,使用广泛,主要适用于 Web 开发领域。PHP 独特的语法混合了 C、Java、Perl 以及 PHP 自创的语法。它可以比 CGI 或者 Perl 更快速地执行动态网页。用 PHP 做出的动态页面与其他的编程语言相比,PHP 是将程序嵌入到 HTML 文档中去执行,执行效率比完全生成 HTML 标记的 CGI 要高许多;PHP 还可以执行编译后代码,编译可以达到加密和优化代码运行,使代码运行更快。

▶ 6. JSP

JSP(Java server pages)即 Java 服务器页面,其根本是一个简化的 Servlet 设计,它是由 Sun Microsystems 公司倡导、许多公司参与一起建立的一种动态网页技术标准。JSP 技术有点类似 ASP 技术,它是在传统的网页 HTML 文件(*.htm,*.html)中插入 Java 程序段和 JSP 标记,从而形成 JSP 文件,后缀名为.jsp。用 JSP 开发的 Web 应用是跨平台的,既能在 Linux 下运行,也能在其他操作系统上运行。

JSP 实现了 HTML 语法中的 Java 扩展。JSP 与 Servlet 一样,是在服务器端执行的,通常返回给客户端的就是一个 HTML 文本,因此客户端只要有浏览器就能浏览。

JSP 技术使用 Java 编程语言编写类 XML 的标记和程序段,来封装产生动态网页的处理逻辑。网页还能通过标记和程序段访问存在于服务端的资源的应用逻辑。JSP 将网页逻辑与网页设计的显示分离,支持可重用的基于组件的设计,使基于 Web 的应用程序的开发变得迅速和容易。JSP 是一种动态页面技术,它的主要目的是将表示逻辑从 Servlet 中分离出来。

Java Servlet 是 JSP 的技术基础,而且大型的 Web 应用程序的开发需要 Java Servlet 和 JSP 配合才能完成。JSP 具备了 Java 技术的简单易用、完全的面向对象、具有平台无关性且安全可靠、主要面向互联网的所有特点。

▶ 7. Flash

Flash 是一种动画创作与应用程序开发于一身的创作软件,为创建数字动画、交互式 Web 站点、桌面应用程序以及手机应用程序开发提供了功能全面的创作和编辑环境。Flash 广泛用于创建吸引人的应用程序,它们包含丰富的视频、声音、图形和动画。可以在 Flash 中创建原始内容或者从其他 Adobe 应用程序（如 Photoshop 或 illustrator）导入它们，快速设计简单的动画，以及使用 Adobe ActionScript 3.0 开发高级的交互式项目。设计人员和开发人员可使用它来创建演示文稿、应用程序和其他允许用户交互的内容。Flash 可以包含简单的动画、视频内容、复杂演示文稿和应用。

（二）常用建站工具

▶ 1. FrontPage 2000

FrontPage 2000 是一种理想的网页编辑工具，支持"所见即所得"的编辑方式，它不需要使用者掌握很深的网页制作技术知识，甚至不需要了解 HTML 的基本语法。FrontPage 2000 是 Microsoft Office 2000 家族中的一员，因此界面保持了 Word、Excel 等软件的一贯风格，非常友好，我们几乎可以像使用 Word 一样来制作出一个网页。而且，FrontPage 2000 与操作系统的集成性非常好，所以在站点管理等方面具有其他网页编辑软件所无法比拟的优势。

▶ 2. Dreamweaver MX

Dreamweaver MX 是 Macromedia 公司推出的一款优秀的、可视化的网页设计和网站管理工具软件。它支持最新的 Web 技术，包含 HTML 检查、HTML 格式控制、HTML 格式化选项、HomeSite 或 BBEdit 捆绑、可视化网页设计、图像编辑、全局查找替换、全 FTP 功能、处理 Flash 和 Shockwave 等流媒体格式和动态 HTML、基于团队的 Web 创作。在编辑上，用户可以选择可视化方式或者个人喜欢的源码编辑方式，Dreamweaver MX 不仅是专业人员制作网站的首选工具，而且在广大网页制作爱好者中得到广泛应用。

（三）常用数据库简介

目前常用的数据库管理系统有许多种，如 Microsoft Access、Visual FoxPro、SQL Server、DB2、Oracle、Sybase、Informix 等。根据它们的功能，可分为两大类：小型数据库管理系统和大型数据库系统。

▶ 1. Microsoft Access

Microsoft Access 是 Microsoft Office 办公软件中的重要组成部分，是目前比较流行的小型桌面数据库管理系统，适合初学者学习使用。Microsoft Access 具有关系数据库管理系统的基本功能，使用它可以方便地利用各种数据源，生成窗体（表单）、查询、报表和应用程序等。

Microsoft Access 采用了与 Microsoft Office 系列软件完全一致的风格，用户可以通过菜单和对话框操作，不用编写任何命令便能有效地实现各种功能的操作，完成数据管理任务。Microsoft Office 的一个集成化的程序设计语言是 VBA（Visual Basic for Applications），使用 VBA 可以创建非常实用的数据库应用系统。

Microsoft Access 支持大部分 SQL 标准，通过 ODBC（开放式数据库互连标准）与其他数据库相连，提供了灵活、可靠、安全的客户机/服务器解决方案。随着 Internet 网络应用的发展，Microsoft Access 还增加了使用信息发布 Web 向导和用 HTML 格式导出对象的功能。

▶ 2. Visual FoxPro

Visual FoxPro 是新一代小型数据库管理系统的代表，它以强大的性能、完整而又丰富的工具、较高的处理速度、友好的界面及完备的兼容性等特点，受到广大用户的欢迎。Visual FoxPro 提供了一个集成化的系统开发环境，它使数据的组织与操作变得简单方便。它在语言体系方面做了强大的扩充，不仅支持传统的结构化程序设计，而且支持面向对象程序设计，并拥有功能强大的可视化程序设计工具。利用可视化的设计工具和向导，用户可以快速创建表单、菜单、查询和打印报表。

相对于其他数据库管理系统而言，Visual FoxPro 的最大特点是自带编程工具。由于其程序设计语言和 DBMS 的结合，它很适合初学者学习并便于教学，这是 Visual FoxPro 成为常见的数据库教学软件的原因之一。

▶ 3. Oracle

Oracle 是一种适用于大型、中型和微型计算机的关系数据库管理系统，它使用 SQL（structured query language，结构化查询语言）作为它的数据库语言。1987 年被 ISO 定为国际标准。目前所有关系数据库管理系统如 Oracle、Sybase、DB2、Informix、SQL Server 等均采用 SQL 作为基础工具语言。

SQL 主要包括数据定义、数据操作（包括查询）和数据控制等三方面功能。SQL 是一种非过程化程度很高的语言，用户只需说明"干什么"而无须具体说明"怎么干"即可，其语言简洁、使用方便、功能强大，集联机交互与嵌入于一体，能适应广泛的使用环境。Oracle 数据库由三种类型的文件组成，即数据库文件、日志文件和控制文件。

数据字典是由 Oracle 自动建立并更新的一组表，这些表中记录用户的姓名、描述表和视图以及有关用户权限等信息。数据字典是只读的，只允许查询，也就是说数据字典是一种数据库资源，每个用户都可以访问数据字典。DBA 可通过数据字典来监视 Oracle DBMS 的使用，并帮助用户完成其应用。Oracle DBMS 本身也要利用数据库字典来管理和控制整个数据库。

▶ 4. Sybase

Sybase 是美国 Sybase 公司在 20 世纪 80 年代中期推出的客户机/服务器结构的关系数据库系统，也是世界上第一个真正的基于客户机/服务器结构的 DBMS 产品。

Sybase 数据库按权限由高到低，可将用户分为四种不同的类型，分别为系统管理员、数据库属主、数据库对象属主和其他一般用户。当第一次安装 Sybase SQL Server 时，会自动建立系统管理员账户。系统管理员具有整个系统的最高权力，同时被赋予系统管理角色、系统安全员角色和操作员角色，有权执行所有 SQL 命令，也是系统数据库 Master 的属主，可访问所有数据库和数据库对象。

▶ 5. DB2

DB2 是 IBM 公司开发的关系数据库管理系统，它有多种不同的版本，如 DB2 工作组版（DB2 Workgroup Edition）、DB2 企业版（DB2 Enterprise Edition）、DB2 个人版（DB2 Personal Edition）和 DB2 企业扩展版（DB2 Enterprise-Extended Edition）等，这些产品基本的数据管理功能是一样的，区别在于支持远程客户能力和分布式处理能力。

个人版适用于单机使用，即服务器只能由本地应用程序访问。工作组版和企业版提供了本地和远程客户访问 DB2 的功能（远程客户要安装相应客户应用程序开发部件），企业版包括工作组版中的所有部件外再增加对主机链接的支持。企业扩展版允许将一个大的数据库分布到同一类型的多个不同计算机上，这种分布式功能尤其适用于大型数据库的处理。

DB2 可运行在 OS/2、Windows NT、UNIX 操作系统上，通常将运行在这些平台上的 DB2 产品统称为 DB2 通用数据库，这主要是强调这些产品运行环境类似，并共享相同的源代码。DB2 通用数据库主要组件包括数据库引擎应用程序接口和一组工具。数据库引擎提供了关系数据库管理系统的基本功能，如管理数据、控制数据的访问（包括并发控制）、保证数据完整性及数据安全。所有数据访问都通过 SQL 接口进行。

▶ 6. SQL Serve

SQL Server 是微软公司在 Windows 平台上开发的一个关系数据库管理系统，以 TransactSQL 作为它的数据库查询和编程语言。Microsoft SQL Server 支持传统的关系数据库组件，如数据库、表，还支持存储过程、视图等现代数据库常用组件，对 SQL 语言也完全兼容。SQL Server 通常也被称为数据库引擎，因为它是一套数据库应用系统的核心，用来保存数据并且提供一套方法来操纵、维护和管理这些数据，同时扮演着服务器的角色，以响应来自客户端的连接和数据访问请求。目前应用的版本为 SQL Server 2000，为面向不同的应用还分为企业版、标准版和个人版等。

SQL Server 采用二级安全验证、登录验证及数据库用户账号和角色的许可验证。SQL Server 支持两种身份验证模式：Windows NT 身份验证和 SQL Server 身份验证。

SQL Server 为公共的管理功能提供了预定义的服务器和数据库角色，可以很容易地为某一特定用户授予一组选择好的许可权限。

SQL Server 可以在不同的操作平台上运行，支持多种不同类型的网络协议如TCP/IP、IPX/SPX、Apple Talk 等。

┤ 项目小结 ├

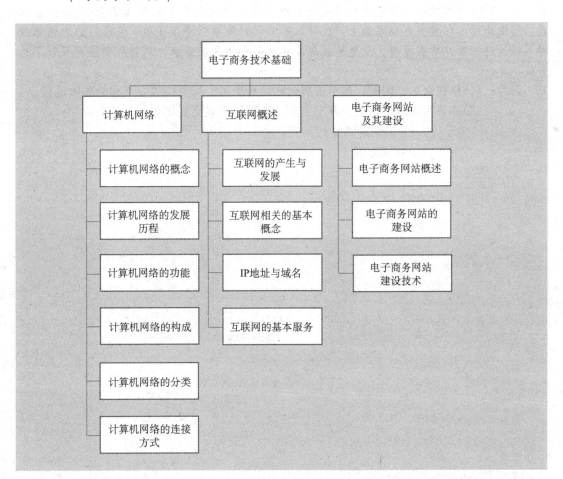

课后习题

1. 常见的计算机网络分类有哪些？
2. IP 地址与域名的关系是什么？
3. 互联网常见的服务方式有哪些？
4. 电子商务网站的分类有哪些？
5. 电子商务网站的构成包括哪些部分？
6. 案例分析

零售变局：京东、国美、苏宁，谁主沉浮？

京东崛起：2007 年，京东商城销售额突破亿元大关；2008 年，京东销售额突破 10 亿元大关；2010 年，京东的销售额更是达到了 102 亿元。很多业内人士也预测，2010 年，京东的销售额将达到 300 亿元。

苏宁易购后来居上：在淘宝、京东、当当引领着电子商务的混战时，一匹黑马进入了人们的视野，苏宁易购在短时间内销售额成为仅次于京东的 B2C 电子商务企业。据苏宁易购常务副总经理李斌称，苏宁易购 2011 年销售额预计会达到 70 亿～80 亿元，而第三季度已经仅次于京东，超过了卓越亚马逊，排到自主式 B2C 排名的第二位。

国美转变零售模式：经营效率信息化是必修课，为了应对新的零售业变局，国美电器在 2011 年 11 月也推出了自己的信息系统，这个系统正在改变它们延续了 10 年的经营模式。王俊州称，在他的办公电脑上，他可以非常及时地看到全国 1 000 多家门店的销售数据，通过这种客户数据准确、及时地收集能够判断出消费者需求，从而给供应商及时下达有效订单。

思考：(1) 你在京东、国美、苏宁上有过购物经历吗？简要描述一下你的购物过程。

(2) 你认为京东、国美、苏宁三家企业哪种模式更有优势？为什么？

项目四
电子商务法律法规

> **知识目标**
> 1. 了解电子商务法的调整对象、技术范围和商务范围等。
> 2. 理解并掌握电子商务参与各方的法律关系。
> 3. 了解电子商务相关法律问题。
> 4. 了解典型的电子商务法律法规。

> **能力目标**
> 能结合实际对电子商务法律纠纷进行分析。

案例导入

宝洁公司就域名纠纷起诉北京天地公司

美国宝洁把北京天地电子告了,理由是侵犯商标权及不正当竞争纠纷案。

原告宝洁公司诉称,该公司在中国获准注册了"Tide"商标,并对该商标享有专用权,还在世界上160多个国家和地区注册了370个"Tide"及其图形商标,成为国际驰名品牌。当该公司欲在中国互联网信息中心注册"Tide"域名时,发现被告北京天地电子集团已经抢先注册了域名www.tide.com.cn。其行为迫使宝洁公司无法在网络媒体上利用自己的商标创造商机,降低了"Tide"商标的广告价值,导致消费者的混淆,淡化了"Tide"商标在网络上表现与区别商品的能力,损害了宝洁公司的合法权益。当原告就域名注册事宜与被告进行交涉时,被告却提出70万元有偿转让的要求。

被告北京市天地电子集团当庭辩称,首先,该公司1994年就采用了"TIDE"英文名称并广泛使用,只是由于该公司对英文商标的不重视造成后期注册时已为他注册,以被告的影响力无必要抢注原告商标域名;其次,从国家开始规定的注册域名"谁先注册谁为先"的原则到现在的管理办法,被告并未有违反之处,也无抢注域名的恶意,只是因互联网域名用英文注册而造成的一个巧合。

双方争议焦点主要在两方面:其一,宝洁拥有的Tide商标是否构成驰名商标;其二,被告注册 www.tide.com.cn 的行为是否侵犯宝洁的商标权,以及是否构成对宝洁的不正当竞争。针对被告方认为是否构成驰名商标只能以我国商标局的认定为准这一观点,原告提出 Tide/汰渍作为驰名商标存在是一个事实状态,不能仅仅依赖于行政机关的认定。

思考:若你是本案法官,你该如何判决?为什么?

任务一 电子商务立法范围

一、电子商务法的调整对象

调整对象是立法的核心问题,它揭示了立法调整的因特定主体所产生的特定社会关系,也是一法区别于另一法的基本标准。根据电子商务的内在本质和特点,电子商务法的调整对象应当是电子商务交易活动中发生的各种社会关系,而这类社会关系是在广泛采用新型信息技术并将这些技术应用于商业领域后才形成的特殊的社会关系,它交叉存在于虚拟社会和实体社会之间,有别于实体社会中的各种社会关系,且完全独立于现行法律的调整范围。

二、电子商务法所涉及的技术范围

电子商务是一新生事物,在起草电子商务法时,应注意处理当前这一主题的广泛含义。对电子商务立法范围的理解,应从"商务"和"电子商务所包含的通信手段"两个方面考虑:一方面,应深入了解商务的含义;另一方面,电子商务概念所包括的通信手段有以下各种以使用电子技术为基础的传递方式,例如通过互联网进行的自由格式的文本的传递,以电子数据交换方式进行的通信,计算机之间以标准格式进行的数据传递,利用公开标准或专有标准进行的电文传递。在某些情况下,电子商务概念还可包括电报和传真复印等技术的使用。如果说"商务"是一个子集,"电子商务所包含的通信手段"为另一子集,电子商务立法所覆盖的范围应当是这两个子集所形成的交集,即"电子商务"标题之下可能广泛涉及的互联网、内部网和电子数据交换在贸易方面的各种用途。

应当注意的是,虽然拟订电子商务法时经常提及比较先进的通信技术,如电子数据交换和电子邮件,但电子商务法所依据的原则及其条款也应照顾到适用于不大先进的通信技术,如电传、传真等。可能存在这种情况,即最初以标准化电子数据交换形式发出的数字化信息,后来在发信人和收信人之间传递过程中某一环节上改为采用电子计算机生成的电传形式或电子计算机打印的传真复印形式来传送。一个数据电文可能最初是口头传递的,最后改用传真复印,或者最初采用传真复印形式,最后变成了电子数据交换电文。电子商务的一个特点是它包括可编程序电文,后者的电脑程序制作是此种电文与传统书面文件之间的根本差别。这种情况也应包括在电子商务法的范围内,因为考虑到各用户需要一套连贯的规则来规范可能交互使用的多种不同通信技术。应当注意到,作为更普遍的原则,任何通信技术均不应排除在电子商务法范围之外,因此未来技术发展也必须顾及。

三、电子商务法所涉及的商务范围

联合国《电子商务示范法》对"电子商务"中的"商务"一词做了广义解释:"使其包括不

论是契约型或非契约型的一切商务性质的关系所引起的种种事项。商务性质的关系包括但不限于下列交易：供应或交换货物或服务的任何贸易交易；分销协议；商务代表或代理；客账代理；租赁；工厂建造；咨询；工程设计；许可贸易；投资；融资；银行业务；保险；开发协议或特许；合营或其他形式的工业或商务合作；空中、海上、铁路或公路的客、货运输。"

从本质上讲，电子商务仍然是一种商务活动。因此，电子商务法需要涵盖电子商务环境下合同、支付、商品配送的演变形式和操作规则；需要涵盖交易双方、中间商和政府的地位、作用和运行规范；也需要涵盖涉及交易安全的大量问题；同时，还需要涵盖某些现有民商法尚未涉及的特定领域的法律规范。

任务二　电子商务参与各方的法律关系

在网络商品直销和网络商品中介交易过程中，买卖双方，客户与交易中心，客户与银行，客户、交易中心、银行与认证中心都将彼此发生业务关系，从而产生相应的法律关系。

一、电子商务交易中买卖双方当事人的权利和义务

买卖双方之间的法律关系实质上表现为双方当事人的权利和义务。买卖双方的权利和义务是对等的，卖方的义务就是买方的权力，反之亦然。

（一）卖方的义务

在电子商务条件下，卖方应当承担三项义务。

▶ 1. 按照合同的规定提交标的物及单据

提交标的物和单据是电子商务中卖方的一项主要义务。为划清双方的责任，标的物交付的时间、地点和方法应当明确肯定。如果合同中对标的物的交付时间、地点和方法未做明确规定的，应按照有关合同法或国际公约的规定办理。

▶ 2. 对标的物的权利承担担保义务

与传统的买卖交易相同，卖方仍然应当是标的物的所有人或经营管理人，以保证将标的物的所有权或经营管理权转移给买方。卖方应保障对其所出售的标的物享有合法的权利，承担保障标的物的权力不被第三人追索的义务，以保护买方的权益。如果第三人提出对标的物的权利，并向买方提出收回该物时，卖方有义务证明第三人无权追索，必要时应当参加诉讼，出庭作证。

▶ 3. 对标的物的质量承担担保义务

卖方应保证标的物质量符合规定。卖方交付的标的物的质量应符合国家规定的质量标准或双方约定的质量标准，不应存在不符合质量标准的瑕疵，也不应出现与网络广告相悖的情况。卖方在网络上出售有瑕疵的物品，如果向买方隐瞒标的物的瑕疵，应承担责任。买方明知标的物有瑕疵而购买的，卖方对瑕疵不负责任。

（二）买方的义务

在电子商务条件下，买方同样应当承担三项义务。

▶ 1. 买方应承担按照网络交易规定方式支付价款的义务

由于电子商务的特殊性，网络购买一般没有时间、地点的限制，支付价款通常采用信用卡、智能卡、电子钱包或电子支付等方式，这与传统的支付方式也是有区别的。但在电子交易合同中，采用哪种支付方式应明确肯定。

▶ 2. 买方应承担按照合同规定的时间、地点和方式接受标的物的义务

由买方自提标的物的，买方应在卖方通知的时间内到预定的地点提取。由卖方代为托运的，买方应按照承运人通知的期限提取。由卖方运送的，买方应做好接受标的物的准备，即时接受标的物。买方迟延接受时，应负迟延责任。

▶ 3. 买方应当承担对标的物验收的义务

买方接受标的物后，应及时进行验收。规定有验收期限的，对表面瑕疵应在规定的期限内提出。发现标的物的表面瑕疵时，应立即通知卖方，瑕疵由卖方负责。买方及时进行验收，事后又提出表面瑕疵，卖方不负责任。对隐蔽瑕疵和卖方故意隐瞒的瑕疵，买方发现后，应立即通知卖方，追究卖方的责任。

（三）对买卖双方不履行合同义务的救济

▶ 1. 卖方不履行合同义务

卖方不履行合同义务主要指卖方不交付标的物或单据或交付迟延、交付的标的物不符合合同规定以及第三者对交付的标的物存在权利或权利主张等。当发生上述违约行为时，买方可以选择以下救济方法：

（1）要求卖方实际履行合同义务，交付替代物或对标的物进行修理、补救。

（2）减少支付价款。

（3）对迟延或不履行合同要求损失赔偿。

（4）解除合同，并要求损害赔偿。

▶ 2. 买方不履行合同义务

买方不履行合同义务，包括买方不按合同规定支付货款和不按规定收取货物，在这种情况下，卖方可选择以下救济方法：

（1）要求买方支付价款、收取货物或履行其他义务，并可以为此规定一段合理额外的延长期限，以便买方履行义务。

（2）损害赔偿，要求买方支付合同价格与转售价之间的差额。

（3）解除合同。

二、网络交易中心的法律地位

网络交易中心在电子商务中介交易中扮演着介绍、促成和组织者的角色。这一角色决定了交易中心既不是买方的卖方，也不是卖方的买方，而是交易的居间人。它是按照法律的规定、买卖双方委托业务的范围和具体要求进行业务活动的。

根据《中华人民共和国计算机信息网络国际联网管理暂行规定》第8条，网络交易中心的设立必须具备以下四个条件：

（1）是依法设立的企业法人或者事业法人。

（2）具有相应的计算机信息网络、装备以及相应的技术人员和管理人员。

（3）具有健全的安全保密管理制度和技术保护措施。

（4）符合法律和国务院规定的其他条件。

网络交易中心应当认真、负责地执行买卖双方委托的任务，并积极协助双方当事人成交。网络中心在进行介绍、联系活动时要诚实、公正、守信用，不得弄虚作假、招摇撞骗，否则须承担赔偿损失等法律责任。

网络交易中心必须在法律许可的范围内进行活动。网络交易中心经营的业务范围、物品的价格、收费标准等都应严格遵守国家的规定。法律规定禁止流通物不得作为合同标的物。对显然无支付能力的当事人或尚不确知具有合法地位的法人，不得为其进行居间活动。

在国际互联网上从事居间活动的网络交易中心还有一个对口管理的问题。按照《中华人民共和国计算机信息系统安全保护条例》规定，进行国际联网的计算机信息系统，由计算机信息系统的使用单位报省级以上的人民政府公安机关备案。拟建立接入网络的单位，应当报经互联单位的主管单位或者主管单位审批；办理审批手续时，应当提供其计算机信息网络的性质、应用范围和所需主机地址等资料。联网机构必须申请到经过国务院批准的互联网络的接入许可证，并且持有邮电部门核发的放开电信许可证，才可以面向社会提供网络连入服务。由于网络交易中心提供的服务性质上属于电信增值网络业务，其所提供的服务不是单纯的交易撮合，而是同时提供许多基于网络的经过特殊处理的信息，故而增加了单纯网络传输的价值。所以，在业务上，网络交易中心还应接受各级网络管理中心的归口管理。

买卖双方之间各自因违约而产生的违约责任风险应由违约方承担，而不应由网络交易中心承担。因买卖双方的责任而产生的对社会第三人（包括广大消费者）的产品质量责任和其他经济（民事）、行政、刑事责任也概不应由网络交易中心承担。

三、网络交易客户与虚拟银行间的法律关系

在电子商务中，银行也变为虚拟银行。网络交易客户与虚拟银行的关系变得十分密切。除少数邮局汇款外，大多数交易要通过虚拟银行的电子资金划拨来完成。电子资金的划拨依据的是虚拟银行与网络交易客户所订立的协议。这种协议属于标准合同，通常是由虚拟银行起草并作为开立账户的条件递交给网络交易客户的。所以，网络交易客户与虚拟银行之间的关系仍然是以合同为基础的。

在电子商务中，虚拟银行同时扮演发送银行和接收银行的角色，其基本义务是依照客户的指示，准确、及时地完成电子资金划拨。作为发送银行，在整个资金划拨的传送链中，承担着如约执行资金划拨指示的责任。一旦资金划拨失误或失败，发送银行应向客户进行赔付，除非在免责范围内。如果能够查出是哪个环节的过失，则由过失单位向发送银行进行赔付，如不能查出差错的来源，则整个划拨系统分担损失。作为接收银行，其法律地位似乎较为模糊。一方面，接收银行与其客户的合同要求它妥当地接收所划拨来的资金，即它一接到发送银行传送来的资金划拨指示便应立即履行其义务，如有延误或失误，则应依接收银行自身与客户的合同处理；另一方面，资金划拨中发送银行与接收银行一般都是某一电子资金划拨系统的成员，相互负有合同义务，如果接收银行未能妥当执行资金划拨指示，则应同时对发送银行和受让人负责。

在实践中，电子资金划拨中常常出现因过失或欺诈而致使资金划拨失误或迟延的现象。如系过失，自然适用于过错归责原则。如系欺诈所致，且虚拟银行安全程序在电子商务上是合理可靠的，则名义发送人需对支付命令承担责任。

银行承担责任的形式通常有三种。

（1）返回资金，支付利息。如果资金划拨未能及时完成，或者到位资金未能及时通知

网络交易客户，虚拟银行有义务返还客户资金，并支付从原定支付日到返还当日的利息。

（2）补足差额，偿还余额。如果接收银行到位的资金金额小于支付指示所载数量，则接收银行有义务补足差额；如果接收银行到位的资金金额大于支付指示所载数量，则接收银行有权依照法律提供的其他方式从收益人处得到偿还。

（3）偿还汇率波动导致的损失。在国际贸易中，由于虚拟银行的失误造成的汇率损失，网络交易客户有权就此向虚拟银行提出索赔，而且可以在本应进行汇兑之日和实际汇兑之日之间选择对自己有利的汇率。

四、认证机构在电子商务中的法律地位

认证中心扮演着一个买卖双方签约、履约的监督管理的角色，买卖双方有义务接受认证中心的监督管理。在整个电子商务交易过程中，包括电子支付过程中，认证机构都有着不可替代的地位和作用。

在网络交易的撮合过程中，认证机构（certificate authority，CA）是提供身份验证的第三方机构，由一个或多个用户信任的、具有权威性质的组织实体。它不仅要对进行网络交易的买卖双方负责，还要对整个电子商务的交易秩序负责。因此，这是一个十分重要的机构，往往带有半官方的性质。

在采用公开密钥的电子商务系统中，对文件进行加密传输的过程包括以下步骤。

（1）买方从虚拟市场上寻找到欲购的商品，确定需要联系的卖方，并从认证机构获得卖方的公开密钥。

（2）买方生成一个自己的私有密钥，并用从认证机构得到的卖方的公开密钥对自己的私有密钥进行加密，然后通过网络传输给卖方。

（3）卖方用自己的公开密钥进行解密后得到买方的私有密钥。

（4）买方对需要传输的文件用自己的私有密钥进行加密，然后通过网络把加密后的文件传输到卖方。

（5）卖方用买方的私有密钥对文件进行解密得到文件的明文形式。

（6）卖方重复上述步骤向买方传输文件，实现相互沟通。

在上述过程中，只有卖方和认证中心才拥有卖方的公开密钥，或者说，只有买方和认证中心才拥有买方的公开密钥，所以，即使其他人得到了经过加密的买卖双方的私有密钥，也因为无法进行解密而保证了私有密钥的安全性，从而也保证了传输文件的安全性。

公开密钥系统在电子商务文件的传输中实现了两次加密解密过程：私有密钥的加密和解密与文件本身的加密和解密，买卖双方的相互认证是通过认证中心提供的公开密钥来实现的。在实际交易时，认证中心需要向咨询方提交一个由 CA 签发的包括个人身份的证书，即包括持卡人证书、商家证书、账户认证、支付网关证书、发卡机构证书等多项内容的电子证书，使交易双方彼此相信对方的身份。顾客向 CA 申请证书时，可提交自己的驾驶执照、身份证或护照，经验证后，颁发证书，证书包含了顾客的名字和他的公钥，以此作为网上证明自己身份的依据。

这种认证过程同样可以运用在电子支付过程中：持卡人要付款给商家，但持卡人无法确定商家是有信誉的而不是冒充的，于是持卡人请求 CA 对商家认证。CA 对商家进行调查、验证和鉴别后，将包含商家公钥的证书传给持卡人。同样，商家也可对持卡人进行验证。证书一般包含拥有者的标识名称和公钥，并且由 CA 进行过数字签名。

电子商务认证机构的法律地位，现行的法律中尚无涉及。许多部门都想设立这样一个机构，毕竟这样一个机构对于买卖双方来说都是非常重要的。

工商行政管理部门是一个综合性的经济管理部门，在日常管理工作中所直接掌握的各类企业和个体工商户的登记档案及商标注册信息、交易行为信息、合同仲裁、动产抵押、案件查处、广告经营、消费者权益保护等信息，可以从多个方面反映电子商务参与者的信用情况。工商行政管理部门拥有全国最权威的经济主体数据库、覆盖面最广的市场信息数据库、最准确的商标数据库、最广泛的消费者保护网络。依靠这些数据库，可以很好地完成电子商务认证机构的各项任务。

隶属于国家工商局的电子商务认证机构的功能主要有：接收个人或法人的登记请求，审查、批准或拒绝请求，保存登记者登记档案信息和公开密钥，颁发电子证书等。

电子商务认证机构对登记者履行下列监督管理职责。

(1) 监督登记者按照规定办理登记、变更、注销手续。
(2) 监督登记者按照电子商务的有关法律法规合法从事经营活动。
(3) 制止和查处登记人的违法交易活动，保护交易人的合法权益。

登记者有下列情况之一的，认证机构可以根据情况分别给予警告、报告国家工商管理局、撤销登记的处罚：①登记中隐瞒真实情况，弄虚作假的；②登记后非法侵入机构的计算机系统，擅自改变主要登记事项的；③不按照规定办理注销登记或不按照规定报送年检报告书、办理年检的；④利用认证机构提供的电子证书从事非法经营活动的。

任务三 电子商务的相关法律问题

电子商务的突出特征是利用互联网构成的虚拟市场完成各种商业活动，这个虚拟市场构成了一个区别于传统商务环境的新环境。交易环境和交易手段的改变产生了大量传统法律难以调整的法律新问题。

一、网上交易主体及市场准入问题

在现行法律体制下，任何长期固定从事营利性事业的主体都必须进行工商登记。在电子商务环境下，任何人不经登记就可以借助计算机网络发出或接受网络信息，并通过一定程序与其他人达成交易。虚拟主体的存在使电子商务交易的安全性受到严重威胁。

电子商务法首先要解决的问题就是确保网上交易主体的真实存在，并且确定哪些主体可以进入虚拟市场从事在线业务。目前，在线交易主体的确认只是一个网上商业的政府管制问题，主要依赖工商管理部门的网上商事主体公示制度和认证中心的认证制度加以解决。

二、电子合同问题

在传统商业模式下，除即时结清的或数额小的交易毋须记录外，一般都要签订书面合同，以免在对方失信不履约时作为证据，追究对方的责任。而在在线交易情形下，所有当事人的意思表示均以电子化的形式存储于计算机硬盘或其他存储介质中。这些记录方式不仅容易被删除、更改、复制、遗失，而且不能脱离其记录工具(计算机)而作为证据独立存在。电子商务法需要解决由于电子合同与传统合同的差别而引起的诸多问题,突出表现在书面形式如签名有效性、合同收讫、合同成立地点、合同证据等方面。

三、电子商务中的物流问题

电子商务中的物流分两种:有形物流和无形物流。应当说,有形物流的交付仍然可以沿用传统合同法的基本原理,当然,对于物流配送中引起的一些特殊问题也要做一些探讨,而无形物流则具有不同于有形物流交付的特征,对于其权利的移转、退货、交付的完成等需要做详细的探讨。

四、网上支付问题

典型电子商务的支付应该是在网上完成支付的。网上支付通过信用卡支付和虚拟银行的电子资金划拨来完成,而实现这一过程涉及网络银行与网络交易客户之间的协议、网络银行与网站之间的合作协议,以及安全保障问题,因此,需要制定相应的法律,明确网上支付的当事人(包括付款人、收款人和银行)之间的法律关系,制定相关的网上支付制度,认可数字签名的合法性,同时还应出台对于网上支付数据的伪造、变造、更改、涂销问题的处理办法。

五、网上不正当竞争与网上无形财产保护问题

互联网为企业带来了新的经营环境和经营方式,在这个特殊的经营环境中,同样会产生许多不正当的竞争行为。这些不正当竞争行为有的与传统经济模式下的不正当竞争行为相似,有些则是网络环境下产生的新的特殊的不正当竞争行为。这些不正当竞争行为大多与网上新形态的知识产权或无形财产权的保护有关,特别是因为域名、网页、数据库等引起一些传统法律体系中没有的不正当竞争行为,更需要探讨新的法律规则。这便是网上不正当竞争行为的规制问题。实际上,保护网上无形财产是维持一个有序的电子商务运营环境的重要措施。

六、电子签名问题

在电子商务中交易双方(或多方)可能远隔万里而互不相识,甚至在整个交易过程中自始至终不见面。传统的签字方式很难应用于这种交易。因此,人们需要用一种电子签字机制来相互证明各自的身份。

任务四 典型的电子商务法律法规

一、电子签名法律

以纸张为基础的传统签字主要是为了履行下述功能:
(1) 确定一个人的身份;
(2) 肯定是该人自己的签字;
(3) 使该人与文件内容发生关系。

除此之外，视所签文件的性质而定，签字还有多种其他功能，例如，签字可以证明一个当事方愿意受所签合同的约束；证明某人认可其为某一案文的作者；证明某人同意一份经由他人写出的文件的内容；证明一个人某时身在某地的事实。

应当注意的是，除了传统的手书签字之外，还有各种各样的程序（如盖章、打孔）可提供不同程度的确定性，有时都称为"签字"。例如，在某些国家有一条总的规定，货物销售合同如果超过一定的金额，必须经过"签字"才能生效执行，包括盖图章、打孔，甚至签字印章、信笺头的印字都可视为满足了签字要求。另一种极端是，规定在传统的手书签字之外，还须加上额外的安全程序，如再由证人对签字做出确认。

为了保证电子商务活动的正常进行，电子签名需要具有与书面签字同样的功能。电子签名也称作"数字签名"，是指用符号及代码组成电子密码进行"签名"来代替书写签名或印章，它采用规范化的程序和科学化的方法，用于鉴定签名人的身份以及对一项数据电文内容信息的认可。

《中华人民共和国电子签名法（草案）》已经于2004年3月24日在国务院第45次常务会议上讨论通过。该法共5章37条，包括总则、数据电文、电子签名、法律责任、附则。

根据我国电子商务发展的实际需要和实践中存在的问题，借鉴联合国及有关国家和地区有关电子签名立法的做法，《中华人民共和国电子签名法（草案）》将我国电子签名立法的重点确定为：确立电子签名的法律效力；规范电子签名的行为；明确认证机构的法律地位及认证程序；规定电子签名的安全保障措施。

确立电子签名法律效力，主要解决两个问题：一是通过立法确认电子签名的合法性、有效性；二是明确满足什么条件的电子签名才是合法的、有效的。在众多的电子签名方法和手段中，并不是所有的都是安全有效的，只有满足一定条件的电子签名，才能具有与手写签名或者盖章同等的效力。在解决什么条件下电子签名具有效力的问题上，参照联合国贸易法委员会《电子签名示范法》的规定，以目前国际公认的成熟签名技术所具备的特点为基础，明确规定了与手写签名或者盖章同等有效的电子签名应当具备的具体条件（第十七条）。

数据电文，就是指电子形式的文件。由于现行的民商事法律关系是基于以书面文件进行商务活动而形成的，使电子文件在很多情况下难以适用，成为电子商务发展的法律障碍。因此，《中华人民共和国电子签名法（草案）》中明确规定，电子文件与书面文件具有同等效力，这样才能使现行的民商事法律同样适用于电子文件，包括三个方面的规定：一是电子文件在什么情况下才具有法律效力（第六条、第七条、第八条）；二是电子文件在什么情况下可以作为证据使用（第九条、第十条）；三是电子文件发送人、发送时间和发送地点的确定标准（第十一条、第十三条、第十四条）。

电子商务中交易双方互不相识、缺乏信任，使用电子签名时，往往需要由第三方对电子签名人的身份进行认证，并为其发放证书，向交易对方提供信誉保证，这个第三方一般称为电子认证服务机构（以下简称认证机构）。

二、电子合同法律

美国统一州法委员会于1999年7月制定的《统一电子交易法》（UETC）对合同和电子方式定义为："合同"系指当事人根据本法案和其他适用法订立的协议所产生的全部法律义务。"电子方式"系指采用电学、数字、磁、无线、光学、电磁或相关手段的技术。2000年8月修正的《统一计算机信息交易法》采用了与《统一电子交易法》相同的定义。这两部法案与联合国《电子商务示范法》的定义方式是类似的,即不明文规定电子合同的定义,而是强调了"电子"的内涵,凡符合以"电子"形式订立的合同即属电子合同。

1999年3月,我国颁布了新的《合同法》。《合同法》在合同形式方面大胆地吸收了数据电文形式,并将之视为书面合同,可以说是世界上第一部采纳电子合同形式的合同法,这为电子合同的推广应用以及为今后的电子商务立法奠定了基础。《合同法》第11条明确了数据电文为书面合同形式:"书面形式是指合同书、信件以及数据电文(包括电报、电传、传真、电子数据交换和电子邮件)等可以有形地表现所载内容的形式。"第16条和第34条分别规定了采用数据电文形式订立合同的成立时间和地点。这些规定寄希望于既有的合同法框架下使电子合同也能够推行和运作,但是,这些简单的规范还不能使电子合同具有可操作性和安全性,或者不能解决互联网交易的缔结、履行、争议解决等问题。

从我国当前电子商务开展的情况看,基本上有三种合同履行方式:第一种是在线付款,在线交货,此类合同的标的是信息产品,如音乐的下载;第二种是在线付款,离线交货;第三种是离线付款,离线交货。后两种合同的标的可以是信息产品,也可以是非信息产品。对于信息产品而言,既可以选择在线下载的方式,也可以选择离线交货的方式。

采用在线付款和在线交货方式完成电子合同履行,与离线交货相比,其履行中的环节比较简单,风险较小,不易产生履行方面的争议。由于信息产品可以采用两种交货方式,具有代表性。

三、域名法律保护

域名商业价值的发现,导致将他人商标、商号、服务标记等注册为域名的现象大量发生。为扼制这种现象,美国通用顶级域名管理机构网络名称及编码分配公司(ICANN)于1999年8月26日通过了《统一域名争议解决办法》(CUDRP),这个政策与《域名注册协议》《统一域名争议解决办法程序规则》《域名争议解决机构的补充规则》一起作为域名争议政策。《统一域名争议解决办法》第4节a项规定,提起域名争议解决程序,应同时满足以下三个条件:

(1)提起争议的域名与投诉人所持有的商标或服务标记相同或具有误导性的相似;

(2)域名持有人对该域名本身并不享有正当的权利或合法的利益;

(3)域名持有人对域名的注册和使用均为恶意。

《统一域名争议解决办法》第4节b项规定恶意注册和使用域名的行为,这些行为包括但不仅限于以下几类:

(1)有证据证明,域名持有人注册或获得域名的主要目的是为了向商标或服务标记的所有者或所有者的竞争者出售、出租或以其他任何形式转让域名,以期从中获得额外价值。

(2)根据域名持有人的行为可以证明,域名持有人注册或获得域名的目的是为了阻止商标和服务标记的持有人通过一定形式的域名在互联网络上反映其商标。

(3)域名持有人注册域名的主要目的是破坏竞争者的正常业务。

(4)域名持有人目的是通过故意制造与投诉人所持有的商品或服务标记的混淆,以诱使互联网络用户访问域名持有人的网站或者其他联机地址,并从中牟利。

1999年11月,美国国会通过了《域名反抢注法》,主要禁止"未经许可,注册的域名或者包含了美国商标或活着的名人名"。对于恶意抢注域名者,除了强制取消域名,还要处以10万美元的罚金。

我国的域名管理机构中国互联网络信息中心(CNNIC)工作委员会讨论拟订了《中国互联网络域名争议解决办法(讨论稿)》，正在广泛征求各界意见。《中国互联网络域名注册暂行管理办法》的规定，禁止转让或买卖域名，有了这一条，就能够比较有效地防止域名被恶意抢注的情况发生。但在域名申请的实际工作中，域名被恶意抢注的现象还是存在的，一旦发现自己的域名被恶意抢注，可以通过法律程序解决。

根据《中国互联网络域名注册暂行管理办法》和《中国互联网络域名注册实施细则》，在域名的归属出现争议时，域名注册管理机构并不负责域名争议的解决。在由于域名的注册和使用而引起的域名注册人与第三方的纠纷中，CNNIC不充当调停人，由域名注册人自己负责处理并且承担法律责任。当某个三级域名与在我国境内的注册商标或者企业名称相同，并且注册域名不为注册商标或者企业名称持有方拥有时，注册商标或者企业名称持有方若未提出异议，则域名注册人可继续使用其域名；若注册商标或者企业名称持有方提出异议，在确认其拥有注册商标权或者企业名称权之日起，CNNIC为域名持有方保留30日域名服务，30日后域名服务自动停止，其间一切法律责任和经济纠纷均与CNNIC无关。

项目小结

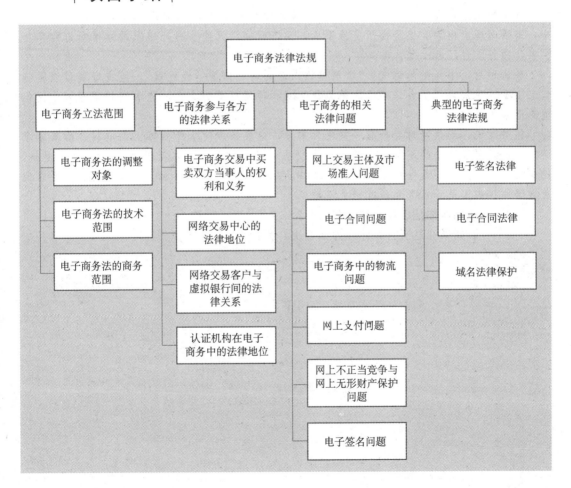

课后习题

1. 电子商务法的调整对象有哪些?
2. 电子商务法的技术范围和商务范围分别是什么?
3. 电子商务法中,买卖双方各自有什么样的权利和义务?
4. 简述网络交易中心的法律地位。
5. 提起域名争议解决程序,应同时满足什么条件?
6. 案例分析

三名在校大学生一审告赢淘票网

2009年4月21日7点左右,中国政法大学的大一学生小杨在淘票网上以非会员身份从北京天益游航空服务有限公司(以下简称"天益游")名下的淘票网给家人订购了3张从成都飞往北京的南航6折机票,每张单价855元。上午8点,小杨通过中国农业银行网上银行支付了票款。

付款后,淘票网给小杨发来短信,"您的票款已支付,2小时左右把票号发到您的手机上"。但是到12点多,小杨却收到淘票网短信称:出票不成功。

小杨以为航班取消,便打电话到南航确定航班,却被告知航班并未取消。第二天下午,小杨接到淘票网电话,称南航取消了座位所以无法出票,要求小杨要么补足差价重订别的价位的机票,要么接受全额退款。小杨明确拒绝对方的两种处理结果,认为货款已交,淘票网理应出票。但是由于交涉不成,又赶时间,只能从另外一家网站重新订购7折机票,额外支付了681元。

事情过后,小杨越想越气,"学法律的人遇到这种事情不能沉默",她决定通过法律维权。小杨的想法得到了大二年级的师兄施学渊和师姐蒋菁的支持,施学渊和蒋菁以公民代理身份帮小杨打官司。

施学渊说,淘票网对会员有一些免责条款,这些条款对小杨的诉讼很不利。后来施学渊想到,只要证明小杨不是会员就可以不受免责条款的制约,尽管这是个很简单的逻辑,但是想到这一点,还是令他兴奋不已。2009年4月底,小杨向丰台法院提起诉讼,要求天益游赔偿损失人民币681元,并赔礼道歉。

思考:(1)如何你是小杨,你会怎么办?
(2)如果你是法官,你该怎么判决?为什么?

模块二　电子商务应用

项目五 网络营销

> **知识目标**
> 1. 了解网络营销的定义及其分类。
> 2. 了解网络营销的战略。
> 3. 掌握网络营销的基本策略。
> 4. 掌握网络营销的常用方法。

> **能力目标**
> 1. 能够对网络营销与市场营销进行对比分析。
> 2. 能够正确处理网络营销与市场营销的关系。
> 3. 能够根据公司环境制订合适的网络营销战略。
> 4. 能够熟练运用网络营销策略。
> 5. 能够熟练使用网络营销的常用方法。

案例导入

欧莱雅网络营销成功案例

营销背景

随着中国男士使用护肤品习惯的转变,男士美容市场的需求逐渐上升,整个中国男士护肤品市场也逐渐走向成熟,近两年的发展速度更是迅速,越来越多的中国年轻男士护肤已从基本清洁开始发展为护理,美容的成熟消费意识也逐渐开始形成。

2012年欧莱雅中国市场分析显示,男性消费者初次使用护肤品和个人护理品的年龄已经降到22岁,男士护肤品消费群区间已经获得较大扩张。虽然消费年龄层正在扩大,即使是在经济最发达的北京、上海、杭州、深圳等一线城市,男士护理用品销售额也只占整个化妆品市场的10%左右,全国的平均占比则远远低于这一水平。作为中国男士护肤品牌,欧莱雅男士对该市场的上升空间充满信心,期望进一步扩大在中国年轻男士群体的市场份额,巩固在中国男妆市场的地位。

营销目标

推出新品巴黎欧莱雅男士极速激活型肤露,即欧莱雅男士 BB 霜,品牌主希望迅速占领中国男士 BB 霜市场,树立该领域的品牌地位,并希望打造成为中国年轻男性心目中的人气最高的 BB 霜产品。

欧莱雅男士 BB 霜目标客户定位于 18~25 岁的人群,这是一个热爱分享,热衷于社交媒体,并已有一定护肤习惯的男性群体。

执行方式

面对其他男妆品牌主要针对"功能性"诉求的网络传播,麦肯旗下的数字营销公司 MRM 携手欧莱雅男士将关注点放在中国年轻男性的情感需求上,了解到年轻男士的心态在于一个"先"字,他们想要领先一步,先同龄人一步。因此,设立了"我是先型者"的创意理念。

为了打造该产品的网络知名度,欧莱雅男士针对目标人群,同时开设了名为"型男成长营"的微博和微信账号,开展一轮单纯依靠社交网络和在线电子零售平台的网络营销活动。

(1) 在新浪微博上引发了针对男生使用 BB 霜的接受度的讨论,发现男生以及女生对于男生使用 BB 霜的接受度都大大高于人们的想象,为传播活动率先奠定了舆论基础。

(2) 有了代言人阮经天的加入,发表属于他的先型者宣言:"我负责有型俊朗,黑管 BB 负责击退油光、毛孔、痘印,我是先型者阮经天。"号召广大网民,通过微博申请试用活动,发表属于自己的先型者宣言。微博营销产生了巨大的参与效应,更将微博参与者转化为品牌的主动传播者。

(3) 在京东商城建立了欧莱雅男士 BB 霜首发专页,开展"占尽先机,万人先型"的首发抢购活动,设立了欧莱雅男士微博部长,为 BB 霜使用者提供一对一的专属订制服务。另外,特别开通的微信专属平台,每天即时将从新品上市到使用教程、前后对比等信息均通过微信推送给关注巴黎欧莱雅男士公众微信的每一位用户。

营销效果

该活动通过网络营销引发了在线热潮,两个月内,在没有任何传统电视广告投放的情况下,该活动覆盖人群达到 3 500 万用户,共 307 107 位用户参与互动,仅来自新浪微博的统计,微博阅读量即达到 560 万次,在整个微博试用活动中,一周内即有超过 69 136 名男性用户申请了试用,在线的预估销售库存一周内即被销售一空。

思考:欧莱雅网络营销成功的关键是什么?

任务一 网络营销概述

一、网络营销

(一) 网络营销的概念及内容

网络营销和电子商务是一对紧密相关又具有明显区别的概念,两者很容易造成混淆。电子商务的内涵很广,其核心是电子化交易,电子商务强调的是交易方式和交易过程的各个环节。网络营销是企业整体战略的一个组成部分,其本身并不是一个完整的商业交易过程,而是为促成电子化交易提供支持,因此是电子商务中的一个重要环节,尤其是在交易发生前,网络营销发挥着主要的信息传递作用。

根据菲利普·科特勒对市场营销的定义，市场营销是个人和集体通过创造产品和价值，并同其他人交换以换取所需的一种社会管理过程，它包括了市场调研、市场需求预测、新产品开发、产品定价、广告宣传、推销、促销等内容。而网络营销则是以互联网为基础，利用信息的数字化和网络媒体的交互性来辅助营销目标实现的一种新型的市场营销模式。

为了更好地理解网络营销，我们将网络营销概括如下：网络营销是企业整体营销战略的一个组成部分，是企业营销实践和现代通信技术、计算机网络技术相结合的产物，是企业以电子信息技术为基础，以网络用户为中心，以计算机网络为媒介和手段而进行的各种营销活动的总称。

网络营销并不完全独立于传统营销活动，它是一种新的营销模式，与传统营销有着千丝万缕的联系。同时，它们之间又存在着明显的不同，特别是在实施操作过程中。

案例阅读

雷朋眼镜：不隐藏

背景

作为美国文化象征之一的墨镜品牌雷朋自20世纪以来，在国际上一直是摇滚文化和机车文化的代言，也是将品牌市场推广与文化内涵完美融合的商业品牌之一。2007年，雷朋发起的"不隐藏"广告运动系列，旨在倡导人们"不伪装，不惧怕，不放弃，不隐藏"。雷朋眼镜也普遍被老牌摇滚艺人，新兴独立音乐人以及摇滚乐和独立文化受众所佩戴。

挑战

然而，在摇滚乐作为舶来品的中国，此种摇滚精神与文化情结也只是小众甚至地下的一种存在。因此，带着"不隐藏"口号正式打入中国市场的雷朋品牌在如何锁定目标消费者，培养品牌亲切度，小众文化领域确定品牌商业宣传推广模式，以及将小众文化与商业结合并最终走进大众视野等方面面临不小的挑战。

洞察

根据深入细致地对目标消费者的洞察分析，我们发现，能与雷朋建立文化认同的群体以及我们能对之普及雷朋及相关文化的群体包括摇滚乐/独立音乐爱好者、独立音乐人、品位独特的时尚潮流追随者。他们年龄基本集中在15～30岁，惯于使用移动设备，对于音乐有独特的品位及独到的见解，对于新鲜事物持开放态度并且乐于尝试，不甘于平庸，完美地契合了雷朋"不隐藏"的态度。

策略

我们以音乐为入口，以QQ音乐移动端为主要载体，结合草莓音乐节的契机，结合硬广投放，多媒体推广与互动等形式进行深度合作，在渲染推广独立音乐氛围的同时，将雷朋"不隐藏"的态度和品牌文化传递给目标消费群体并进行有机互动与深度对话沟通。并在户外媒体和移动应用端积累宣传之后，将目标消费群体引流至草莓音乐节雷朋实物展台。与此同时，草莓音乐节也是我们目标消费群体进行文化活动最为集中的年度场合，因此更多的潜在消费者被吸引至展台，在深入沟通的同时最大化了曝光效率。

执行

形式一：户外媒体硬广投放。富含摇滚元素及独立态度的图片亮相于北京、上海、深圳CBD的Mega LED、地铁车身地铁展台等，将雷朋"不隐藏"的个性态度传递给群众，唤起目标消费群体的关注，并将雷朋与音乐的文化联系传达给目标消费人群，建立品牌在目标消费人群中的亲切感。

形式二：与腾讯 QQ 音乐合作。合作中，雷朋制作了音乐人专题页面进行软性宣传，专题艺人的风格定位于摇滚及其他独立音乐，将音乐的元素和品牌调性巧妙地结合在了一起。乐器、乐手的故事、乐手的穿戴等方面的视觉和情感上的连接让用户深切地感受到了雷朋眼镜的品牌个性；并制作了草莓音乐节雷朋歌单，歌单选取的曲目与草莓音乐节的风格相契合，在歌单下方，还有趣味互动小游戏可供玩家深入了解品牌形象。此外，硬广投放于官网，PC 播放器及手机客户端焦点图获取最大最精准的品牌曝光。同时，QQ 音乐微信公众账号里有直接的乐人专题页入口，以及结合多种社交平台如新浪微博，腾讯微博的 QQ 音乐账号进行相关内容推送。

形式三：草莓音乐节。草莓音乐节正式上线，通过前期移动端的雷朋歌单，乐人专题页面及互动游戏的造势，将目标消费群体引流至草莓音乐节上的雷朋展位。现场有将全身用红色紧身衣包裹、胸前写有"不隐藏"的小红人摆着各种象征意义的个性造型，吸引了现场群众前来合影，创造了年轻消费者与品牌的互动，深化了雷朋眼镜的品牌形象。

效果

活动推出后引起强烈反响，重要 KPI 均达标并且超出。

乐人专题页面 PC 端浏览量达 1 778 574 次，手机端浏览量达 8 905 598 次。QQ 音乐草莓音乐节歌单播放量达 15 138 次。腾讯合作页面总品牌曝光量达 69 833 938 次，点击量达 899 834 次。其中品牌视频专区的页面浏览达到了 1 239 064 次。草莓音乐节现场雷朋展区人流量异常火爆。

总结

和其他竞争品牌比较起来，我们找准了移动端市场，整合多媒介，制造品牌与年轻人之间的话题互动，最终用了更少的媒体支出取得更精准、更深度的合作。直击 15~30 岁的年轻人，用他们喜欢的方式建立文化联系，用他们的对话方式来轻松推广雷朋眼镜！

资料来源：艾瑞网. 中国电子商务研究中心.

(二) 网络营销的产生

网络营销产生于 20 世纪 60 年代，发展于 90 年代。90 年代的互联网媒体是以新的方式、方法和理念，通过一系列网络营销策划，制订和实施营销活动，可以更有效地促成交易的新型营销模式。在互联网发展的不同阶段，网络营销的内容和手段也有所不同。1998 年以前，一些网络营销从业人员和研究人员将网络营销仅仅理解为网址推广，其核心是网站设计的优化以及搜索引擎的注册和排名。随着时代的发展，网络营销已然成为了 21 世纪市场营销的核心内容之一，人们对网络营销的理解也从单纯的"网上推广及销售"延伸到"通过网络探索及满足消费者的需求"。随着互联网影响的进一步扩大，人们对网络营销的理解进一步加深，网络营销不单单是一种营销手段，更成为了一种信息化社会的新文化。

网络营销的产生得益于三方面，第一方面，互联网技术的飞速发展，为网络营销的产生提供了技术支持；第二方面，市场竞争的日益激烈也推动了网络营销的发展；第三方面，经济全球化趋势也为网络营销奠定了现实基础。因此，网络营销的产生是计算机技术和通信技术，特别是互联网技术的飞速发展，消费者价值观的逐步变革、企业竞争日益激烈等综合原因促成的。

(三) 网络营销的特点

随着互联网技术发展的日趋成熟，使用户能够以相对低廉的费用获取有效的信息，这为企业通过网络进行营销活动创造了有利条件。在市场营销中，最重要、最本质的就是企业与用户之间的信息传播与交换，如果失去信息的交换，交易就无从实现。因此，这便使网络营销具备了与互联网相似的特点。

1. 时域性

时域性也称跨时空性。建立在现代通信技术和计算机技术基础上的国际互联网络营销的最终目的是占有市场份额，由于互联网能够超越时间约束和空间限制进行信息交换，使营销脱离时空限制进行交易变成可能，企业有了更多时间和更大的空间进行营销，可每周7天，每天24小时随时随地的提供全球性营销服务。

2. 富媒体

互联网可以传输多种媒体的信息，如文字、声音、图像等，从而使为达成交易进行的信息交换能以多种形式存在和交换，可以充分发挥营销人员的创造性和能动性。

3. 互动性

互联网能够实现供需互动与双向沟通，使企业通过网络向用户传送信息，同时用户也可以向企业传送信息，企业还可以进行产品测试与消费者满意调查等活动。互联网为产品联合设计、商品信息发布，以及各项技术服务提供最佳工具。

4. 成长性

互联网使用者数量快速增长并遍及全球，而网络的使用者大多是年轻人，他们大多数人有着中产阶级、高教育水准的背景，这部分群体购买力强而且具有很强市场影响力，因此是一项极具开发潜力的市场渠道，使网络营销具有很强的成长性。

5. 整合性

一方面，互联网上的营销可由商品信息至收款、售后服务一气呵成，因此也是一种全程的营销渠道；另一方面，企业可以借助互联网将不同的营销活动进行统一设计规划和协调实施，以统一的传播资讯向消费者传达信息，避免不同传播中不一致性产生的消极影响。

6. 经济性

计算机可以储存大量的信息，网络可传输的信息量和精确度远超过其他媒体。通过互联网进行信息交换，代替以前的实物交换，一方面可以减少印刷与邮递成本，可以无店面销售、免交租金、节约水电与人工成本；另一方面可以减少由于迂回多次交换带来的损耗。

（四）网络营销的理论基础

与传统营销相比，网络营销存在着很多方面的优势，给传统营销带来了巨大的冲击，带来了一场营销观念的革命。显然，网络营销是营销未来发展的方向，但是又不能完全取代传统营销。随着网络环境和互联网的发展变化，网络营销日渐成熟。一般认为，网络营销的理论基础主要是直复营销、软营销、整合营销、网络关系营销和全球营销。

1. 直复营销

从销售的角度来看，网络营销是一种直复营销，是20世纪80年代引人注目的一个概念。直复营销的"直"来自英文direct，即直接，是指跨过中间分销渠道而直接通过媒体连接企业和消费者，网上销售产品时客户可通过网络直接向企业下订单和付款；直复营销当中的"复"来自于英文response，即回复，是指企业与客户之间的交互，客户对这种营销有一个明确的回复，而企业则可以统计这种明确回复的数据，由此可对以往的营销效果做出评价和改进建议，最终达到双方满意并不断进行合作的状态。

从营销的媒介和渠道来讲，如果说传统营销模式主要通过传统的媒介和渠道来开展营销，那么直复营销主要基于互动媒介，或者互动媒介与传统媒介结合的一种营销活动。表面上看，直复营销与传统营销只是推广媒介与渠道的不同，就像我们收到的一个邮件或接听一个销售电话、看到的电视购物广告等。但更本质的东西在消费者和竞争对手看不到的后台，即客户数据和营销数据。企业能不能有效"经营和管理"好数据是直复营销能否给企业带来财富的关键。例如，我们看到一个邮轮在大海中航行的时候，我们通常看不到水下的涡轮和邮轮船内部在有条不紊地运行着，这些才是保证邮轮快速安全行驶的保障。

数据库营销是直复营销的核动力。从某种角度来说，数据库营销是直复营销的灵魂。数据库营销就是利用企业经营过程中收集、形成的各种客户资料的数据库，经分析整理后作为制订营销策略的依据，并作为保持现有顾客资源的重要手段，如图5-1所示。数据库营销作为一种新兴的营销方式，是随着科学技术特别是电脑科技以及数据库技术的发展而在近几年才兴起的。数据库营销不仅仅是一种营销方法、工具、技术和平台，更重要的是一种企业经营的理念，它改变了企业的市场营销模式与服务模式。数据库是影响所有采用直复营销手段的企业成败的关键，在整个直复营销活动中占据极其重要的地位。通过数据库的建立和分析，可以帮助企业了解用户信息，确定企业目标消费群，同时使企业促销工作具有针对性，提高企业营销效率。

图5-1　数据库营销

▶ 2. 软营销

软营销理论是相对强势营销——硬广告而言的。该理论认为顾客在购买产品时，不仅满足基本的生理需要，还满足高层次的精神和心理需求，企业在提供有价值的内容给公众的同时，需要建设软实力，打造社会型企业。因此，软营销理论的一个主要特征是对网络礼仪的遵循，通过对网络礼仪的巧妙运用获得希望的营销效果。网络社区和网络礼仪是网络营销理论中所特有的两个重要基本概念，是实施网络软营销的基本出发点。软营销包括软文营销，软文营销是软营销的一个大类，但不能代表软营销。

国外有一家著名的DIY家装连锁店，其成功的秘诀就是为消费者省钱，每个员工的首要职责是告诉消费者采用哪些装修材料、工具既能满足他们的要求，又能最省钱。有一位消费者为了解决一个难题，欲购买一套价值5 000美元的工具，该连锁店的一名员工为其提供了一个简单的解决方案，只花了5美元，消费者能不感动吗？下一次需要时能不来吗？这家商店这样为消费者着想，得到实惠的消费者奔走相告，广告费分文未花，每天的来客常常多得装不下，生意好得不得了，有了人气，财源自然滚滚而来。

▶ 3. 关系营销

关系营销，是把营销活动看成是一个企业与消费者、供应商、分销商、竞争者、政府机构及其他公众发生互动作用的过程，其核心是建立和发展与这些公众的良好关系。1983年，德克萨斯州 A&M 大学的伦纳德·L. 贝瑞教授在美国市场营销学会的一份报告中最早对关系营销做出了如下的定义：关系营销是吸引、维持和增强客户关系。1996年，又给出更为全面的定义：关系营销是为了满足企业和相关利益者的目标而进行的识别、建立、维持、促进同消费者的关系，并在必要时终止关系的过程，这只有通过交换和承诺才能实现。

网络关系营销是基于互联网环境进行的关系营销，即企业通过互联网与相关的企业、组织建立关系，关注于吸引、发展和保留客户关系，最终实现双赢发展。关系营销是在人与人之间的交往过程中实现的，而人与人之间的关系绚丽多彩、关系复杂。随着互联网的发展，企业通过互联网与客户之间的相互了解增多，企业也可以根据消费者的具体情况，只向消费者提供他们所需要的产品和服务，这便是订制营销。

订制营销，是指企业在大规模生产的基础上，将每一位顾客都视为一个单独的细分市场，根据个人的特定需求来进行市场营销组合，以满足每位顾客的特定需求的一种营销方式。现代的订制营销与以往的手工订做不同，订制营销是在简单的大规模生产不能满足消费者多样化、个性化需求的情况下提出来的，其最突出的特点是根据顾客的特殊要求来进行产品生产。美国著名营销学者科特勒将订制营销誉为21世纪市场营销最新领域之一。在全新的网络环境下，兴起了一大批像戴尔、亚马逊、宝洁等，提供完全订制服务的企业。在宝洁的网站能够生产一种订制的皮肤护理或头发护理产品以满足顾客的需要。

4. 整合营销

互联网络作为跨时空传输的"超导体"媒体，可以为顾客提供及时的服务，同时互联网络的交互性可以了解顾客需求并提供针对性的响应，因此互联网络可以说是消费者时代中最具魅力的营销工具。网络营销是以整合企业内外部所有资源为手段，重组再造企业的生产行为与市场行为，充分调动一切积极因素，以实现企业目标的、全面的、一致化营销，简而言之，就是一体化营销。

整合营销理论产生和流行于20世纪90年代，是由美国西北大学市场营销学教授唐·舒尔茨提出的。整合营销就是根据企业的目标设计战略，并支配企业各种资源以达到战略目标，是一种对各种营销工具和手段的系统化结合，根据环境进行即时性的动态修正，以使交换双方在交互中实现价值增值的营销理念与方法。整合就是把各个独立的营销综合成一个整体，以产生协同效应。这些独立的营销工作包括广告、直接营销、销售促进、人员推销、包装、事件、赞助和客户服务等。战略性地审视整合营销体系、行业、产品及客户，从而制订出符合企业实际情况的整合营销策略。

如今的互联网上，微博、博客、微信、论坛、贴吧等都是企业关注的营销"面包"，每一种营销渠道的出现必然带动行业小浪潮。国家工商总局公布的一组数据显示：寿命在5年以上的企业不足4成。以互联网为载体，以符合网络传播的方法和理念来展开实施的营销活动，成为企业延伸品牌的公信度与品牌影响力、增强经济效益的有效途径。整合营销正切合当下企业营销需求，达到最佳营销效果，是领先的营销方式，未来也将主宰互联网营销。

当下，乃至未来，真正的互联网营销其实应该兼具互动传播、活动营销、事件营销、SEO、SEM、SPR 媒体资源整合等多项综合手段，这样的整合营销可以将企业信息以更高效的手段向自己的目标用户、合作伙伴等群体快速传递。整合营销最重要的主题是关于目标市场是否更有针对性的争论，营销不是针对普通消费的大多数人，而是针对订制消费的较少部分的人群，"量体裁衣"的做法使得满足消费者需求的目标最大化。

整合营销是一场革命，整合营销意味着变革。有两种思考变革的方式：你可以思考，你来自何方；你可以思考，你将往何处走。不论变革如何来临，我们期望达成共识的是，变革是必要的。

（1）必须在创造强力品牌概念方面更加具有战略性，实现企业战略。

（2）必须重点关注与客户接触的全过程，引领全面的客户体验，与强力品牌概念结合起来。

（3）必须以能向大量客户进行营销的方式提供适合客户需要的订制型客户体验。

▶ 5. 全球营销

近几十年来，世界经济环境发生了深刻的变化，产业、市场、顾客、竞争日趋全球化，这些作为外因促成了全球营销的产生与发展。与此同时，大型国际公司为了主动适应和利用环境的变化，为了加强竞争力以主宰全球市场，在观念上、行为上也一步步走向全球化。

全球营销观念始于 20 世纪 90 年代，它是将一组国家市场视为一个单位，把具有相似需求的潜在购买者群体归入一个全球细分市场，在全球范围内实行营销标准化，在此前提下，根据不同国家、不同文化的独特市场特征进行一些形式上的调整。互联网无处不在，世界就是一个地球村，全球营销理论试图解决同一方式向全球提供同一产品的成本优势与营销策略按区域差异化的高效率之间的两难境地。基本思想是要确定出向不同地区提供的产品或者服务必须做出哪些调整，并设法将这些必要的调整的数量减到最小。

二、网络消费者

据 CNNIC 于 2016 年第 38 次中国互联网络发展状况统计报告显示，截至 2016 年 6 月，我国网民规模达到 7.10 亿人，半年共计新增网民 2 132 万人，半年增长率为 3.1%，较 2015 年下半年增长率有所提升。互联网普及率为 51.7%，较 2015 年年底提升 1.3%。此外，手机网民规模达 6.56 亿人，较 2015 年年底增加 3 656 万人。网民中使用手机上网的比例由 2015 年年底的 90.1% 提升至 92.5%，手机在上网设备中占据主导地位。同时，仅通过手机上网的网民达到 1.73 亿人，占整体网民规模的 24.5%。

从性别结构上看，我国网民男女比例为 53∶47，同期全国人口男女比例为 51.2∶48.8，网民性别结构趋向均衡，且与人口性别比例基本一致，如图 5-2 所示。

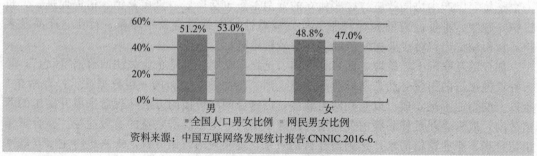

资料来源：中国互联网络发展统计报告.CNNIC.2016-6.

图 5-2　中国网民性别结构

从年龄结构上看，我国网民仍以 10～39 岁群体为主，占整体的 74.7％。其中，20～29岁年龄段的网民占比最高，达 30.4％，10～19 岁、30～39 岁群体占比分别为 20.1％、24.2％。与 2015 年年底相比，10 岁以下儿童群体与 40 岁以上中高龄群体占比均有所增长，互联网继续向这两个年龄群体渗透，如图 5-3 所示。

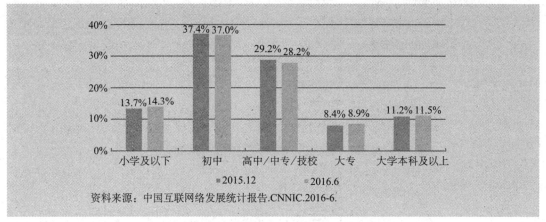

图 5-3 中国网民年龄结构

从学历结构来看，我国网民依然以中等学历群体为主，初中、高中/中专/技校学历的网民占比分别为 37.0％、28.2％。与 2015 年年底相比，小学及以下、大专、大学本科及以上学历的网民占比均有所提升，如图 5-4 所示。

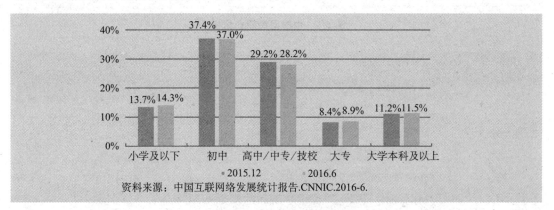

图 5-4 中国网民学历结构

从职业结构来看，中国网民中学生群体占比仍然最高，为 25.1％；其次为个体户/自由职业者，比例为 21.1％；企业/公司的管理人员和一般职员占比合计达到 13.1％。对比 2015 年年底，这三类人群的占比保持相对稳定，如图 5-5 所示。而非学生群里比学生网民得的消费能力更强，对互联网企业来说是更具有价值的一类网民。

从收入结构来看，网民中月收入在 2 001～3 000 元及 3 001～5 000 元的群体占比较高，分别为 16.2％和 22.7％。随着社会经济的不断发展，网民的收入水平也逐年增长，对比 2015 年年底，收入在 5 000 元以上的网民人群占比提升了 3.8％，如图 5-6 所示。

(一) 网络消费者的特点

网络消费者是指通过互联网在电子商务市场中进行消费和购物等活动的消费者人群，网络用户是网络营销的主要个体消费者，也是推动网络营销发展的主要动力，它的现状决

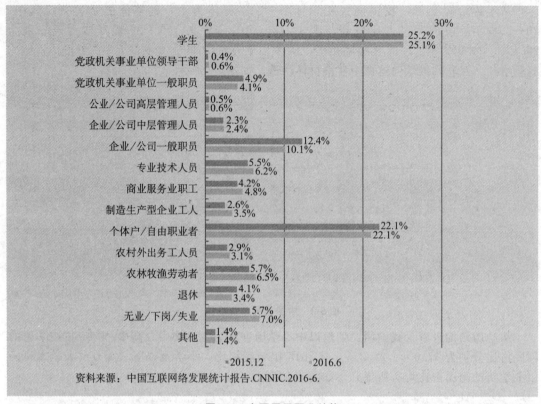

图 5-5 中国网民职业结构

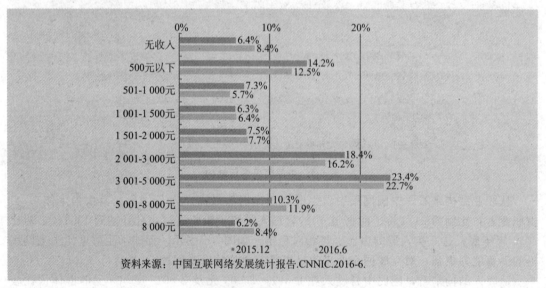

图 5-6 中国网民收入结构

定了今后网络营销的发展趋势和道路。现阶段，网络消费市场以中青年消费者市场为主，特别是青年消费者在使用网络的人员中占有绝对的比重，中国当前30岁以下的网民占到60%，依职业分类，学生占30%。所以，网络营销必须瞄准中青年消费者，他们具备以下五个方面的特点。

▶ 1. 注重自我。

目前，网络用户集中在中青年且具有较高文化水准的职业层，他们对待新事物具有强烈的敏感度，接受新鲜事物的速度也较快，与他人拥有不同的思想与喜好，有自己独特的见解与看法，对自己的判断能力也比较自信甚至自负。所以，他们的具体要求越来越独特，且变化多端、个性化十足。因此，从事网络营销的企业应想办法满足其独特的需求，尊重用户的意见和建议，而不是用大众化的标准来寻找大批的消费者。

▶ 2. 头脑冷静，擅长理性分析

网络消费者一般以城市、较高学历的年轻人为主，都对电脑比较了解，受教育的程度较高，不会轻易受舆论左右，对各种产品宣传有较强的分析判断能力，网上购物时会多轮反复比较各个在线商场的商品，详细了解所要购买商品的性能、功效、价格等多种因素，最后综合比较才决定是否购买。因此，从事网络营销的企业应该加强信息的组织和管理，加强企业自身文化的建设，以诚待人。

▶ 3. 喜好新鲜事物，有强烈的求知欲

这些网络用户爱好广泛，无论是对新闻、股票市场还是网上娱乐都具有浓厚的兴趣，对未知的领域报以永不疲倦的好奇心。

▶ 4. 好胜，但缺乏耐心

这些用户以年轻人为主，当他们搜索信息时，经常比较注重搜索所花费的时间，如果连接、传输的速度比较慢的话，他们一般会马上离开这个站点。

▶ 5. 追求消费过程的方便和享受

在网上购物，除了能够完成实际的购物需求以外，消费者在购买商品的同时，还能得到许多信息，并得到在各种传统商店没有的乐趣。今天，人们对现实消费过程出现了两种追求的趋势：一部分工作压力较大、紧张程度高的消费者以方便性购买为目标，他们追求的是时间和劳动成本的尽量节省；而另一部分消费者，是由于劳动生产率的提高，自由支配时间增多，他们希望通过消费来寻找生活的乐趣。今后，这两种相反的消费心理将会在较长的时间内并存。

网络营销的这些特点，对于企业来说，尤其是对网络营销的决策和实施过程都是十分重要的。企业想要吸引顾客，保持持久的竞争力，就必须对本地区、本国以及全世界的网络用户进行分析，了解他们的特点，制订相应的对策。

(二) 网络消费者的购买动机

动机是指推动人进行活动的内部原动力（内在的驱动力），即激励人行动的原因，特定的需要决定了人们购买这种商品而不是另一种商品，这种影响消费者选择某种商品的原因就叫购买动机，购买动机取决于消费者的要求和需要。

网络消费者的购买动机是指在网络购头活动中驱动消费者产生购头行为的某些内在驱动力。网络消费者的购买动机基本上分为两类，即需求动机和心理动机。前者是指人们由于各自低级的和高级的需求而引发的购买动机，如在网络上购买基本的生活必需品，或者在网上进行医疗咨询等；而后者是由于人们的认识、感情、意志等心理过程而引发的购买动机，例如，在网络上突然发现一本好书、一个好的游戏软件，就产生购买的动机。

▶ 1. 网络消费者的需求动机

网络消费者的需求动机是指由需求而引起的购买动机。根据美国心理学家马斯洛的需要层次理论分析的消费需求包括以下内容。

（1）从满足生理需要的角度讲，需消费的商品包括食品、饮料、鞋帽、服装等。

（2）从满足安全需要的角度讲，消费类型五花八门，如为了保护自己家庭财产而购买防止偷盗的保安用品、保险服务。

（3）归属和爱的需要反映在人们结交朋友、参与社交活动、赠送礼品，以及在公共场合的消费等。

（4）为满足自尊的需要而消费的商品类型也比较多，如各类名牌商品、名贵商品、稀有商品，以及为了改变或美化自我形象的各类美容化妆品、服装服饰品、高档商品等。

（5）追求自我实现的人在消费时，不在意这些商品而在意这些商品的消费具有一定的独特性，如为了实现自己在摄影方面的才能，购买一些摄影器材或相关商品。

此外，网络消费还可以满足消费者另外三方面的基本需要：①兴趣需要，即人们出于好奇和能获得成功的满足感而对网络活动产生兴趣；②聚集需要，通过网络给相似经历的人提供了一个聚集的机会；③交流需要，网络消费者可聚集在一起互相交流买卖的信息和经验。

▶ 2. 网络消费者的心理动机

网络消费者的心理动机是由于人们的认识、感情、意志等心理过程而引起的购买动机。网络消费者购买行为的心理动机主要体现在理智动机、感情动机和惠顾动机三个方面。

（1）理智动机。理智动机具有客观性、周密性和控制性的特点。这种购买动机是消费者在反复比较各在线商场的商品后才产生的，因此，这种购买动机比较理智、客观而很少受外界气氛的影响。这种购买动机的产生主要用于耐用消费品或高档商品的购买。

（2）感情动机。感情动机是由人们的情绪和感情所引起的购买动机。这种动机可分为两种类型：一是由于人们喜欢、满意、快乐、好奇而引起的购买动机，具有冲动性、不稳定的特点；另一种是由于人们的道德感、美感、群体感而引起的购买动机，具有稳定性和深刻性的特点。

（3）惠顾动机。惠顾动机是建立在理智经验和感情之上，对特定的网站、国际广告、商品产生特殊的信任与偏好而重复、习惯性的前往访问并购买的一种动机。由惠顾动机产生的购买行为，一般是网络消费者在做出购买决策时心目中已首先确定了购买目标，并在购买时克服和排除其他同类产品的吸引和干扰，按原计划确定的购买目标实施购买行动。具有惠顾动机的网络消费者，往往是某一站点忠实的浏览者。

（三）网络消费者的需求特征

由于电子商务的出现，消费者的观念、消费方式和消费者的地位正在发生着重要的变化，电子商务的发展也促进了消费者地位的提高。在这种时代背景下，消费者表现出新的需求特点：更具个性化、对信息获取更为主动、追求购物便利与乐趣、购物更看重实用性及对休闲娱乐的追求等，而网络营销以其崭新的经营模式迎合了现代消费者的新需求，这正是网络营销受到众多企业追捧的根本所在。

▶ 1. 消费者个性消费的回归

没有一个消费者的消费行为或者爱好是一模一样的，每一个消费者都可以是一个细分市场。心理的认同感已经成为消费者做出购买品牌和产品决策的先决条件，每一个人都希望自己与众不同，不希望被复制。从长尾理论来说，网上商家不应该仅仅关注那些有大批客户的商品，而且还应该关注那些只有小众消费者的产品或者服务。

▶ 2. 消费的主动性增强

网上消费者一般对科技都比较在意，消费主动性在个性化的前提下变得越来越明显。

在许多大额或高档的消费中，消费者往往会主动通过各种可能的渠道获取与商品相关的信息进行分析和比较。消费主动性的增强来源于现代社会不确定性的增加和人类需求心理稳定和平衡的欲望。

▶ 3. 消费过程便捷与享受并存

在网上购物的过程中，消费者除了希望能够完成实际的购物需求以外，还希望在购物的同时可以比较许多产品的信息，并得到各种消费乐趣等。

▶ 4. 消费行为理性化

消费者在网上消费时，希望大范围地选择比较，正常情况下，网上销售的低成本将使经营者有能力降低商品销售的价格，并且开展各种促销活动，给消费者带来实惠。网络营销系统巨大的信息处理能力，为消费者挑选商品提供了前所未有的选择空间，消费者会利用在网上得到的信息对商品进行反复比较，以决定是否购买。对企事业单位的采购人员来说，可利用预先设计好的计算程序，迅速比较进货价格、运输费用、优惠、折扣、时间效率等综合指标，最终选择有利的进货渠道和途径。

▶ 5. 消费者需求的层次性

消费者的个性化消费使得网络消费的需求呈现出层次性。不同的网络消费者因所处的环境、背景不同而产生不同需求，不同的网络消费者在同一需求层次上的需求也会不相同。

▶ 6. 网络消费者需求的交叉性

在网络消费中，各个层次的消费不是互相排斥的，而是具有紧密的联系，需求之间广泛存在着交叉的现象。例如，在同一张订单上，消费者可以同时购买最普通的生活用品和昂贵的饰品，以满足生理的需求和尊重的需求。这种情况的出现是因为网上商店可以囊括几乎所有商品，人们可以在较短的时间里浏览多种商品，因此产生交叉性的购买需求。

▶ 7. 价格仍是影响消费者心理的重要因素

从消费的角度来说，价格不是决定消费者购买的唯一因素，但确实是消费者购买商品时肯定要考虑的因素。互联网上信息的丰富性和开放性，消费者更容易比较商品的价格，对于同一种商品，消费者更倾向于价格便宜的，由于网上销售没有传统营销的成本高，所以具有一定的价格优势。亚马逊的大额折扣和免费送货，低廉的商品价格是吸引了广大的消费者的重要因素之一，这也证明了低价对消费者具有很强的吸引力。

▶ 8. 消费者需求的差异性

不同的网上消费者因所处的时间、环境不同而产生不同的需求，不同的网上消费者在同一需求层次上的需求也会有所不同。网上消费者来自世界各地，国别、民族、信仰以及生活习惯的不同，而产生了明显的需求差异性。这种差异性远远大于实体商务活动的差异，所以，从事网络营销的厂商要想取得成功，在整个生产过程中，从产品的构思、设计、制造到产品的包装、运输、销售，必须认真思考这种差异性，并针对不同消费者的特点，采取有针对性的方法和措施。

▶ 9. 网络消费需求的超前性和可诱导性

电子商务构造了一个全球化的虚拟大市场，在这个市场中，最先进的产品和最时尚的商品会以最快的速度与消费者见面。以具有超前意识的年轻人为主体的网上消费者必然很快接受这些新商品（包括国内和国外的），从而带来新的一轮消费热潮。从事网络营销的厂商应当充分发挥自身的优势，采用多种促销方法，启发、刺激网络消费者的新的需求，唤起他们的购买兴趣，诱导网上消费者将潜在的需求转变为现实的需求。

（四）影响消费者购买的主要因素

▶ 1. 产品的特性

（1）由于网上市场不同于传统市场，网上消费者有着区别于传统市场的消费需求特征，因此并不是所有的产品都适合在网上销售和开展网上营销活动的。根据网上消费者的特征，网上销售的产品一般要考虑产品的新颖性，即产品是新产品或者是时尚类产品，比较能吸引人的注意。追求商品的时尚和新颖是许多消费者，特别是青年消费者重要的购买动机。

（2）考虑产品的购买参与程度，一些产品要求消费者参与程度比较高，消费者一般需要现场购物体验，而且需要很多人提供参考意见，这样的产品不太适合网上销售。对于消费者需要购买体验的产品，可以采用网络营销推广功能，辅助传统营销活动进行，或者将网络营销与传统营销进行整合。可以通过网上来宣传和展示产品，消费者在充分了解产品的性能后，可以到相关商场再进行选购。

▶ 2. 产品的价格

从消费者的角度说，价格不是决定消费者购买的唯一因素，但却是消费者购买商品时肯定要考虑的因素，而且是一个非常重要的因素。对一般商品来讲，价格与需求量之间经常表现为反比关系，同样的商品，价格越低，销售量越大。网上购物之所以具有生命力，重要的原因之一是网上销售的商品价格普遍低廉。

此外，消费者对于互联网有一个免费的价格心理预期，那就是即使网上商品是要花钱的，那价格也应该比传统渠道的价格要低。一方面，因为互联网的起步和发展都依托了免费策略，因此互联网的免费策略深入人心，而且免费策略也得到了成功的商业运作；另一方面，互联网作为新兴市场可以减少传统营销中的中间费用和一些额外的信息费用，可以大大削减产品的成本和销售费用，这也是互联网商业应用的巨大增长潜力所在。

▶ 3. 购物的便捷性

购物便捷性是消费者选择购物的首要考虑因素之一。便捷性，一方面是时间上的便捷性，可以不受时间的限制并节省时间；另一方面是可以足不出户，在很大范围内选择商品。

▶ 4. 安全可靠性

网络消费另外一个必须考虑的是安全性和可靠性问题。由于在网上消费，消费者一般需要先付款后送货，这时过去购物的一手交钱一手交货的现场购买方式发生了变化，网上购物中的时空发生了分离，消费者有失去控制的离心感。因此，为降低网上购物的这种失落感，在网上购物各个环节必须加强安全措施和控制措施，保护消费者购物过程的信息传输安全和个人隐私保护，以及树立消费者对网站的信心。

（五）网络消费者的购买过程

网络消费者的购买过程，也就是网络消费者购买行为形成和实现的过程。这一过程不是简单地表现为买或不买，而是一个较为复杂的过程。与传统的消费者购买行为相类似，网络消费者的购买行为早在实际购买之前就已经开始，并且延长到实际购买后的一段时间，有时甚至是一个较长的时期。电子商务的热潮使网上购物作为一种崭新的个人消费模式，日益受到人们的关注，消费者的购买决策过程是消费者需要、购买动机、购买活动和买后使用感受的综合与统一。从酝酿购买开始到购买后的一段时间，网络消费者的购买过程可以粗略地分为五个阶段：诱发需求、收集信息、比较选择、购买决策和购后评价。

▶ 1. 诱发需求

网络购买过程的起点是诱发需求，在传统的购物过程中，消费者的需求是在内外因素的刺激下产生的,当消费者对市场中出现的某种商品或某种服务产生兴趣后,才可能产生购买欲望,这是消费者做出消费决定过程中不可缺少的基本前提。如不具备这一基本前提,消费者也就无从做出购买决定。而对于网络营销来说,诱发需求的动因只能局限于视觉和听觉,因此网络营销对消费者的吸引是有一定难度的。作为企业或中介商,一定要注意了解与自己产品有关的实际需要和潜在需要,掌握这些需求在不同的时间内的不同程度以及刺激诱发的因素,以便设计相应的促销手段去吸引更多的消费者浏览网页,诱导他们的需求欲望。

▶ 2. 收集信息

当需求被唤起后,每一个消费者都希望自己的需求能得到满足,所以,收集信息、了解行情成为消费者购买的第二个环节。这个环节的作用就是收集商品的有关资料,为下一步的比较选择奠定基础。

收集信息的渠道主要有两个方面:内部渠道和外部渠道。内部渠道是指消费者个人所储存、保留的市场信息,包括购买商品的实际经验、对市场的观察以及个人购买活动的记忆等;外部渠道则是指消费者可以从外界收集信息的通道,包括个人渠道、商业渠道和公共渠道等。

消费者首先在自己的记忆中搜寻可能与所需商品相关的知识经验,如果没有足够的信息用于决策,他便要到外部环境中去寻找与此相关的信息。当然,不是所有的购买决策活动都要求同样程度的信息和信息搜寻。根据消费者对信息需求的范围和对需求信息的努力程度不同,可分为以下三种模式:

(1) 广泛的问题解决模式,是指消费者尚未建立评判特定商品或特定品牌的标准,也不存在对特定商品或品牌的购买倾向,而是很广泛地收集某种商品的信息。处于这个层次的消费者,可能是因为好奇、消遣或其他原因而关注自己感兴趣的商品。这个过程收集的信息会为以后的购买决策提供经验。

(2) 有限问题的解决模式。处于有限问题解决模式的消费者,已建立了对特定商品的评判标准,但尚未建立对特定品牌的倾向。这时,消费者有针对性地收集信息。这个层次的信息收集,才能真正而直接地影响消费者的购买决策。

(3) 常规问题的解决模式。在这种模式中,消费者对将来购买的商品或品牌已有足够的经验和特定的购买倾向,做出购买决策需要的信息较少。

▶ 3. 比较选择

消费者需求的满足是有条件的,这个条件就是实际支付能力。没有实际支付能力的购买欲望只是一种空中楼阁,不可能导致实际的购买。消费者为了使消费需求与自己的购买能力相匹配,比较选择是购买过程中必不可少的环节。消费者对由各种渠道汇集而来的信息进行比较、分析、研究,根据产品的功能、可靠性、性能、模式、价格和售后服务,从中选择一种自认为"足够好"或"满意"的产品。通常,一般消费品和低值易耗品选择,而对耐用消费品的选择则比较慎重。

由于网络购物不能直接接触实物,所以,网络营销商要对自己的产品进行充分的文字描述和图片描述,以吸引更多的顾客。但也不能对产品进行虚假的宣传,否则可能会永久的失去顾客。

▶ 4. 购买决策

网络消费者在完成了对商品的比较选择之后,便进入到购买决策阶段。网络购买决策是指网络消费者在购买动机的支配下,从两件或两件以上的商品中选择一件满意商品的过程。购买决策是网络消费者购买活动中最主要的组成部分,它基本上反映了网络消费者的购买行为。与传统的购买方式相比,网络购买者做出的购买决策主要有以下三个方面的特点:

(1) 网络购买者理智动机所占比重较大,而感情动机的比重较小。
(2) 网络购物受外界影响小。
(3) 网上购物的决策行为与传统购买决策相比速度要快。

网络消费者在决策购买某种商品时,一般要具备三个条件:对厂商有信任感、对支付有安全感和对产品有好感。

所以,网络营销的厂商要重点抓好以上工作,促使消费者购买行为的实现。

▶ 5. 购后评价

消费者购买商品后,往往通过使用对自己的购买选择进行检查和反省,对自己的购买选择进行检验和反省,重新考虑这种购买是否正确、使用是否理想,以及服务是否周到等问题,以判断这种购买决策的准确性。这种购后评价往往能够决定消费者以后的购买动向。

为了提高企业的竞争能力,最大限度地占领市场,企业必须虚心听取顾客的反馈意见和建议。方便、快捷、便宜的电子邮件,为网络营销者收集消费者购后评价提供了得天独厚的优势。厂商在网络上收集到这些评价之后,通过计算机的分析、归纳,可以迅速找出工作中的缺陷和不足,及时了解消费者的意见和建议,制订相应对策,改进自己产品的性能和售后服务。

三、网络市场调研

网络市场调研是基于互联网系统地进行营销信息的收集、整理、分析和研究的过程,以及利用各种搜索引擎寻找竞争环境信息、客户信息、供求信息的行为,具有及时性、共享性、准确性、交互性、经济性、可控制性和无时空限制的特点。

(一) 网络市场调研的内容

▶ 1. 市场需求调查

市场需求调查的目的在于掌握市场需求量、市场规模、市场占有率,以及如何运用有效的经营策略和手段。

▶ 2. 消费者购买行为调查

消费者购买行为具体包括消费者的家庭、地区、经济等基本情况,消费者的购买动机,消费者喜欢在何时何地购买等。

▶ 3. 营销因素调查

营销因素调查具体包括产品的调查、价格的调查、分销渠道的调查、广告策略的调查、促销策略的调查等。

(二) 网络市场调研的步骤

网络市场调研应遵循一定的程序,一般而言,应经过五个步骤。

▶ 1. 确定目标

虽然网络市场调研的每一步都很重要,调研问题的界定和调研目标的确定是最重要的一部分。只有清楚地定义了网络市场调研的问题,确立了调研目标,才能正确地设计和实施调研。在确定调研目标的同时还要确定调研对象,网络调研对象主要包括企业产品的消费者、企业的竞争者、上网公众、企业所在行业的管理者和行业研究机构。

▶ 2. 设计调研方案

调研方案具体内容包括确定资料来源、调查方法、调查手段和接触方式。

▶ 3. 收集信息

在确定调查方案后，市场调研人员即可通过电子邮箱向互联网上的个人主页、新闻组或者邮箱清单发出的相关查询，之后就进入收集信息阶段。与传统的调研方法相比，网络调研收集和录入信息更方便、快捷。

▶ 4. 信息整理和分析

收集得来的信息本身并没有太大意义，只有进行整理和分析后信息才变得有用。整理和分析信息需要使用一些数据分析技术，如交叉列表分析技术、概况技术、综合指标分析技术和动态分析技术等。目前，国际上较为通用的分析软件有 SPSS、SAS、BMDP、MINITAB 和 Excel 电子表格软件。

▶ 5. 撰写调研报告

撰写调研报告是整个调研活动的最后一个重要阶段。报告不能是数据和资料的简单堆积，调研人员应把与市场营销决策有关的主要调查结果报告出来，并遵循有关结构、格式和文笔流畅的写作原则。

(三) 网络市场调研的特点

▶ 1. 网络市场调研与传统调研的比较

传统的市场调研一方面要投入大量的人力物力，如果调研面较小，则不足以全面掌握市场信息，如果调研面较大，则时间周期长，调研费用大；另一方面，在传统的市场调研中，被调查者始终处于被动地位，企业不可能针对不同的消费者提供不同的调查问卷，而针对企业的调查，消费者一般也不予以反应和回复。网络市场调研则可以节省大量调查费用和人力，其费用主要集中在建立调查问卷网页的链接费用上。

▶ 2. 网络市场调研的特点

通过以上的对比，可以总结概括出网络市场调研的特点如下。

1) 网络调研信息的及时性和共享性

由于网络的传输速度非常快，网络信息能够快速地传送到上网的任何网络用户，而且网上投票信息经过统计分析软件初步处理后，可以看到阶段性结果，而传统的市场调研得出结论需经过很长的一段时间。同时，网上调研是开放的，任何网民都可以参加投票和查看结果，这又保证了网络调研的共享性。

由于企业网络站点的访问者一般都是对企业产品有一定的兴趣，对企业市场调研的内容做了认真的思考之后进行回复，而不像传统的调研方式下为了抽号中奖而被动地回答，所以网络市场调研的结果是比较客观和真实的，能够反映消费者的真实要求和市场发展的趋势。

2) 网络调研方式的便捷性和经济性

在网络上进行市场调研，无论是调查者或是被调查者，只需拥有一台能上网的计算机就可以进行网络沟通交流。调研者在企业站点上发出电子调查问卷，提供相关的信息，或者及时修改、充实相关信息，被调研者只须在电脑前按照自己的意愿轻点鼠标或填写问卷，之后调研者利用计算机对访问者反馈回来的信息进行整理和分析即可，这种调研方式将是十分便捷的。

同时，网络调研非常经济，它可以节约传统调研中大量的人力、物力、财力和时间的耗费。省却了印刷调研问卷、派访问员进行访问、电话访问、留置问卷等工作；调研也不会受到天气、交通、工作时间等的影响；调查过程中最繁重、最关键的信息收集和录入工作也将分别在众多网上用户的终端上完成；信息检验和信息处理工作均由计算机自动完成。所以，网络调研能够以最经济、便捷的手段完成。

3）网络调研过程的交互性和充分性

网络的最大优势是交互性。这种交互性也充分体现在网络市场调研中。网络市场调研在某种程度上具有人员面访的优点，在网上调查时，被访问者可以及时就问卷相关的问题提出自己的看法和建议，可减少因问卷设计不合理而导致的调查结论出现偏差等问题。传统调研中，消费者一般只能针对现有产品提出建议甚至是不满，对尚处于概念阶段的产品则难以涉足；而在网络调研中，消费者则有机会对从产品设计到定价和服务等一系列问题发表意见。这种双向互动的信息沟通方式提高了消费者的参与性和积极性，更重要的是能使企业的营销决策有的放矢，从根本上提高消费者满意度。同时，网络调研又具有留置问卷或邮寄问卷的优点，被访问者有充分的时间进行思考，可以自由地在网上发表自己的看法。把这些优点集合于一身，形成了网络调研的交互性和充分性的特点。

4）网络调研结果的可靠性和客观性

相比传统的市场调研，网络调研的结果比较可靠和客观，主要是基于以下原因：

（1）企业站点的访问者一般都对企业产品有一定的兴趣，被调查者是在完全自愿的原则下参与调查，调查的针对性强。而传统的市场调研中的拦截询问法，实质上是带有一定的"强制性"。

（2）被调查者主动填写调研问卷，证明填写者一般对调查内容有一定的兴趣，回答问题就会相对认真，所以问卷填写可靠性高。

（3）网络市场调研可以避免传统市场调研中人为因素干扰所导致的结论的偏差，因为被访问者是在完全独立思考的环境中接受调研的，能最大限度地保证调研结果的客观性。

5）网络调研无时空和地域的限制性

传统的市场调研往往会受到区域与时间的限制，而网络市场调研可以24小时全天候进行，同时也不会受到区域的限制。例如，某企业利用传统的调研方式在全国范围内进行市场调研，需要各个区域代理商的密切合作，而网络调研方式则可以通过网络打破传统的时间空间的限制，进行在线调查。

6）调研信息的可检验性和可控制性

利用Internet进行网上调研收集信息，可以有效地对采集信息的质量实施系统的检验和控制。

（1）网上市场调查问卷可以附加全面规范的指标解释，有利于消除被访者因对指标理解不清或调查员解释口径不一而造成的调查偏差。

（2）问卷的复核检验由计算机依据设定的检验条件和控制措施自动实施，可以有效地保证对调查问卷100%的复核检验，保证检验与控制的客观公正性。

（3）通过对被调查者的身份验证技术可以有效地防止信息采集过程中的舞弊行为。

（四）网络调研的注意事项

尽管互联网可以为市场调查人员提供资料，然而在决策过程中最终判断资料是否对决策的制订有价值仍然是由公司决策者决定。互联网的出现引发了诸多问题，影响了这些资料在市场调研中的使用，要达到商家网络调研的目的，发挥网络调研的商业价值，还须注意网络调研的一些关键性事项。

▶ 1. 了解市场需求。

把自己想成顾客，从顾客的角度来了解客户需求。因为调研对象往往可能是产品直接的购买者、提议者和使用者，应对他们进行具体的角色分析。

例如，某种时尚品牌男装的目标对象应是年轻男性，但实际的客户市场却不只是这部分人群，而应包括他们的母亲、妻子、女友等女性角色。这就要求调研时，将调研市场对象进行角色细分，充分了解市场需求，使调研结果更有针对性、准确性。

▶ 2. 制订网络调研提纲

网络调研是企业网络营销全过程的第一步。一个调研项目常包含高度精练的理念，这种理念是虚化的，而调研提纲则可以将调研具体化、条理化。调研提纲是调研者与被调研者两者结合的工具，调研项目也许会成为品牌和沟通工具。

▶ 3. 寻找竞争对手

利用各种方式搜集竞争对手信息，例如，利用导航台锁定具体区域，设定与自己产品相同或相似的关键词来寻找竞争对手，仔细查看竞争对手的网址，注意竞争对手的网络中值得借鉴的地方，并注意竞争对手是否已做过类似的市场调研。

▶ 4. 适当的激励措施

互联网毕竟是虚拟世界，若能提供更多人性的东西，在调研中加入适当的奖品激励，则会获得更多的参与者。例如，某医学杂志在做调研时提供样刊赠阅，获得积极的反馈。

▶ 5. 数量调研与质量调研相结合

对于一般性的商业经济问题，如消费者的年龄、性别、所在地区及购买动机等问题，可采用数量统计调查方式，设立"是什么""如何"等问题的信息。但针对有关具体产品时，则宜采用质量调研的方式，调研结果包含的多是"为什么"的问题。

总之，不同的调查公司用不同的方法来收集资料，因此，不管由哪家企业来完成调研计划，都有必要了解这家企业的调查方法以及这些方法对资料价值的意义。

四、网络营销渠道

网络营销渠道是利用互联网提供可利用的产品和服务，以便使用计算机或其他能够使用技术手段的目标市场通过电子手段进行和完成交易活动。网络营销渠道与传统营销渠道一样，以互联网作为支撑的网络营销渠道也应具备传统营销渠道的功能，如图 5-7 所示。营销渠道是指与提供产品或服务以供使用或消费这一过程有关的一整套相互依存的机构，它涉及信息沟通、资金转移和事物转移等。一个完善的网上销售渠道应有三大功能：订货功能、结算功能和配送功能。

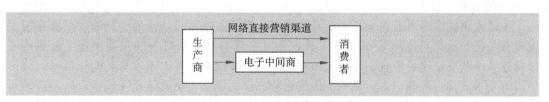

图 5-7　网络营销渠道模式

（一）网络直销

▶ 1. 网络直销的概念

网络直销是指生产厂家借助联机网络、计算机通信和数字交互式媒体且不通过其他中间商,将网络技术的特点和直销的优势巧妙地结合起来进行商品销售,直接实现营销目标的一系列市场行为。开展网络直销有三种主要方式:直销企业建立网站、直接网络派送和电子直邮营销。

在传统营销渠道中,中间商是其重要的组成部分,因为利用中间商能够在广泛提供产品和进入目标市场方面发挥最高的效率。网上直销渠道的建立,使生产商和最终消费者能直接连接和沟通,传统中间商的职能发生了改变,由传统营销渠道环节的中间力量变成为直销渠道提供服务的中介机构,如提供货物运输配送服务的专业配送公司,提供货款网上结算服务的网上银行,以及提供产品信息发布和网站建设的ISP和电子商务服务商,使传统营销中间商凭借地缘原因获取的优势被互联网的虚拟性所取代,同时互联网的高效率的信息交换,改变着过去传统营销渠道的诸多环节,将错综复杂的关系简化为单一关系。

通过网络直销,生产商把他们的产品直接送到顾客的手上,交易费用也降低了,利润大幅增加。消费者感觉能控制销售环境,生产商也由于能够同最终用户直接接触因此可以更有效地安排未来的营销活动。这种销售方式把传统的零售商甩在了圈外。对生产商而言,零售商的支持是不可缺少的,它需要找到一条新路,既贴近消费者又不必疏远现有的销售渠道。

德国有关专家的研究指出,大的零售商确实担心互联网的存在和地位的丧失。但另一方面,他们也具备供应商所不具备的优势,他们知道如何向消费者推销。他们有信誉和经验的优势,他们经营的产品范围还很广,生产商即便在互联网上为自己的产品建立一个网上商店,也并不能向消费者提供一种完善的购物环境。因此,生产商只能以低调的方式创建网络商务,或者只在网站上销售一部分产品。生产商想通过网络直销获利,就必须具备一个内容充实、实力强大的网站来吸引消费者。

▶ 2. 网络直销的特点

1) 便捷性

顾客可以直接在网上订货、付款、等着送货上门,这一切大大方便了顾客。生产者通过网络直销渠道为客户提供售后服务和技术支持,特别是对于一些技术性比较强的行业如IT业,提供网上远程技术支持和培训服务,方便顾客的同时,也使生产者降低了为顾客服务的成本。

2) 高效性

网络直销大大减少了过去传统营销中的流通环节,免除了支付给中间商的费用,有效地降低了成本。生产者可以根据顾客的订单按需生产,做到实现零库存管理。同时,网上直销还可以减少过去依靠推销员上门推销的昂贵的销售费用,最大限度地控制营销成本。

3) 互动性

网络直销能满足当前企业与消费者的交流水平方面的不足,借助于网络,厂家在网上发布有关产品信息,使用E-mail等工具,及时实现与顾客一对一的互动交流。企业还可以很容易地获得快速、便宜、易加工的反馈信息,跟踪消费者的需求及其变化情况,根据他们的要求安排生产和销售,避免了传统企业在接到订单之前就已经完成了产品制造的盲目性。利用互联网的交互特性,网络直销从过去单向信息沟通变成双向直接信息沟通,增强了生产者与消费者的直接连接。

▶ 3. 网络直销的发展方向

1) 集成化的供应链管理模式

供应链管理应向着同步供应链管理的方向发展。实现同步供应链的收益切入点则体现在执行紧缩策略、实施联合计划和选择正确的供应链等方面。执行紧缩策略就是通过公司内部和公司之间的延伸，尽量减少不必要的中间环节，使链上的每一个企业实现共赢。选择正确的供应链应充分考虑供应链运行的灵活性、物流服务总体水平的提高程度、与消费者的关系、资源的优化程度等方面。实现联合计划要求企业通过供应链共享生产、销售、市场和流程信息，以提高商品的快速流动。

2）建设好网络直销渠道

准确的产品和市场定位很重要，网络直销面对的消费者主要是那些受过良好教育、具有创新精神、经济富裕的人，销售的产品具有较高的信息集中性。最好采用消费者比较放心、容易接受的网上购物方式，如货到付款。

开展网上直销的生产企业可以有两种途径管理和控制物流。一种是利用自己的力量建设自己的物流系统；另一种方式，是通过选择合作伙伴，利用专业的物流公司为网上直销提供物流服务。在配送体系还不成熟的时候，在进行网上销售时还要考虑到该产品是否适合现有的配送体系。

3）力争与中间商双赢

电子商务的发展最终由消费者对便利和专业化服务的需求所驱动。因此，生产商和销售商只有共同努力才能实现共同的目标。零售商是各行业的专家，他们提供的产品来源于不同生产商和销售商。生产商与零售商合作发展并经营一家共同的商店可以向顾客提供更全面的购物环境，从而产生更高的收益和利润率。这为利用零售商的品牌创造网络流量提供了机会。

生产商可以让零售商销售那些需要实际感受的产品（如试用、试驾驶等），而在自己的网站上提供其他的产品，甚至是二类或断代产品。另一个使网站与众不同的办法是按价目单销售全部产品，让零售商提供打折。生产商也可以在销售商的网站上做自己的网站广告。如果有点击进入并实现成交，则向它们支付一定比例的利润。这样可以向它们提供奖金以支持自己的网站，并利用它们的知名度创造网站的浏览量。

（二）网络间接销售

传统的分销渠道由参加商品流通过程的各种类型的机构组成，而网络营销渠道的中介模式为电子交易市场。电子交易市场即在线中间商，完全承担起为买卖双方收集信息的职能，同时也利用其在各地的分支机构，发挥着批发商和零售商的作用。网络虽然缩短了人们的沟通距离，但并没有缩短人们与商品的物理距离，开展电子商务后，虽然服务方式、方法发生了改变，但中间渠道还是必要的。

▶ 1. 网络中间商的功能

网络中间商是指在生产商与消费者之间"专门媒介商品交换"经济组织或个人。网络中间商就是基于网络提供信息服务中介功能的新型中间商。中间商利用专门设计的软件，为消费者提供所需信息、搜集过滤的服务。

（1）网络中间商是连接生产者和消费者的桥梁。

（2）网络中间商帮助消费者进行购买决策和满足需求。

（3）网络中间商帮助生产者掌握产品销售状况，降低生产者与消费者交易的成本费用。

▶ 2. 网络中间商的类型

电子商务的发展导致了"中间商衰退论"的出现，电子商务不是不需要中间商，而是需要适应网络虚拟世界的新型中间商，它们应以信息服务为核心，担任着生产商与消费者之

间信息中介的角色。目前,新型的网络中间商分为以下几类:

(1) 目录服务商:为用户提供网站分类并整理成目录的服务。
(2) 搜索引擎服务商:为用户提供基于关键词的检索服务。
(3) 虚拟市场:包含与两个以上的商业站点链接的网站。
(4) 互联网内容提供商:向目标客户群提供所需信息的服务。
(5) 网络零售商:在网上开设的零售商店,向消费者直销商品。
(6) 虚拟评估机构:对网上商家进行评估的第三方机构。
(7) 网络统计机构:为用户提供互联网统计数据的机构。
(8) 网络金融机构:为网络交易提供金融服务的金融机构。
(9) 虚拟集市:为想要进行物品交易的人提供虚拟交易的场所。
(10) 智能代理:利用专门设计的软件,为消费者提供所需信息搜集、过滤的服务。

任务二 网络营销战略

一、网络营销战略概述

(一) 网络营销战略的概念

公司战略是一个比较宽泛的概念,美国哈佛大学教授波特认为,战略是公司为之奋斗的一些终点与公司为达到它们而寻求的途径的结合物。它强调了公司战略的三方面属性:计划性、全局性和长期性;美国市场营销学教授飞利浦·科特勒则认为,一个企业或组织清楚其目的和目标时,它就知道今后要发展的方向。简单来说,公司战略就是一个企业如何完成其使命,确定其目标是什么,知道需要什么样的计划和政策来完成这些目标。要制订公司战略,首先要了解公司目前的状况以及未来的发展方向。21世纪的今天,尤其是在2008年金融危机之后,各企业制订电子商务战略显得尤为重要,因为他们需要利用这些战略来促进销售,使自己立于市场不败之地。

互联网的产生使任何一个现代的战略决策都必须把网络环境考虑在内。战略决策专家迈克尔·波特曾指出:在制订公司战略的时候融入互联网的因素已经变得无比重要。互联网对战略性的竞争和长期收益的影响因行业的不同而不同,因此,许多企业都格外关注互联网和电子商务对未来的影响。著名电子商务学者埃弗雷姆·特班指出,对这些企业而言,电子商务战略就是新老企业如何构建并实施在线经营的理念。电子商务没有现成的战略,制订电子商务战略需要创造力、规划能力、各类资源以及专业技术,制订战略的方法也因公司而异。

网络营销战略则是企业在现代网络营销观念下,为实现其经营目标,对一定时期内网络营销发展的总体设想和规划。网络营销战略是指企业以互联网为媒介,以新的方式、方法和理念实施网络营销活动计划。网络营销战略是企业战略的一部分。在企业开展以互联网为媒介的营销活动中,企业要实现外部环境、企业实力与企业目标三者的动态平衡,主要依靠有效的网络营销战略。

(二) 网络营销战略目标

目标是企业预期要达到的结果,同时也是评价其业绩优劣的标准。一般来说,网络营销战略目标有以下几种类型。

▶ 1. 销售型网络营销目标

销售型网络营销目标是指企业为拓宽网络销售，借助网上的交互性、直接性、实时性和全球性为顾客提供方便快捷的网上销售点。目前，许多传统的零售店都在网上设立销售点，如北京图书大厦的网上销售站点。

▶ 2. 服务型网络营销目标

服务型网络营销目标主要为顾客提供网上联机服务，顾客通过网上服务人员可以远距离进行咨询和售后服务。目前，大部分信息技术型公司都建立了此类站点。

▶ 3. 品牌型网络营销目标

品牌型网络营销目标主要是在网上建立自己的品牌形象，加强与顾客的直接联系和沟通，建立顾客的品牌忠诚度，为企业的后续发展打下基础并配合企业现行营销目标的实现。目前，大部分站点属于此类型。

▶ 4. 提升型网络营销目标

提升型网络营销目标主要是通过网络营销替代传统营销手段，全面降低营销费用，改进营销效率，改善营销管理和提高企业竞争力。Dell、Amazon、Haier等站点属于此类型。

(三) 网络营销战略分析

网络营销对企业来讲，提高了工作效率，降低了企业支出，扩大了市场，给企业带来社会效益和经济效益。相对于传统营销，网络营销具有国际化、信息化和无纸化，已经成为各国营销发展的趋势。为了促进网络营销的普及和发展，对网络营销进行战略分析具有重要意义。网络营销的企业必须加强自身能力，改变企业与其他竞争者之间的竞争对比力量。

▶ 1. 巩固公司现有竞争优势

利用网络营销的公司可以对现在的顾客的要求和潜在需求有较深了解，对公司的潜在顾客的需求也有一定了解，制订的营销策略和营销计划具有一定的针对性和科学性，便于实施和控制，顺利完成营销目标。公司在数据库帮助下，营销策略具有很强针对性，在营销费用减少的同时还提高了销售收入。

▶ 2. 加强与顾客的沟通

网络营销以顾客为中心，其中数据库中存储了大量现在顾客和潜在顾客的相关数据资料，公司可以根据顾客需求提供特定的产品和服务，具有很强的针对性和时效性，可大大地满足顾客需求。顾客的理性和知识性要求对产品的设计和生产进行参与，从而最大限度地满足自己的需求。通过互联网和大型数据库，公司可以以低廉成本为顾客提供个性化服务。

▶ 3. 为竞争者设置障碍

设计和建立一个有效和完善的网络营销系统是一个长期的系统性工程，需要大量人力物力和财力。一旦某个公司已经实现有效的网络营销，后来的竞争者就很难进入该公司的目标市场。因为竞争者要用相当多的成本建立一个类似的数据库，这几乎是不可能的。

▶ 4. 提高新产品开发和服务能力

公司开展网络营销，可以从与顾客的交互过程中了解顾客需求，甚至由顾客直接提出需求，因此很容易确定顾客需求的特征、功能、应用、特点和收益。通过网络数据库营更容易直接与顾客进行交互式沟通，更容易产生新的产品概念。对于现有产品，通过网络营销容易取得顾客对产品的评价和意见，从而准确决定产品所需要的改进方面和换代产品的主要特征。

▶ 5. 稳定与供应商的关系

供应商是向公司及其竞争者提供产品和服务的公司和个人。公司在选择供应商时，一方面考虑生产的需要，另一方面考虑时间上的需要，即计划供应量要根据市场需求，将满足要求的供应品在恰当时机送到指定地点进行生产，以最大限度地节约成本和控制质量。公司如果实行网络营销，就可以对市场销售进行预测，确定合理的计划供应量，保证满足公司的目标市场需求；另外，公司可以了解竞争者的供应量，制订合理的采购计划，在供应紧缺时能预先订购，确保竞争优势。

二、网络营销战略模式选择

企业要引入网络营销，首先要弄清楚网络营销通过何种机制来达到何种目的，然后企业可根据自己的特点及目标顾客的需求特征，选择一种合理的网络营销战略模式。

（一）留住顾客，增加销售

现代营销学认为保留一个老顾客的价值相当于争取五个新的顾客，而网络双向互动、信息量大、可选择地阅读、成本低、联系方便等特点决定了它是一种优越于其他媒体的顾客服务工具。通过网络营销可以达到更好地服务于顾客的目的，从而增强与顾客的关系，增加顾客忠诚度，留住顾客，提高公司的销售量。

世界著名的媒体集团贝塔斯曼在上海的总部以"贝塔斯曼书友会"的形式开展网络营销和传统营销并行的营销活动。在开始的阶段，贝塔斯曼书友会将工作放在发展新会员上，有一定的效果。但是后来发现不断增加的新会员并没有给公司增加相应的销售额，而老顾客的减少却使销售量有较大幅度的降低。针对这种情况，贝塔斯曼书友会在留住顾客、增加销售量上做文章，策划了许多相关的营销活动，取得了比较理想的效果。

（二）提供产品信息、刺激消费

提供有用信息来刺激消费特别适用于通过零售渠道销售的企业。这种战略可通过网络向顾客连续地提供有用的信息，包括新产品信息、产品的新用途等，而且可根据情况适时地变化，保持网上站点的新鲜感和吸引力。这些有用的新信息能刺激顾客的消费欲望，从而增加购买。

（三）简化销售渠道、减少管理费用

使用网络进行销售对企业最直接的效益来源于它的直复营销功能，即通过简化销售渠道、降低销售成本，最终达到减少管理费用的目的。本模式适用于将网络用作直复营销工具的企业。

利用网络实施直复营销，对顾客而言必须方便购买，使顾客减少购物的时间、精力和体力上的支出与消耗。对企业而言，应达到简化销售渠道，降低销售成本、减少管理费用的目的。网上销售书籍、鲜花和礼品等网上商店是这种模式的最好应用，例如，当当网上书店对上网购书的顾客提供了多种快速和方便的途径，吸引了很多顾客。

（四）让顾客参与、提高客户的忠诚度

新闻业已有一些网站成功运用此模式的例子。例如，报纸和杂志出版商通过它们的网页来促进顾客的参与。它们的网页设置了顾客能根据自己的兴趣形成一些有共同话题的

"网络社区",同时也提供了比传统的"给编辑的信"参与程度高得多的读者与编辑交流的机会,这样做的结果有效地提高了订户的忠诚度。同样,电影、电视片制作商的网站也可用此模式提高产品的流行程度。他们通过建立网页向观众提供流行片的一些所谓"内幕",如剧情的构思、角色的背景、演员、导演、制片人的背景资料、兴趣爱好等。这些信息对影迷们是很有吸引力的。因为这样能使他们获得一种内行鉴赏家的感觉,并会驱使他们反复地观看某部流行片,评头论足,乐此不疲。同时,他们还会与朋友们讨论这部片子,甚至还会劝说朋友去观看。

(五)提高品牌知名度、获取更高利润

将品牌作为管理重点的企业可通过网页的设计来增强整个企业的品牌形象。许多著名品牌都采用网络作为增强品牌形象的工具。

企业可以通过网页的设计,突出品牌宣传,树立整体的企业品牌形象,建立顾客忠诚度,实现市场渗透,最终达到提高市场占有率的目的。例如,可口可乐公司不是以网络作为直复营销的工具,而是以网络作为增强品牌形象的工具为主要目的。

(六)数据库营销

网络是建立强大、精确的营销数据库的理想工具。因为网络具有即时、互动的特性,所以可以对营销数据库实现动态的修改和添加。拥有一个即时追踪市场状况的营销数据库,是企业管理阶层做出动态、理性决策的基础。传统营销学中一些仅停留在理论上的梦想,通过网络建立的营销数据库可以实现,如对目标市场进行精确的细分、对商品价格的及时调整等。数据库营销模式是传统营销模式的现代化,具有科学性和预测性的优势。

三、网络营销战略规划与实施

企业只有在确定采取什么样的网络营销战略之后,才能阻止战略的规划与执行,所以网络营销战略是企业成功开展网络营销的先决条件,而网络营销战略的规划和实施是网络营销战略得以实现的保障。

(一)网络营销战略的特点

一个战略很重要,但是制订战略的过程更加重要,一个公司无论大小,战略规划过程会要求公司的高层管理者和各种利益相关者参与,如董事会、普通员工和战略合伙人等。正是因为与公司利益相关,所以他们都会关注战略的制订,关心公司的未来。

网络营销战略规划是在网络营销观念的指导下,对网络营销活动所做的一个较为全面而有序的安排,目的是使网络营销活动能明确目标和责任,并有条不紊地展开。网络营销不仅是一种简单的新营销方法,它通过采取新技术来改造和改进目前的营销渠道和方法,设计企业的组织文化和管理等。如果不进行有效的规划和执行,该战略可能就成为了一种附加的营销方法,不能体现出战略的竞争优势,相反只会增加企业的营销成本和管理复杂性。一般来说,网络营销战略具有以下几个特点。

▶ 1. 目标明确

战略规划的目标应当是明确的,不应是二义的,其内容应当使人得到振奋和鼓舞。目标要先进,但经过努力可以达到,其描述的语言应当是坚定和简练的。

▶ 2. 可执行性良好

好的战略的说明应当是通俗的、明确的和可执行的,它应当是各级领导的向导,使各级领导能确切地了解它、执行它,并使自己的战略和它保持一致。

3. 组织人事落实

制订战略的人往往也是执行战略的人，一个好的战略计划只有得到有效执行才能实现。因此，战略计划要求一级级落实，直到个人。高层领导制订的战略一般应以方向和约束的形式告诉下级，下级接受任务，并以同样的方式告诉再下级，这样一级级的细化，做到深入人心，战略计划也就个人化了。

个人化的战略计划明确了每一个人的责任，可以充分调动每一个人的积极性。这样一方面激励了大家动脑筋想办法，另一方面增加了组织的生命力和创造性。在一个复杂的组织中，只靠高层领导一个人是难以识别所有机会的。

4. 灵活性好

一个组织的目标可能不随时间而变，但它的活动范围和组织计划的形式无时无刻不在改变。战略计划只是一个暂时的文件，应当进行周期性的校核和评审，灵活性强使之容易适应变革的需要。

（二）网络营销战略规划

公司在决定采取网络营销战略后，要组织战略的规划和执行，网络营销是通过新技术来改造和改进目前的营销渠道和方法，它涉及公司的组织、文化和管理各个方面。如果不进行有效规划和执行，该战略可能只是一种附加的营销方法，不能体现战略的竞争优势。

1. 目标规划

目标规划即在确定使用该战略的同时，识别与之相联系的营销渠道和组织，提出改进的目标和方法。

2. 技术规划

网络营销很重要的一点是要有强大的技术投入和支持，因此资金投入和系统购买安装，以及人员培训都应统筹安排。

3. 组织规划

实现数据库营销后，公司的组织结构需要进行调整以配合该策略的实施，如增加技术支持部门、数据采集处理部门，同时调整原有的推销部门等。

4. 管理规划

组织结构变化后必然要求管理的变化，公司的管理必须适应网络营销需要。

（三）网络营销战略的实施

公司实施网络营销必须考虑公司的目标、规模、顾客的数量和购买频率、产品的类型、产品的周期以及竞争地位等，还要考虑公司是否能支持技术投资，决策时技术发展状况和应用情况等。网络营销战略的制订要经历三个阶段：一是确定目标优势，分析实施网络营销能否促进本企业的市场增长，通过改进实施策略实现收入增长和降低营销成本；二是分析计算收益时要考虑战略性需求和未来收益；三是综合评价网络营销战略。

网络营销在完成战略规划并执行后，一是应注意控制，以评估是否充分发挥该战略竞争优势，评估是否有改进余地；二是要对执行规划时的问题及时识别和加以改进；三是对技术的评估和采用。

在这个阶段，重点要从"我们做什么"转变到"我们怎么做"。在战略实施阶段，需要根据已经制订的战略设计具体的短期计划，具体来说，就是评估各种备选方案，安排具体的时间表、分配资源和管理项目。

任务三　网络营销策略

一、网络营销策略的概念

网络营销在国内企业中的应用正逐步深入，但与国际优秀企业相比，国内的网络营销应用才刚刚起步。从中国网络营销相关资料中发现，随着网络经济的不断渗透，国内企业，尤其是广大中小企业如果不能有效地利用低成本、高效率的网络营销手段，将面临极大的竞争劣势。

网络营销策略是企业根据自身所在市场中所处地位不同而采取的一些网络营销组合，包括网页策略、产品策略、价格策略、渠道策略、促销策略、网络营销品牌和顾客服务策略，是以国际互联网络为基础，利用数字化的信息和网络媒体的交互性来辅助营销目标实现的一种新型的市场营销方式。简单地说，网络营销策略就是以互联网为主要手段进行的，为达到一定营销目的的营销活动。

二、常见的网络营销策略

▶ 1. 网页策略

中小企业可以选择比较有优势的网址建立自己的网站，建立后应有专人进行维护，并注意宣传，这一点上节省了原来传统市场营销的很多广告费用。

▶ 2. 产品策略

在市场经济中，企业生存的中心即产品，在传统市场营销中，产品策略是企业营销的一个重要组成部分。随着网络和信息技术的发展以及经济全球化的加速，传统营销手段受到了一定的限制，而网络营销显得越来越重要。它为企业的发展提供和创造了新的机会和手段。中小企业要使用网络营销方法必须明确自己的产品或者服务项目，明确哪些是网络消费者选择的产品。产品网络销售的费用远低于其他销售渠道的销售得费用，中小企业如果产品选择得当可以通过网络营销获得更大的利润。

▶ 3. 价格策略

由于网络信息的公开性以及消费者易于搜索的特点，网上的价格信息对消费者的购买起着重要的作用，而互联网使单个消费者可以同时得到某种产品的多个甚至全部厂家的价格以作为比较，这就决定了网络营销的价格弹性较大，如何引导消费者做出购买决策是关键。企业在制订价格时，应充分考虑各种因素，以做出合理的价格策略。

除此之外，由于竞争者的冲击，网络营销的价格策略应该适时调整，中小企业营销的目的不同，可根据时间制订不同的价格。例如，在自身品牌推广阶段可以以低价来吸引消费者，通过减少利润而占有市场。品牌积累到一定阶段后，制订自动价格调整系统，降低成本，根据成本市场供需状况以及竞争对手的报价来适时调整。

常见的网络营销定价策略包括：

（1）低于进价策略，是指用低于进价的价格进行定价或者免费赠送的定价策略。

（2）零价位策略，是市场营销中常用的营销策略，就是将企业的产品或服务以零价格或近乎零价格的形式提供给顾客使用，满足顾客需求。在传统营销中，零价位策略一般是短期和临时性的；在网络营销中，零价位策略还是一种长期并行之有效的企业定价策略。当企业向用户提供免费服务和产品时，用户是需要用一些企业需要的东西作为交换的，通常是消费者的个人信息。此外，企业还可以利用其他的方式谋利，如企业提供一些产品给消费者免费短期使用，但是当消费者准备长期使用或更新换代时，这种产品将会被收费。

（3）差别定价策略，是指对不同的市场和用户采用不同的定价策略。这种定价原则是根据消费者以往的购买经历以及对该企业的忠诚度决定定价的。这种策略的目的是给企业的忠诚用户最大的优惠以鼓励他们吸引其他客户成为企业的忠诚客户。这种定价策略实施起来难度较大，如果不能恰当使用，将会带来负面效果。

（4）使用定价策略，是指顾客通过互联网注册后，可以直接使用某公司产品，顾客只需要根据使用次数进行付费，而不需要将产品完全购买。采用这种定价策略，一般要考虑产品是否适合通过互联网传输，是否可以实现远程调控。

（5）竞价策略。在网络上进行拍卖是目前发展较快的一个领域，而且越来越流行，它是一种最市场化、最合理的方式。随着互联网的发展，将会有越来越多的产品通过互联网拍卖竞价。通过这种定价策略，厂家可以给一个最低价，然后让消费者竞拍，从而降低厂家的销售成本。

（6）集体砍价。这是一种新的定价策略，参加购买的人越多，价格就会越低。这种趋势也正是网络典型的需求趋势。

▶ 4. 渠道策略

网络营销渠道就是借助互联网将产品从生产者转移到消费者，从而辅助企业的营销目标实现的一整套相互依存的中间环节。它一方面为消费者提供产品信息，供消费者进行选择；另一方面，在消费者选择产品后，能完成交易手续。网络营销渠道应该是本着让消费者方便的原则设置。一个完整的网上销售渠道应该具备三大功能：订货、结算和物流配送。

▶ 5. 促销策略

在传统的大多数市场上，卖主比买主拥有较多的信息。这一方面是由于卖主对所生产或经销的产品或商品比较熟悉，信息来源渠道较多；另一方面则是由于市场相对封闭，顾客没有时间也没有精力去了解各种商品的有关信息。互联网的发展，电子虚拟市场的建立，使这种关系颠倒过来，在虚拟市场中，卖方市场不复存在。

传统的促销是企业通过一定的方式将产品或商品的信息传递给目标顾客，以实现产品的销售。而网络促销是利用现代的网络技术向虚拟市场传递有关产品和服务的信息，以启发需求，引起消费者购买欲望和购买行为的各种活动。它有以下三个明显的特点：

（1）网络促销是通过网络技术传递商品和劳务的存在、性能、功效及特征等信息的。

（2）网络促销是在虚拟市场上进行的，这个虚拟市场就是互联网。

（3）互联网虚拟市场的出现，将所有的企业都推向了一个全球统一的市场。传统区域性市场的小圈子正在被打破，全球性的竞争迫使每个企业都必须学会在全球统一的大市场上做生意。

▶ 6. 网络营销品牌和顾客服务策略

品牌是一种企业资产，涵盖的意念比表象的文字标记或是注册商标更胜一筹，它是一种信誉，由产品品质、商标、企业标志等混合交织形成。在网络市场中，域名是个人、企业或组织申请的独占使用的互联网标志，并对提供的服务或产品的品质进行承诺和提供信息交换或交易的虚拟地址。素有"网上商标"之称的域名，与企业商标一样，具有极高的商业价值，是企业网络品牌的重要组成部分。网络品牌包括品牌的知名度、美誉度、认同度、忠诚度。网站不仅仅需要内容，更重要的是运用自己的思路形成自己的品牌，依靠品牌提高网络品牌的影响力，从而最终在竞争中胜出。

服务是企业围绕顾客需求提供的功效和礼仪，网络营销服务的本质就是让顾客满意，这是衡量网络营销服务质量的唯一标准。现代顾客需要的是个性化的服务，网络为顾客提供了全天候、即时和互动等全新概念的工具。越来越多的企业将网络顾客服务整合到公司的营销计划中，网络顾客服务的指导思想是：利用网络服务工具向顾客提供有关产品及公司的信息，使企业与顾客能够进行双向沟通。通过多种方法，将顾客整合到公司的营销管理中来，实现与顾客的对话与交流。通过这种营销策略，企业可以根据自身公司产品的特性，根据特定的目标客户群、特有的企业文化来加强互动，节约开支，形式新颖多样，避免了原有营销模式的单一化。

任务四 网络营销的方法

网络营销方法是企业或个人为实现营销目标而使用的各种网络技术、方法和手段。这样，凡是以网络技术为基础，进行营销活动时采用的技术和手段都可以成为网络营销方法，包括搜索引擎、电子邮件、即时通信、SNS及其他营销方式。

一、搜索引擎营销

（一）搜索引擎营销的概念

伴随着互联网爆炸性的发展，普通网络用户想找到所需的资料如同大海捞针，为满足大众信息检索需求，专业搜索网站便应运而生。搜索引擎的实质就是一个网站，只是该网站专门提供信息"检索"服务，帮助人们在互联网的信息海洋中搜寻到自己所需要的信息。

搜索引擎营销（search engine marketing，SEM），是指全面而有效地利用搜索引擎来进行网络营销和推广。搜索引擎营销追求最高的性价比，以最小的投入获得最大的来自搜索引擎的访问量，并产生商业价值。

（二）搜索引擎营销的分类

搜索引擎营销是网络营销的主要手段之一，对网站推广、网络品牌、产品推广、在线销售等具有明显的效果。通常将搜索引擎营销分为搜索引擎优化、分类目录登录和关键词营销等。

▶ 1. 搜索引擎优化

搜索引擎优化（search engine optimization，SEO）是一种利用搜索引擎的搜索规则来提高目前网站在有关搜索引擎内的自然排名的方式。简单来说，传统的自然搜索指的是搜索引擎找到与搜索请求最相关匹配网页的方法。而自然搜索的结果不会因为任何搜索引擎营销人员做出的直复而受到影响。搜索引擎优化既是营销人员使用技术来改进网站在自然搜索结果中的表现，它的目的是为网站提供生态式的自我营销解决方案，让网站在行业内占据领先地位，从而获得品牌收益。搜索引擎优化包含网站内容优化、关键词优化、外部链接优化、内部链接优化、代码优化、图片优化、搜索引擎登录等。

▶ 2. 分类目录登录

分类目录是将网站信息系统地分类整理，提供一个按类别编排的网站目录，在每类中，排列着属于这一类别的网站站名、网址链接、内容提要，以及子分类目录，可以在分类目录中逐级浏览寻找相关的网站，分类目录中往往还提供交叉索引，从而可以方便地在相关的目录之间跳转和浏览，也可以使用关键词进行检索，检索结果为网站信息，这种检索也称为网站检索。简单来说，分类目录就是列出了与它的主题类别列表中各主题最相关的网站列表，客户需要将网站提交给目录网站，以使网站显示在适当的主题类别之下，目录列表也曾是最早的搜索付费载体。

▶ 3. 关键词营销

关键词营销是目前最为流行和有效的网络营销模式，关键词特指单个媒体在制作使用索引时所用到的词汇。关键词营销，更多的是属于技术层面的，后期的推广都是网络营销范畴的，只不过会侧重于宣传关键词，增加关键词的出现频率。关键词指向网站的链接数足够多，那么搜索该关键词，网站在搜索引擎中出现的概率和排名就更多、更靠前，访问网站的概率就更多。

二、电子邮件营销

（一）电子邮件营销的概念

电子邮件并非为营销而生，但当电子邮件成为大众的信息传播工具的时候，其营销价值就逐渐显示出来。电子邮件营销（E-mail direct marketing，EDM），是指在用户事先许可的前提下，通过电子邮件的方式向目标用户传递价值信息的一种网络营销手段。电子邮件营销的定义强调了三个基本因素：基于用户许可、通过电子邮件传递、信息对用户是有价值的。三个因素缺少一个，都不能称为有效的电子邮件营销。

（二）电子邮件营销的分类

▶ 1. 按照是否经过用户许可分类

按照发送信息是否事先经过用户许可划分，可以将电子邮件营销分为许可电子邮件营销和未经许可的电子邮件营销。未经许可的电子邮件营销也就是通常所说的垃圾邮件。

▶ 2. 按照电子邮件地址资源的所有权分类

潜在用户的电子邮件地址是企业重要的营销资源，更具有对用户电子邮件地址资源的所有形式，可将电子邮件营销分为内部电子邮件营销和外部电子邮件营销，或者简称为内部列表和外部列表。

▶ 3. 按照营销计划分类

根据企业的营销计划，可分为临时性的电子邮件营销和长期的电子邮件营销。临时性的电子邮件营销如不定期的产品促销、市场调研、节假日问候、新产品通知等；长期的电子邮件营销通常以企业内部注册会员资料为基础，主要表现为新闻邮件、电子杂志、顾客服务等各种形式的邮件列表。

▶ 4. 按照电子邮件营销的功能分类

根据电子邮件营销的功能，可分为顾客关系电子邮件营销、顾客服务电子邮件营销、在线调查电子邮件营销、产品促销电子邮件营销等。

▶ 5. 按照电子邮件营销的应用方式分类

按照是否将电子邮件营销资源用于为其他企业提供服务，电子邮件营销分为经营性和非经营性两类。

（三）电子邮件营销的原则

随着互联网竞争的不断增大，人们也在探索新的推广渠道和方式，电子邮件营销已经被很多人广泛应用，但是并不是每个人都用得那么好。电子邮件营销是有技巧的，想要做好电子邮件营销抓住客户，应该注意很多的问题和细节。

▶ 1. 及时回复

在收到电子邮件时，要养成及时回复的习惯，即使是"谢谢，来信已经收到"也会起到良好的沟通效果。通常应该在一个工作日之内回复客户，如果碰到比较复杂的问题，要一段时间才能准确答复客户，也要简单回复一下，说明情况。实在没有时间回复，可以采用自动回复电邮的方式。

▶ 2. 避免无目标投递

不采用群发的形式向大量陌生邮件地址投递广告，不但收效甚微，而且变为垃圾邮件会损害公司形象。

▶ 3. 尊重客户

不要向同一个电子邮件地址发送多封同样内容的信件，当对方直接或者间接的拒绝接受电邮的时候，绝对不要再向对方发送广告信件，以示尊重。

▶ 4. 内容要言简意赅

客户时间宝贵，在看电子邮件时多是走马观花，所以信件要言简意赅，充分吸引客户的兴趣，长篇累牍会使客户放弃阅读。在发送前一定要仔细检查电邮的内容，注意语句通顺，没有错别字。

▶ 5. 附上联系方式

邮件一定要有签名并附上电话号码，以免消费者需要时，却不知如何联络。

▶ 6. 尊重隐私权

征得客户首肯前，不得转发或出售发信人名单与客户背景。

▶ 7. 坦承错误

若未能立即回复客户的询问或寄错信件，要主动坦承错误，并致歉。不能以没有收到电邮做借口，弄巧成拙，不但无法吸引客户上门，反而把客户拒之门外。

三、即时通信营销

（一）即时通信营销的概念

即时通信营销又称 IM 营销，是企业通过即时工具推广产品和品牌，以实现目标客户挖掘和转化的网络营销方式。常用的主要有以下两种情况：

▶ 1. 网络在线交流

中小企业建立了网店或者企业网站时一般会有即时通信在线，这样潜在的客户如果对产品或者服务感兴趣自然会主动和在线的商家联系。

▶ 2. 广告中小企业可以通过 IM 营销通信工具

发布一些产品信息、促销信息，或者可以通过图片发布一些网友喜闻乐见的表情，同时加上企业要宣传的标志。

即时通信软件是目前我国上网用户使用率最高的软件，它们能迅速地在网上帮你找到需要联系的人或者客户，实时进行交谈和信息的互传。

互联网沟通工具功能的发展具有一定的中国特色，即时通信在中国异常发达，全国有七成网民都使用即时通信这种网络聊天功能。而这种工具在美国等其他国家的使用率并不高，反而是电子邮件的使用率高达 90%，这就使在进行外贸时应注意选择合适的通信工具进行营销。

（二）即时通信营销的分类

根据即时通信属性的不同，可以将 IM 即时通信工具分为以下几类。

▶ 1. 个人 IM

个人 IM，主要是以个人用户为主，不以盈利为目的，方便聊天、交友、娱乐，如 QQ、MSN、雅虎通、网易 POPO、新浪 UC、百度 HI 等。这类软件通常以网站为辅、软件为主，免费使用为辅，增值使用为主。

▶ 2. 商务 IM

此处的商务泛指买卖关系为主。商务 IM 通常以阿里旺旺贸易通、阿里旺旺淘宝版为代表。商务 IM 的主要作用是为了实现寻找客户资源或便于商务联系，从而以低成本实现商务交流或工作交流。此类 IM 用户以中小企业、个人实现买卖为目的，外企也可以方便地实现跨地域工作交流。

▶ 3. 企业 IM

企业 IM 一共有两种，一种是以企业内部办公用途为主，旨在建立员工交流平台；另一种是以即时通信为基础，系统整合各种实用功能，如企业通。

▶ 4. 行业 IM

行业 IM 主要局限于某些行业或领域使用的 IM 软件，不被大众所知，例如盛大圈圈，主要在游戏圈内盛行。行业 IM 也包括行业网站所推出的 IM 软件，如化工类网站推出的 IM 软件。行业软件主要依赖于单位购买或订制。

四、SNS 营销

SNS(social networking services)即社会性网络服务，专指旨在帮助人们建立社会性网络的互联网应用服务。SNS 社区是新兴的网络社区，其最基本的特征是"以人为中心"，每个用户都拥有自己的主页展示个人的信息，包括文字、图片、视频等。用户与用户之间建立各种联系形成一个个人际网络。SNS 营销指的是利用这些社交网络进行建立产品和品牌的群组、举行活动、利用 SNS 分享的特点进行病毒营销之类的营销活动。

SNS 营销是一种全新的营销模式，其核心是使消费者深度参与到营销活动中，他们成为信息产生和传播的主题，而不是被动、单向地接受信息。一个优秀的网络社区包括电子公告牌(BBS)、电子邮件、聊天室、讨论组和博客的功能，是一种集多种营销工具于一体的综合性营销方式。

（一）SNS 营销的特点

同一主题的网络社区，由于有众多用户的参与，不仅具备交流的功能，实际也是一种营销场所。网民在网络社区里可以相互交流、维系情感和分享信息；企业网站可以通过网络社区的成功经营，聚集人气，给网站带来稳定剂更多的流量，增加广告收入，为SNS营销造就良好的氛围。SNS营销等社会化营销与其他营销模式相比，具有以下特点：

▶ 1. 成本更低

由于SNS营销基于互联网，通过人际网络传递信息，从而不需要像传统媒体的营销那样投入巨大的成本。

▶ 2. 传播更精准

由于SNS营销不同于电视、报纸等传统媒体覆盖面广而泛，而是基于一个兴趣相投的社区网络进行信息传递，信息通过人际关系进行过滤和分流，并在传递过程中不断融入人际之间的信任，传播效果更佳。

▶ 3. 更容易形成口碑

这是基于社会网络传播的衍生结果，口碑已经成为影响消费者决策的关键因素，由于SNS营销建立在共同兴趣的社群中，信任度相比其他更高，从而更易形成口碑。

(二) 常见的社交网络工具

▶ 1. 博客

所谓博客，就是个人的网站或网页，或者说是网站的一部分。它向公众开放，用来表达主人自己的观点和看法。在博客上可以进行双向沟通，也可以汇集观点、组织小组讨论等。

▶ 2. 微博

微博是博客的一种，用户可以将写就的短信或是照片、视频链接发送出去，发送的对象有的有限制，有的没有限制。这些信息传播的渠道很多，可通过手机、即时通信、电子邮件等，也可以直接在网站上发布。它与博客在内容形式上有差异，因为微博的媒体信息有字符限制，而博客没有。

▶ 3. 微信

微信是一款手机通信软件，支持通过网络发送语音、视频、图文等，可以单聊和群聊，还有很多以圈子为载体的附加功能，带给用户一种全新的移动通信体验。

▶ 4. BBS

BBS(bulletin board system)即电子公告牌系统，是互联网上的一种电子信息服务系统。这里BBS就是我们常用的论坛，企业可以利用这种网络交流平台发布文字、图片、视频等信息，让目标客户更深刻地了解企业的产品和服务。

(三) SNS营销的方法

▶ 1. 事件营销或话题营销

博客成就了一大批的草根，重要的原因就是因为事件营销，如芙蓉姐姐、贾君鹏等。但是SNS网站虽然有事件的机会产生，但是绝对不适合作为营销的方式进行传播，首先SNS网站的核心是充分的尊重会员，SNS是个分享、平等、开放的平台，假如SNS网站拿会员的事情来炒作的话，无意伤害了会员，同时也让网站在会员心目中失去了以会员为核心的形象。

▶ 2. 软文营销

软文营销是目前SNS营销比较好的方式之一，是指通过特定的概念诉求、以摆事实讲道理的方式使消费者走进企业设定的"思维圈",以强有力的针对性心理攻击迅速实现产品销售的文字模式和口头传播,如新闻、第三方评论、访谈、采访、口碑。软文是基于特定产品的概念诉求与问题分析,对消费者进行针对性心理引导的一种文字模式,从本质上来说,它是企业软性渗透的商业策略在广告形式上的实现,通常借助文字表述与舆论传播使消费者认同某种概念、观点和分析思路,从而达到企业品牌宣传、产品销售的目的。

▶ 3. 口碑营销(病毒式营销)

口碑一直是网站营销的法宝,SNS也不例外。口碑营销又称病毒式营销,其核心内容就是能"感染"目标受众的病毒体——事件,病毒体威力的强弱则直接影响营销传播的效果。在今天这个信息爆炸,媒体泛滥的时代里,消费者对广告,甚至新闻,都具有极强的免疫能力,只有制造新颖的口碑传播内容才能吸引大众的关注与议论。张瑞敏砸冰箱事件在当时是一个引起大众热议的话题,海尔由此获得了广泛的传播与极高的赞誉,可之后又传出其他企业类似的行为,就几乎没人再关注,因为大家只对新奇、偶发、第一次发生的事情感兴趣,所以口碑营销的内容要新颖奇特。

▶ 4. 内容营销

内容营销指的是以图片、文字、动画等介质传达有关企业的相关内容来给客户信心,促进销售。与其他载体相比,在网络中,内容营销可以在动画、文字、视频、声音等各种介质中呈现出来,对于目标客户更具有吸引力,但是"言之无文,行而不远",在网络上如果给客户的都是些空洞、雷同的内容,甚至是抄袭的内容,不但不能起到营销的效果,还有相当大的反作用。

总之,只要是内容为王的,就是内容营销,内容营销并不追求短期或立即性的、不理性的、直接的行为改变,而是理性的、倾向长期的那些内容教育,最后,内容营销可帮助企业达到"思想领导"的角色,扎实地提高品牌的忠诚度、黏度。

五、其他营销方式

(一)视频营销

视频营销指企业将各种视频短片以各种形式放到互联网上,达到一定宣传目的的营销手段。视频包含电视广告、网络视频、宣传片、微电影等各种方式。视频营销归根到底是营销活动,因此成功的视频营销不仅仅要有高水准的视频制作,更要发掘营销内容的亮点。

随着网络成为很多人生活中不可或缺的一部分,视频营销又上升到一个新的高度。各种手段和手法层出不穷。连比尔·盖茨都在世界经济论坛上预言,五年内互联网将"颠覆"电视的地位,这句话在一定程度上表明了互联网视频的发展势头。

网络视频广告的形式类似于电视视频短片,平台却在互联网上。"视频"与"互联网"的结合,让这种创新营销形式具备了两者的优点:它具有电视短片的种种特征,如感染力强、形式内容多样、肆意创意等,又具有互联网营销的优势。很多互联网营销公司都纷纷推出及重视视频营销这一服务项目,并以其创新的形式受到客户的关注。如视频整合营销,是用视频来进行媒介传递的营销行为,包括视频策划、视频制作、视频传播整个过程。形式又包括影视广告、网络视频、宣传片、微电影等多种方式,并把产品或品牌信息植入到视频中,产生一种视觉冲击力和表现张力,通过网民的力量实现自传播,达到营销产品或品牌的目的。正因为网络视频营销具有互动性、主动传播性、传播速度快、成本低廉等优点。所以网络视频营销实质上是将电视广告与互联网营销两者"宠爱"集于一身。

（二）移动营销

移动营销是指面向移动终端（手机或平板电脑）用户，在移动终端上直接向分众目标受众定向和精确地传递个性化即时信息，通过与消费者的信息互动达到市场营销目标的行为。移动营销早期称作手机互动营销或无线营销，作为网络营销的一部分，它融合了现代网络经济中的网络营销和数据库营销理论，是经典市场营销的派生，也是各种营销方法中最具潜力的部分，其理论体系才刚刚开始建立。

移动营销具有灵活性、互动性、目标受众准确等特点。它在强大的云端服务支持下，利用移动终端获取云端营销内容，实现把个性化即时信息精确、有效地传递给消费者个人，达到"一对一"的互动营销的目的。

（三）一对一营销

一对一营销是关系营销的一种，是市场销售部门更好地了解顾客的一种方式，通过了解客户的偏好从而提供个性化宣传和营销，由此提升维系客户的可能性。它不仅意味着采取个人的方式与消费者进行交流，也意味着基于消费者现有或潜在的需求去开发产品和订制信息来满足顾客的需求。

项目小结

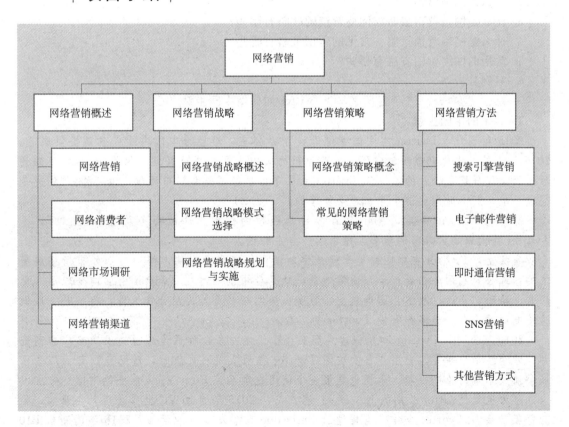

课后习题

1. 图 5-8 所示漫画说明了什么问题？

图 5-8　漫画一则

2. 什么是网络营销？
3. 什么是网络营销战略？网络营销的战略有哪些？
4. 什么是网络营销策略？常见的营销策略有哪些？
5. 常用的网络营销方法有哪些？
6. 案例分析

直播之年，Twitter 如何做中国生意

Twitter 的中国生意

2015 年 3 月，Twitter 在中国香港开设了办公室，希望为中国内地广告商提供服务。2016 年 4 月，推特宣布任命中国人陈葵为新的大中华区董事总经理。但就在 2015 年的最后一天，仅任职 8 个月的第一任 Twitter 大中华区总经理陈葵宣布离职，她笑称："姐就是想歇一歇，赶个时髦去游个学、追个梦啥的。"

陈葵离开 Twitter 后，Alan Lan 接过总经理的位置。这位商务总监的"上位"，是 Twitter 在大中华区策略的缩影：赚中国广告主的钱。

事实上，Twitter 在中国的生意就是协助国内的广告主出海，帮助有海外市场拓展需求的内地公司到国外拓展市场，通俗地说，就是让中国品牌在 Twitter 上面向全球用户做广告。华硕、华为、联想、国泰航空、百度、美图等都是其长期合作伙伴，特别是一些做跨境电商的企业，很多都有投 Twitter 的广告。

2015 年五月，Twitter 和乐视达成商业合作伙伴关系，负责为乐视提供战略广告商资源、营销活动分析等。当用户首次访问 Twitter 移动版或网页版时，时间线顶部的广告区域会播放乐视的推广视频。乐视也是第一个使用这项名为 First View 服务的中国广告主。

华为也是 Twitter 长期的 KA（关键）客户，从 2015 年的 MWC 世界通信大会开始，华为每年都会与 Twitter 合作，全程通过 Periscope 直播发布会的活动，2016 年的新机 P10 也是如此。

而联想的案例则是有详细的数据：联想希望在英国最大的消费技术展会 Gadget Show Live 举办期间，增加产品认知度和销售额，并为其@Lenovo_UK 的官方账号聚集人气。为此，Twitter 向对商业、技术和计算机感兴趣的用户进行了定向推广，包括订阅了类似于@Guardiantech、@WiredUK 和@CNETUK 等科技账号的用户。根据 Twitter 提供的数据，Twitter 为联想带来的直接收入达 27 000 美元，联想在此期间的的销售支出比例为 4∶1。品牌官方账号增加粉丝量 2 576 个，在推广起始的 18 天里，品牌提及数增加了 694％。

Alan 说，Twitter 的中国客户大多是有出海需求的游戏、电商、科技类、旅游类公司。他说，"尽管 Twitter 在中国没有用户，但对我们来说一点都没有关系，因为全世界都有 Twitter 的用户，即便中国是全球最大的单一市场，但海外市场的机遇却更大。目前国内的经济发展很快，但竞争也更激烈，很多行业如手机制造业，游戏产业等在出海上都很下功夫。"

有意思的是，Twitter 在中国赚得盆满钵满之时，其在美国本土的广告营收却开始下滑。Twitter 第四季度的财报显示，其广告收入 6.38 亿美元，同比略有下滑，其中美国广告营收同比下滑 5％，而来自全球的广告收入同比增长 12％，营收 2.77 亿美元。

首席运营官 Anthony Noto 把广告收入下滑归咎于广告销售周期问题和数字营销竞争的不断升级。但无法忽略的是，Twitter 从 2014 年用户数达到 3 亿之后就没有太多的增长。2016 年，Twitter 全年总共增加 1 400 万新用户，而相比起来，Snapchat 在过去一年中用户增加了 5 400 万。

这样的背景下，广告业务不受影响恐怕说起来会显得勉强。

不过，在中国区确实如此。Twitter 的广告合作伙伴之一海外新媒体营销综合服务平台 PandaMobo 的 CEO 李蕾此前表示，Twitter 在国内的广告业务并没有受到影响。

与 YY、陌陌不同的直播套路

广告是 Twitter 的核心变现模式，这个模式被其应用于绝大部分业务上。在 2016 年的第六届全球游戏大会上，Alan 做了题为《直播之年》的演讲。他在演讲中提到，2017 年是 Twitter 在视频和直播业务发力的一年，而 Twitter 在直播业务上的变现方式并无新意，还是一如既往的"广告模式"。相比之下，国内直播行业的变现模式更为丰富：打赏、内容付费、电商等变现前景都值得期待。

Alan 介绍了许多广告主在 Twitter 上直播的例子："国内出海游戏公司的领头羊智明星通就在 Twitter 上面做了一个非常有效果的直播，它在线下做了一个 cosplay 的活动，当天获得英国媒体大量的报道，一些骑士在伦敦塔下面做 cosplay，大量提升了 COK 在海外的品牌认知度和曝光度。"

Alan 称，作为一种内容营销的创意形式，社交媒体视频正处于潮流之中。

2016 年 6 月，HubSpot 发布调查显示，全球网民在深入地观看视频而不是简单地一扫而过，视频也是线上内容中最受欢迎的形式。对于类似 CES、金球奖等那些独家的、高价值的现场报道，或者需要现场观众参与问答环节的活动来说，直播是最为有效的形式。

Alan 十分自信地说，Twitter 直播和国内类似 YY、陌陌等直播平台的根本不同在于 Twitter 对于大型活动和赛事的把控。他认为，YY、陌陌、映客等国内火热的直播平台上主要是自媒体，也就是所谓的"网红"。这些网红固然能够吸引流量，但关注度无法与大型活动和赛事相比。

Twitter 亚太区副总裁 Aliza Knox 也曾向媒体表示，Twitter 相比于对手，做直播的优势在于受众与直播的互动性，观众可对内容进行实时反馈。

目前，Twitter 宣布与世界顶级的电子竞技赛事 ESL 和 DreamHack 合作，直播 2017 年各项电子竞技赛事及原创内容。奥斯卡、格莱美、艾美奖等在 Twitter 上均有直播活动，而此前 Trump 与希拉里的竞选活动直播更是为 Twitter 赚了不少人气。

Twitter 与微博的共同关键点

一切如 Alan 所言，视频和直播会是 2017 年的关键词。这不光是 Twitter 增加新用户，提升老用户黏性的绝招，也是微博重回大众视野的秘诀。据摩根士丹利近期的报告，视频和直播产品被认为是推动微博"二次崛起"的关键点。

因为一些功能的相似性，人们总不免把 Twitter 和国内的新浪微博放在一起比较。尽管微博副总裁在多个场合表示自己并没有把微博定位为"中国的 Twitter"，而是"Twitter ＋ Youtube ＋直播"，但事实上，Twitter 也在自身平台上布局视频和直播，这使两者的差别又一次减少：媒介形式趋同，从文字向图片、短视频、直播去做全方位的覆盖。

财报显示，2016 年 Twitter 全年营收为 25.30 亿美元，比上年的 22.18 亿美元增长 14％，其全年净亏损为 4.57 亿美元；不按照美国通用会计准则，全年净利润为 4.06 亿美元。而微博方面，其 2016 年财报显示，微博全年净营收 6.558 亿美元，较上年度增长 37％。广告和营销营收较上年度增长 42％，至 5.71 亿美元。其中来自大客户和中小企业（SME）的广告和营销营收为 5.131 亿美元，2015 年为 2.588 亿美元。

微博和 Twitter 相比真正的优势恐怕在于中小企业广告方面。中小企业在微博上购买显示广告、基于兴趣的广告系列、基于事件的广告系列和推广内容。微博的最新直播平台也可以让观众为自己喜欢的主播购买虚拟礼物。"但 Twitter 让广告主用低价购买具体的互动方式（点击、回复、转发或点赞）无法吸引小型企业，这只会鼓励现有客户花更少的钱购买更少的广告。"一位广告行业人士如实说。

截至 2016 年 3 月 20 日，Twitter 的股价为 15.08 美元，比起 IPO 发行价 26 美元下跌近 40％。而就在最近，堪称社交鼻祖的 Twitter 总市值被微博超过。就连刚上市的 Snap，市值也高出 Twitter 一倍多。

不过，Twitter 毕竟是社交领域的先锋，其在广告方面的深耕不是微博一朝一夕能够超越的。Twitter 的几款广告产品都与社交数据挂钩，而新浪微博虽然有在探索社交化广告产品，但大部分营收仍是由传统的展示广告带来的。

Alan 对于 Twitter 和微博相比较的问题并未直接回答，只是强调两者的不同在于微博聚焦于国内，Twitter 则是全球性的平台。

思考：(1) Twitter 实施网络营销涉及哪些营销方法与策略？

(2) Twitter 与微博的共同关键点是什么？

项目六
电子支付

> **知识目标**
> 1. 了解支付的含义、发展、演变等。
> 2. 掌握电子支付的含义、本质、特征等概念。
> 3. 掌握电子支付的常见类型，了解电子支付每种类型的特点、优缺点等。
> 4. 理解并掌握常见的电子支付安全知识。

> **能力目标**
> 1. 能够使用常见的电子支付手段进行支付。
> 2. 树立牢固的安全支付意识，养成良好的安全支付习惯。

案例导入

商超小摊流行"扫一扫"，超市移动支付者达 6 成

科技改变生活，随着智能手机和互联网技术的发展，移动支付在日常生活中迅速普及，其便捷程度令不少外国人都直呼羡慕。那么，移动支付在青岛是一种什么情况呢？记者就此调查发现，青岛的大型商超均提供移动支付，使用移动支付的顾客甚至能达到三分之二，这种现象在很多连锁便利店更明显。就连农贸市场和路边摊贩，也越来越多地使用各种形式的移动支付。

记者首选的调查目标是大型商超。2016 年 12 月 2 日晚上，记者来到南京路和香港中路路口附近一大型超市，这正是超市人流量最大的时间段。记者随机选择了两个相邻的收银台，观察当晚 7 时 10 分—40 分顾客购物支付情况。经统计，30 分钟内两个收银台共为 41 名顾客结账，其中使用现金的有 11 人，刷银行卡的有 5 人，另外 25 人都是通过手机移动支付，占总人数的 60.98%。"也就是最近一两年的事，使用移动支付的人越来越多，感觉非常明显，多的时候能占到 2/3。"据一收银台工作人员介绍。据另一名收银员介绍，移动支付最受 20~30 岁的顾客欢迎，使用者在同年龄段顾客中占比至少八成。

在南京路和江西路路口一个 24 小时连锁便利店中，记者也进行了观察，在 12 名购物

者中,仅有3人使用了现金,9人选择了移动支付,除了1名刷卡者,4人使用了支付宝,4人使用了微信支付。"来便利店购物的年轻人比较多,而且买的东西零碎量少,用微信等支付比较方便。"工作人员说。3日上午,记者来到新贵都农贸市场走访。记者看到,在很多小摊上,老板都会放置一个微信收款二维码,前来买东西的市民只需拿出手机扫码即可轻松付款。有的商贩并未明确标明可用移动支付,但是记者咨询得知,只要是顾客提出,几乎所有商贩都可以接受。"我用的是智能手机,也安装了微信和支付宝,年轻人的习惯变了,咱们年纪大的也得赶上时髦。"商贩杨先生说。

"不光菜市场,就连早市、早餐摊也一样可以用微信支付!"采访时,市民李女士说,她有次早上出门忘记带零钱,到了早点摊还不好意思问老板可否手机结账。结果老板立刻拿过一张印有微信二维码的招牌,请她扫码结账。

资料来源:王洪智. 商超小摊流行"扫一扫",超市移动支付者达6成[N]. 半岛都市报,2016-12-5.

任务一 电子支付概述

一、支付的概念

近年来,中国网络经济市场规模发展迅速,为电子支付行业的发展提供了良好的交易环境。2014年,网络经济整体营收规模达到8706.2亿元,同比增长47.0%,预计未来将保持较高增速持续增长。2009—2014年,中国整体网民和中国网络支付用户规模均以较高的速度不断增长。其中,2014年中国整体网民规模达6.5亿人,环比增长5.1%,网络支付用户规模达到3.0亿家,环比增长17.0%;网络支付用户规模占整体网民的比例也在不断的提高,2014年占比达到46.9%,环比增加了4.8%。网络支付用户渗透率不断提升,为中国电子支付行业的发展奠定了良好的用户基础,也为我们研究电子支付提供了现实依据。

(一)支付的概念

众所周知,在实行社会主义市场经济的今天,我们日常生活中会遇到、发生各种的支付行为。例如,我们去超市购物结账时会进行支付,去饭店吃饭结账时会发生支付,使用手机或电脑等工具进行网上购物时也会产生支付,单位或企业通过银行代发工资也会产生支付等,这样的例子在我们日常生活中数不胜数。

在汉语中,"支付"既可以作名词用,也可以作动词用,其在英语中也有对应的单词,且含义基本相同。支付的名词形式为payment,指的是支付行为或支付现象本身,其动词形式为pay,指的是(一方向另一方)支付货币或某种物品。在现实生活中,支付的概念有狭义和广义之分。狭义的支付仅指银行转账,即1997年9月中国人民银行发布的《支付结算办法》中所指的"支付结算",它是指单位、个人在社会经济活动中使用票据(包括支票、本票、汇票)、银行卡和汇兑、托收承付、委托收款等结算方式进行货币给付及其资金清算的行为。而广义的支付除了包括银行转账以外,还包括各种形式的现金结算和非现金结算。

(二)支付方式的演变

历史在发展的同时,也在见证着支付方式的演变,北宋时期交子的出现让我们意识到支付方式的变革会给我们的生活带来极大的便利,直到现在,我们仍然在享受着纸币所带来的便利。进入网购时代,人们越来越依赖的电子支付方式更是让我们的生活方式发生了巨大变化，天猫、京东等网购网站的成功就是最好的证明。从古至今，我国的支付方式经历了什么样的变革呢？

▶ 1. 无支付时期

在人类产生的第一个历史时期——旧石器时代，也就是原始社会早期，生产力水平极其低下，人类以采集和狩猎的劳动方式来获取食物。为能在险恶的自然环境中生存，这一时期的人类采取群居的生活方式，即共同劳动、共同分享劳动果实，所以日常生产和生活中基本不存在支付及支付方式。

▶ 2. 实物支付时期

新石器时代见证了原始社会氏族公社制由全盛走向到衰落，这个时期出现了农耕和畜牧业，生产力得到很大发展，经济上由依赖自然的采集渔猎经济跃进到改造自然的生产经济，人们开始使用劳动产品进行物物交换，这些用于交换的劳动产品既是商品，又承担着支付方式的功能，如用两只羊来交换一把斧头。这时候的交换是偶然行为，后来随着社会生产力的发展和剩余产品的出现，交换由偶然的行为发展为经常的行为，支付方式是商品经济发展到一定阶段的产物。

▶ 3. 货币支付时期

1) 金属货币

据史料记载，中国最早的货币是"贝"，汉字中凡与钱或价值有关的字几乎都从"贝"，如贫、贱、贵、财、货等，由此可见一斑，贝币经历了海贝到骨贝、铜贝的发展，直到金属铸币广泛流通的初秋战国时代。春秋战国时期的铸币形状杂乱，主要有铲币、刀币、环钱、楚币，直到秦始皇统一中国后，"以秦币同天下之币"（公元前 210 年），规定在全国范围内通行秦国圆形方孔的半两钱，从此基本确定了中国金属铸币的形状，后世的汉唐五铢钱、唐、宋、元、明、清、民国初期的各类铜钱均属圆形方孔钱。秦汉铸币，通常在钱文中明确标明钱的重量，如"半两""五铢""四铢"（二十四铢为一两）等。唐高祖武德四年（公元 621 年），李渊决心改革币制，废轻重不一的历代古钱，取"开辟新纪元"之意，统一铸造"开元通宝"钱。开元通宝一反秦汉旧制，钱文不书重量，是我国古代货币由文书重量向通宝、元宝的演变。

2) 银本位纸币

北宋仁宗天圣元年（1023 年），中国乃至世界最早的纸币——交子出现，这是中国乃至世界货币史上的一项划时代的重大改革，极大地方便了货币的流通，影响极其深远，随之出现的"交子铺户"以及后世出现的钱庄更是初具银行性质，承担了部分银行的职能。正如马克思所说："金银天然不是货币，但货币天然是金银。"明清两朝实行银本位币制，铸造了大量金银铸块、铜钱作为主要流通货币，为了方便大宗买卖货款的流通，各地涌现出大量票号、钱庄纷纷发行纸币（银票），后来，纸币的使用已经非常普遍。清末民初，我国开始从国外购买造币机器，用于制造银圆、铜圆，我国第一家银行——中国通商银行也是诞生于这个时期（1897 年）。1912 年，辛亥革命推翻了清朝统治，创立了中华民国南京临时政府，为扫除清朝残余势力，应付军政急需，发行了陆军部军事用票和中华民国南京军用钞票等纸币；各省纷纷宣布独立，成立军政府，亦发行了带有辛亥革命标志的纸币。1914 年，北洋政府推出《国币条例》，确定银圆为中华民国货币。1935 年，国民政府开始发行法币，期间各个省份、军阀、割据政权也发行了自己的货币，直到 1949 年新中国成立。

3) 信用货币时期

交子（纸币）的出现是支付方式发生的一次重大变革，然而从宋朝到民国政府这段历史时期均实行银本位币制,期间所发行的纸币均是以贵金属作为后盾的,并不属于信用货币。1948年12月1日,新中国成立前夕,中国人民银行首次发行人民币,新中国政府确定人民币为我国的法定货币,至1999年10月1日启用新版为止共发行五套,形成了包括纸币、硬币和塑料钞、普通纪念币与贵金属纪念币等多品种、多系列的货币体系。新中国不再实行银本位的货币政策,人民币也不再以贵金属为后盾,现如今的金银等贵金属对于人民来讲更多是用来装饰或者收藏,人民币完成了从以贵金属作为后盾到与贵金属无关的转变,这也就意味着我国货币形式进入信用货币阶段。

案例阅读

人民币

1948年,随着人民解放战争的顺利进行,分散的各解放区迅速连成一片,为适应形势的发展,亟须一种统一的货币替代原来种类庞杂、折算不便的各解放区货币。为此,1948年12月1日,在河北省石家庄市成立中国人民银行,同日开始发行统一的人民币。时任华北人民政府主席的董必武同志为该套人民币题写了中国人民银行行名。人民币发行后,逐步扩大流通区域,原各解放区的地方货币陆续停止发行和流通,并按规定比价逐步收回。1949年年初,中国人民银行总行迁到北平(今北京),各省、市、自治区相继成立中国人民银行分行,至1951年年底,人民币成为中国唯一合法货币,在除台湾、西藏以外的全国范围流通(西藏地区自1957年7月15日起正式流通使用人民币)。2016年1月20日,中国人民银行在此间举行的会议上透露信息:将争取早日推出央行发行的数字货币,会议认为,在中国当前经济新常态下,探索央行发行数字货币具有积极的现实意义和深远的历史意义。2015年11月30日,国际货币基金组织宣布正式将人民币纳入IMF特别提款权货币篮子,权重为10.92%,决议将于2016年10月1日生效。2016年3月8日,人民币兑美元中间价迎四连升。

▶ **4. 电子支付时期**

在我国甚至是在世界支付史上,最先使用的电子支付手段是信用卡。1985年3月,中国银行珠海分行发行了我国第一张银行卡——中银卡,中银卡还是我国第一张人民币信用卡。1986年5月,中国第一个信用卡品牌——长城卡在中国银行北京分行开始发行。1987年8月,中国银行珠海分行发行了我国第一批磁条卡和第一台ATM机。随后,国内各大银行陆续推出自己的信用卡。1989年10月,中国工商银行发行牡丹卡;1990年5月,中国建设银行发行龙卡;1991年2月,中国农业银行发行金穗卡;1993年6月,交通银行发行太平洋卡。1985年的中国GDP仅9 016亿元,中国居民收入普遍很低,当时信用卡办卡门槛高,审核程序严格到近乎苛刻,再加上"花明天的钱,做今天的事"这种透支消费观念又不为广大人民接受,当时的信用卡发卡量并不大,只是作为身份和地位的象征。当时的信用卡以准贷记卡为主,并不是真正意义上的信用卡,持卡人需预先将钱存入卡中才能进行消费。业内人士介绍,当时商场会有一个纸质黑名单记录本,手工逐人核查后,才能确认刷卡消费。

1993年6月,国务院启动了以发展我国电子货币为目的、以电子货币应用为重点的各类卡基应用系统工程——金卡工程,有力地推动了我国国民经济和社会信息化进程。1993—2000年,"金卡工程"陆续建立了18个城市银行卡交换中心和1个总中心,部分实现当地城市的同城跨行通用和部分城市之间的异地跨行通用,为中国银联的诞生奠定了坚实基础。1994年4月,一条64K的国际专线从中科院计算机网络中心通过美国Sprint公司连入 Internet，实现了中国与 Internet 的全功能连接，中国开始进入互联网时代。1995年3月，广东发展银行发行了国内第一张国际标准的人民币贷记卡，也是国内第一张真正意义上的信用卡，开创了我国信用卡发展的新局面。1997年4月，招商银行正式建立了自己的网站，成为国内第一家上网的银行，并于1998年2月推出网上银行"一网通"。1998年3月，中国银行在国内率先开通了网上银行服务，完成中国第一笔网上银行业务，买卖双方世纪互联通信技术有限公司和中央电视台的王柯平先生分别成为国内第一个网上虚拟商家和网上支付第一人。2001年6月，广东发展银行与中国移动公司合作，推出广发全球通联名卡，在国内首创"手机钱包"功能，极大地推动了中国移动支付的发展。2002年以前，中国没有银行卡全国联网通用系统，银行卡不能进行跨行、跨地区消费，更不要说跨境消费。2002年3月，中国银联股份有限公司成立，银联通过同城联网通用、重点城市联网通用、全国联网通用三步走的方法，逐步推动银行卡联网通用在全国的实现，使银行卡得以跨银行、跨地区和跨境使用。2002年5月，工商银行成立牡丹信用卡中心，各家银行也纷纷成立信用卡中心。2003年，被业界称为中国信用卡发展元年，信用卡产业从此飞速发展。2003年10月，淘宝网首次推出支付宝服务。2004年12月，支付宝从淘宝中脱离出来，成为独立的第三方支付平台。2005年9月，腾讯推出财付通业务，与其拍拍网、QQ业务结合。2012年10月，京东斥巨资收购第三方支付公司网银在线，正式布局第三方支付领域。2013年8月，微信发布5.0版本，新增了微信支付功能，借此进入移动支付领域。2014年9月，苹果发布基于NFC的移动支付解决方案Apple Pay，也加入移动支付大军中。2016年2月18日，Apple Pay正式登陆中国。

现如今，中国支付系统正在发生着一场革命，以网络支付、移动支付为代表的电子支付系统将逐步取代传统支付系统。以手机银行、支付宝钱包、微信钱包等为代表的电子支付手段在改变支付方式和手段的同时，也在改变着人们的生活方式，数字化生活已经全面到来。

二、电子支付的概念

（一）电子支付的定义

电子支付在我国的发展始于20世纪八九十年代，然而那个时候由于电子支付系统尚未构建，再加上人们的消费观念较为保守，电子支付发展很缓慢。电子支付发展的转折点是2002年中国银联的成立，中国银联成立后通过三步走战略实现了银行卡的全国联网通用。银行卡全国联网通用的实现使得人们可以跨行、跨地区，甚至跨境进行刷卡支付，极大地推动了电子支付的发展。2003年以后，伴随着阿里巴巴、淘宝网、天猫、京东商城、唯品会等网上交易平台的发展以及政府的支持，电子支付也迎来了自己的春天，电子支付正逐渐成为人们生活中的主流支付方式，身处电子商务时代的人们已经越来越离不开电子支付了。这些年，我国学者从未停止过对电子支付的研究，也形成了很多研究成果，大家也都认同电子支付的重要性，但对于什么是电子支付这个问题，学术界并没有统一的看法。通过归纳整理，学术界有两种主流观点：一种观点认为电子支付是指人们利用计算机、互联网进行资金转移偿付的行为，是支付方式发展的高级阶段；另一种观点则是认为，电子支付有广义和狭义之分。广义的电子支付包括卡类支付、网上支付和移动支付等，典型代表是我国2005年颁布的《电子支付指引》，《电子支付指引》中指出：电子支付是指单位、个人通过电子终端，直接或间接向银行业金融机构发出支付指令，实现货币支付与资金转移。电子支付的业务类型按电子支付指令发起方式分为网上支付、电话支付、移动支付、销售点终端交易、自动柜员机交易和其他电子支付。这是国内迄今为止最权威的关于电子支付的定义了。而狭义的电子支付仅指网上支付。到目前为止，以银行卡为主的卡类支付是电子支付的绝对主力，其他两者（网上支付和移动支付）远不能与其相提并论。本书所说的电子支付均指广义的电子支付，即单位、个人通过计算机、手机、平板电脑等电子终端，直接或间接向银行业金融机构发出支付指令，实现货币支付与资金转移。

（二）电子支付的特征

作为时下最流行、最主要的支付方式，电子支付具有以下特征。

▶ **1. 历史必然性**

用辩证唯物主义的视角来看支付方式的演变历史，我们会发现，支付方式由传统支付方式发展到电子支付方式是历史的必然，是人类社会生产力发展到一定阶段的产物，是在电子信息技术发展的基础上产生的，没有计算机、手机等电子终端，没有互联网，电子支付根本不可能出现。

▶ **2. 虚拟性**

电子支付的载体是计算机网络中的数据流，是一种"看不见"的支付活动，因此有别于以现金流转、票据转让及银行汇兑等传统的物理实体方式实现的支付，这是电子支付区别于传统支付方式的一个重要特征。

▶ **3. 跨时空性**

基于互联网的电子支付技术使个人和企业可以不受时间和空间的限制，在任何时间、任何地点、采用任何方式完成支付，这是传统支付方式所做不到的。

▶ **4. 高效率、低成本**

随着我国电子银行、电子钱包、电子货币等电子支付手段的发展，如今，消费者可以在任何时间、任何地点，通过互联网、POS机等途径完成支付，整个支付过程花费的时间非常短，相比传统支付方式，电子支付效率更高，也更加方便、快捷，而支付过程的手续费等费用也比传统支付低很多。

（三）电子支付的类型

由于电子支付发展至今也不过一二十年的时间，国内外对电子支付的理论研究尚浅，对于电子支付的分类大家也是莫衷一是，划分的依据或标准不同，结果也会迥然不同。

▶ **1. 根据电子商务模式的不同划分**

众所周知，电子商务模式一般可分为B2C、B2B、C2C、B2G、C2G等5种模式，自然地，在这5种电子商务模式下进行的电子支付也分为5种，即B2C支付、B2B支付、C2C支付、B2G支付、C2G支付等5种支付模式。B2B支付方式主要在企业与企业之间进行交易时采用，这种模式一般涉及金额较大，对支付的安全要求更高。B2C支付方式一般指企业与个人消费者之间的支付。C2C支付即指消费者与消费者之间的交易支付行为。B2G支付方式一般指企业与政府之间的支付。C2G支付方式一般指个人与政府之间的支付。

▶ **2. 根据支付时间的不同划分**

根据支付时间的不同，可将电子支付分为预支付、后支付和即时支付三种。预支付就是先付款，然后才能购买到产品和服务，如中国移动公司的"神州行"客户，先支付话费，才能正常使用手机通信。后支付是消费者购买一件商品之后再进行支付。在现实生活的交易中，后支付比较普遍，例如我们平时所说的分期付款、京东白条、蚂蚁花呗等，又如中国联通的4G套餐业务有信用额度，可以先消费后付费。即时支付指交易发生的同时，资金也从银行转入卖方账户。随着电子商务的发展，即时支付方式越来越多，它是"在线支付"的基本模式。

> 3. 根据支付空间的不同划分

根据支付空间的不同，可以将电子支付分为线上支付和线下支付两种。线上支付，顾名思义就是在线上支付，网上交易发生的同时，通过网上银行等支付工具在线支付来完成交易。线下支付，就是在网上发生交易，在现实中通过POS机刷卡等方式完成付款。例如大家比较喜欢的货到付款，就是典型的线下支付。

> 4. 根据发起方式的不同划分

根据发起方式的不同，可以分为卡类电子支付、网上支付、移动支付。所谓卡类电子支付，就是使用各种物理卡进行支付，包括银行卡、IC卡、电话卡、公交卡、ETC（电子不停车收费系统）卡等，消费者在支付时，必须携带卡介质。网上支付是通过第三方提供的与银行之间的支付接口进行的即时支付方式，这种方式的好处在于可以直接把资金从用户的银行卡中转账到网站账户中，汇款马上到账，不需要人工确认。移动支付是使用手机、平板电脑、笔记本电脑等移动终端，通过移动互联网来完成支付行为的一种支付方式。

三、电子支付系统

（一）电子支付系统的概念

电子支付系统是电子商务系统的重要组成部分，它指的是客户、商家和金融机构之间采用数字化形式进行电子货币数据交换和结算的网络银行业务系统，即把新型电子支付工具（包括电子现金、贷记卡、借记卡、智能卡等）的支付信息通过网络安全传输到银行或相应的金融机构来实现电子支付。它是融购物流程、支付工具、安全技术、认证体系、信用体系以及金融体系为一体的综合大系统。

（二）电子支付系统的构成

基于互联网的电子支付系统由客户、商家、认证中心、支付网关、客户银行、商家银行和金融专用网络七个部分组成。

> 1. 客户

客户一般是指利用电子商务手段与企业、商家及个人进行电子商务活动的单位或个人。他们通过电子商务平台（如阿里巴巴、淘宝、京东、苏宁易购等）与商家交流信息，签订纸质或电子合同，用自己拥有的电子支付工具（如银行卡、电子支票、电子现金等）进行支付，是支付系统运作的原因和起点。

> 2. 商家

商家是指向客户提供商品或服务的单位或个人。在电子支付系统中，它必须能够根据客户发出的支付指令向金融机构请求结算，这一过程一般是由商家设置的一台专门的服务器来处理的。

> 3. 认证中心

认证中心是数字证书授权中心，是法律承认的权威机构，为参与各方（包括客户、商家、支付网关、网上银行等）发放数字证书，进行身份验证，保证网上支付的安全性。认证机构必须确认参与者的资信状况，因此离不开银行的参与。除以上参与各方外，电子商务支付系统的构成还包括支付中使用的支付工具以及遵循的支付协议，是参与各方与支付工具、支付协议的结合。

▶ 4. 支付网关

支付网关是完成银行网络和互联网之间的通信、协议转换和进行数据加、解密，保护银行内部网络安全的一组服务器。它是互联网公用网络平台和银行内部的金融专用网络平台之间的安全接口，电子支付的信息必须通过支付网关进行处理后才能进入银行内部的支付结算系统，进而完成支付的授权和获取。

▶ 5. 客户银行

客户银行是指为客户提供资金账户和网络支付工具的银行，在利用银行卡作为支付工具的网络支付体系中，客户银行又被称为发卡行。客户银行根据不同的政策和规定，保证支付工具的真实性，并保证对每一笔认证交易的付款。

▶ 6. 商家银行

商家银行是为商家提供资金账户的银行，因为商家银行是依据商家提供的合法账单来工作的，所以又被称为收单行。客户向商家发送订单和支付指令，商家将收到的订单留下，将客户的支付指令提交给商家银行，然后商家银行向客户银行发出支付授权请求，并进行它们之间的清算工作。

▶ 7. 金融专用网络

金融专用网络是银行内部及银行间进行通信的网络，支付结算业务绝大多数是由金融专用网络完成的，具有较高的安全性。目前，我国传统商务中的电子支付与结算应用如 POS 机结算、ATM 机存取转账、电话银行等，都运行在金融专用网络上。银行的金融专用网发展迅速，虽然不能直接用于基于互联网平台的电子商务进行直接支付与结算，但它为逐步开展电子商务提供了必要的条件。

（三）电子支付系统的分类

▶ 1. 大额支付系统

大额支付系统主要处理银行间大额资金转账，通常支付的发起方和接收方都是商业银行或在中央银行开设账户的金融机构。大额支付系统是一个国家支付体系的核心应用系统。现在的趋势是，大额支付系统通常由中央银行运行，处理贷记转账，当然也有由私营部门运行的大额支付系统，这类系统对支付交易虽然可做实时处理，但要在日终进行净额资金清算。大额支付系统处理的支付业务量很少（1%～10%），但资金额超过 90%，因此大额支付系统中的风险管理特别重要。

▶ 2. 小额支付系统

小额支付系统主要指 ACH（自动清算所），主要处理预先授权的定期贷记（如发放工资）或定期借记（如公共设施缴费）。支付数据以磁介质或数据通信方式提交清算所。

▶ 3. 联机支付系统

联机支付系统指 POSEFT 和 ATM 系统，其支付工具为银行卡（信用卡、借记卡或 ATM 卡、电子现金等）。主要特点是金额小、业务量大，交易资金采用净额结算（但 POSEFT 和 ATM 中需要对支付实时授信）。

（四）电子支付系统的支付模式

电子支付不是新概念，从 1998 年招商银行率先推出网上银行业务之后，人们便开始接触到网上缴费、网上交易和移动银行业务。这个阶段，银行的电子支付系统无疑是主导力量，但银行自身没有足够的动力也没有足够的精力去扩展不同行业的中小型商家参与电子支付。于是非银行类的企业开始进入支付领域，它们通常被称为第三方电子支付公司。

目前，我国主要存在四种模式：支付网关型模式、自建支付平台模式、第三方垫付模式和多种支付手段结合模式。

▶ 1. 支付网关型模式

支付网关型模式是指一些具有较强银行接口技术的第三方支付公司以中介的形式分别连接商家和银行，从而完成商家的电子支付的模式。这样的第三方支付公司包括网银在线、上海环讯、北京首信等，它们只是商家到银行的通道而不是真正的支付平台，它们的收入主要是与银行的二次结算获得的分成，一旦商家和银行直接相连，这种模式就会因为附加值低而最容易被抛弃。

▶ 2. 自建支付平台模式

自建支付平台模式是指由拥有庞大用户群体的大型电子商务公司为主创建或它们自己创建支付平台的模式，这种模式的实质便是以所创建的支付平台作为信用中介，在买家确认收到商品前，代替买卖双方暂时保管货款。这种担保使买卖双方的交易风险得到控制，主要解决了交易中的安全问题，容易保证消费者的忠诚度。采用自建支付平台模式的企业有淘宝网、京东等。这种支付平台主要服务于母公司的主营业务，其发展也取决于母公司平台的大小，以及在其他平台应用的范围。

▶ 3. 第三方垫付模式

第三方垫付模式是指由第三方支付公司为买家垫付资金或设立虚拟账户的模式。它通过买卖双方在交易平台内部开立的账号，以虚拟资金为介质完成网上交易款项支付，如99bill、Yeepay等。

▶ 4. 多种支付手段结合模式

多种支付手段结合模式是指第三方电子支付公司利用电话支付、移动支付和网上支付等多种方式提供支付平台的模式。在这种模式中，客户可以通过拨打电话、手机短信或者银行卡等形式进行电子支付。

(五) 电子支付系统的支付流程

支付系统的数据流可以分为基于商家转发的和非商家转发的两种模式，本系统根据目前我国电子商务交易采用基于非商家转发的模式，从客户发起购买请求到客户收到商品、商家收到资金，完成整个交易过程，需要经过以下支付流程。

(1) 用户浏览电子商务网站，选者中意的商品，向商家提出购买请求；

(2) 商家将经用户核对后的订单进行数字签名，提交到支付系统；

(3) 支付网关调用支付界面，要求用户填写账户信息；

(4) 用户用支付系统的支付网关的公开密钥对账户信息进行加密，传递给支付系统的支付网关；

(5) 支付系统支付网关核对用户提供的账户信息进行数据转换，通过金融专用网或者专线发给金融机构，要求核对用户账户信息；

(6) 金融机构将核对的结果和用户用于支付确认的信息传递给支付系统；

(7) 支付系统将金融机构传递来的用户支付确认信息传递给支付确认系统，要求进行支付确认；

(8) 支付确认系统接收到要求确认的信息后，进行支付确认预处理，然后按事先选择好的确认方式通知用户(实时确认、分时确认)进行确认；

(9) 用户根据选择的确认方式，进行相应的确认资料的填写，填写好后提交给支付确认系统；

（10）支付确认系统比较金融机构和用户提交的支付确认信息，如果一致则进行下一步的确认，否则返回错误，最后支付确认系统将确认结果返回给支付系统支付网关；

（11）确认成功，以 E-mail 的方式告知用户他的支付请求被认可，资金已经从他的账户上划出，否则以 E-mail 的方式告知用户，他的支付请求不被认可；

（12）确认成功，数字签名金融机构的返回结果发送给商家，并通知商家发货，否则通知商家交易失败；

（13）确认成功，要求金融机构划款；

（14）金融机构返回数字签名的划款信息，完成交易。

四、电子支付工具

随着全球经济的高速发展，支付工具也越来越多，开始逐渐产生一批电子支付工具。现在流行的网上银行、支付宝钱包、微信钱包、贝宝、快钱、充值卡等都是最新的电子支付工具，下面着重介绍电子现金、电子钱包、电子支票、智能卡等。

（一）电子现金

电子现金，又称电子货币或数字货币，是一种以电子形式存在的货币，它可以被看作是现实货币的电子或数字模拟，电子现金以数字信息形式存在，通过互联网流通，但比现实货币更加方便、经济。它最简单的形式包括三个主体（商家、用户、银行）和四个安全协议过程（初始化协议、提款协议、支付协议、存款协议）。电子现金是一种比较成熟的电子支付手段，适用于通过网络进行支付的小额交易。

（二）电子钱包

电子钱包是电子商务购物活动中常用的支付工具，是在小额购物或购买小商品时常用的新式钱包。使用电子钱包购物，通常需要在电子钱包服务系统中进行。电子商务活动中的电子钱包的软件通常都是免费提供的，可以直接使用与自己银行账号相连接的电子商务系统服务器上的电子钱包软件，也可以从互联网上直接调出来使用，使用过程中要采用各种安全加密方式来保证资金安全。目前，世界上有 VISA cash 和 Mondex 两大电子钱包服务系统。在电子钱包内只能装电子货币，即装入电子现金、电子零钱、安全零钱、电子信用卡、在线货币、数字货币等。

（三）电子支票

电子支票是一种借鉴纸张支票转移支付的优点，利用数字传递将钱款从一个账户转移到另一个账户的电子付款形式。这种电子支票的支付是在与商户及银行相连的网络上以密码方式传递的，多数使用公用关键字加密签名或个人身份证号码（PIN）代替手写签名。用电子支票支付，事务处理费用较低，而且银行也能为参与电子商务的商户提供标准化的资金信息，故而可能是最有效率的支付手段。

（四）智能卡

智能卡是一种内嵌集成电路芯片并且芯片中带有微处理器、存储单元以及芯片操作系统的卡片的通称，又称 IC 卡。IC 卡具有良好的数据存储、命令处理以及数据安全保护等功能，主要应用领域有移动通信、金融支付、公共事业等，类别有电信卡、金融 IC 卡、ID 卡等。2015 年，在中国人民银行、中国银联和各商业银行的共同推动下，磁条卡向芯片卡的迁移不断加速。截至 2015 年三季度末，全国金融 IC 卡累计发行 18.83 亿张，新增发卡量连续 3 个季度超过 2 亿张，发卡速度持续加快。同时，中国银联在推广金融 IC 卡的基础上创新支付方式，如支付宝钱包、微信支付、Apple Pay 等是基于实体金融 IC 卡片的应用拓展，为用户提供了便利、快捷和简单的小额支付方式，为大家的出行、购物、医疗等带来方便。

任务二 常见电子支付类型

一、网上银行

（一）网上银行的概念

网上银行，又称网络银行、在线银行，从字面上理解有两层意思，一层意思是指在互联网上开展业务的银行，另一层意思是指银行在互联网上开办的业务。我们日常生活中所提及的网上银行，更多是指网上银行业务。网上银行业务并不仅仅把传统银行业务打包迁移到网上，平台发生了变化，其业务内容和服务方式都发生了很大变化，同时还产生了很多新的业务。由此我们可以得出网上银行的定义：银行通过Internet向个人或企业客户提供的综合性银行服务，既包括账户查询、转账汇款、缴费支付、信用卡、信贷、投资理财（基金、黄金、外汇等）等传统服务，又包括利用网银特有的优势而提供的相关服务预约、资金管理等特色服务。

（二）网上银行的特点

▶ 1. 无纸化交易

以前使用的票据和单据大部分被电子支票、电子汇票和电子收据所代替；原有的纸币被电子货币，即电子现金、电子钱包、电子信用卡所代替；原有纸质文件的邮寄变为通过数据通信网络进行传送。

▶ 2. 3A银行

3A是指网上银行能够在任何时间（anytime）、任何地点（anywhere），以任何方式（anyhow）提供服务，即24小时的银行、全球化的银行、服务方式多样化的银行。网上银行能突破传统银行的局限，提供一揽子高附加值的综合金融服务，可以让客户在任何时间、任何地点，以任何方式都享受到便捷、安全、优质的3A金融服务。只要有网络，客户可以随时随地上网办理相应的网上银行业务，不受时间、地域的限制，不用跑网点排长队，不再发愁错过营业时间，足不出户即可享受7×24小时全天候金融服务。

▶ 3. 经营成本低廉

采用网上银行这种新的交易方式，可以极大地降低银行的经营成本。传统银行的销售渠道是分行及其广泛分布的营业网点，传统银行的建立需要大量的人力、物力、财力的投入，如场地费用、室内装修、照明及水电费、人员的工资等。而网上银行的主要销售渠道是计算机网络系统，它是虚拟的，没有固定的场地，只需要在网络上设置相应的网站服务，所以网上银行的成本比传统银行低得多。网上银行的低成本优势促使各家银行投入较大资源用于网上银行的建设与推广，从而使网上银行能够获得更多的投资与建设。

▶ 4. 安全可靠

网上银行可以向客户提供先进的网银盾和动态口令等安全产品，并提供短信通知、身份认证、限额控制、多重密码验证、银行后台实时交易监控，预留防伪信息验证、私密问题设置,以及国际先进的软、硬件网络技术保障信息传输的安全性,确保客户账户内的资金安全。

(三)网上银行的分类

▶ 1. 按照发展模式或形式划分

网上银行出现后,主要形成了两种形式:分支型网上银行和纯网上银行。

1)分支型网上银行

所谓的分支型网上银行就是在现有的传统银行的基础上,利用互联网开展传统的银行业务交易处理及增值服务。即传统银行利用互联网作为新的服务手段为客户提供在线服务,实际上是传统银行服务在互联网上的延伸,可以看作是传统银行的分支机构,是网上银行存在的主要形式,也是绝大多数商业银行采取的网上银行发展模式。客户足不出户就能进行业务操作,享受银行服务。我国网上银行形式基本上都是分支型网上银行,其业务依赖于母行。由于整个系统是以传统银行系统为基础,利用互联网开展相关的业务,其服务也称网上银行服务。

2)纯网上银行

纯网络银行是完全依赖于 Internet 发展起来的全新电子银行,这类银行所有的业务交易全部依靠 Internet 来进行。这是一种纯粹的网络银行:利用 Internet 技术建立虚拟空间,没有分支银行或自动柜员机(ATM)。例如,世界上第一网络银行——安全第一网络银行 SFNB(Security First Network Bank)于 1995 年 10 月在美国成立。该银行的成立得到了美国 OTS(Office Of Thrift Supervision)的承保。SFNB 不同于以往的银行,它没有经营网点,整个银行的员工也大大少于通常概念的银行,客户完全通过 Internet 与银行建立服务联系,实现了 24 小时全天候服务,迅速、方便、可靠。目前,我国的纯网络银行有两家:腾讯作为主发起人的前海微众银行(2014 年 12 月 12 日)和蚂蚁金服主导的浙江网商银行(2015 年 5 月 27 日)。

案例阅读

微众向左网商向右:两家纯网络银行的"基本论"

阿里和腾讯可以说是中国两家最大的互联网公司,一个统领电商、一个垄断社交,在这样的基因里孕育出来的银行自然不寻常。2014 年 12 月 12 日,腾讯作为主发起人的前海微众银行获得开业批准,并上线第一款产品"微粒贷";半年之后的 5 月 27 日,蚂蚁金服主导的浙江网商银行获得开业批准,届时,蚂蚁微贷会整合到网商银行中,而蚂蚁微贷本身已经推出包括"花呗""借呗"等多款产品。

细数两家银行,不同的使命决定了不同的业务逻辑,对于蚂蚁金服来说,银行是现有空间的一个延伸,而对于腾讯来说,银行是一块新的空间,亟待探索。

蚂蚁金服已涉足支付、小贷、基金、保险、理财、征信等多个业务领域,旗下拥有支付宝、支付宝钱包、余额宝、招财宝、蚂蚁微贷、芝麻信用等多个新兴互联网金融业态。不少业内人士分析,蚂蚁金服其实已经是一个"类银行"机构,具有银行的"存""贷""汇"三大主要功能。"存"主要通过余额宝和招财宝来实现,两者类似于支付宝资金池中的"活期存款"和"定期存款"。"贷"可以通过蚂蚁微贷来实现,而作为第三方支付的支付宝在某种程度上实现了"汇"的功能。可以说,蚂蚁金服已经为自己构建了一套金融生态圈,那么,为何蚂蚁金服还需要一块银行牌照?"蚂蚁金服要想实现资产端的扩张,仅仅依赖小贷是完全不够的,小贷公司受制于资本金和放贷比例的要求,此前阿里也不得不尝试发行小贷资产证券化产品以盘活小贷公司的存量资产,释放资本金。"此前,一位接近蚂蚁金服的人士分析。

相比来说,腾讯在互联网金融领域积累甚少,目前旗下包括财付通、理财通两大平台,财付通为理财通提供底层支付服务,理财通更像是一个产品超市。那么,在金融圈涉水未深的腾讯为何需要一块银行牌照?"单从业务模式来讲,微众不必然需要银行牌照。"近日,微众银行董事长顾敏第一次主动接受媒体采访时坦言。他认为,之所以需要银行牌照,是因为银行能够得到用户的信任,从而让合作更加顺畅;长期来看,在金融数据安全和产品设计等方面,银行牌照也能够提供更大的空间。

2015年5月15日晚,微众银行首款资产端产品"微粒贷"上线。据了解,在微粒贷之前,微众银行接连毙掉两款产品,尽管"微粒贷"上线后获得了较好的用户体验,但一个问题是,它真的不大像是一款银行产品。早于其上线的"借呗"有着与"微粒贷"几乎一模一样的贷款流程,而"借呗"只是蚂蚁微贷旗下的个人消费贷款。目前,"微粒贷"植入手机QQ中,采用"白名单"制,事实上,无论是微信还是QQ,其最大的优势是高频互动:你可以24小时蹭在微信上,每10分钟打开一次,刷新下朋友圈或查看新消息,但你不可能24小时都待在支付宝钱包里,只有在需要的时候才会打开一次。对于微众银行来说,在没有生态圈、没有既得经验的前提下,如何设计出能够把这两款高频互动的社交软件优势利用起来的产品至关重要。顾敏也坦言,目前最大的挑战是如何在符合金融原理的前提下,平衡好行业规则和移动互联网时代用户创新体验需求,找到用互联网思维设计出银行产品的方法。

在资产端,蚂蚁金服的压力可能要小一点,蚂蚁金服一位内部人士透露,蚂蚁微贷近5年来积累下的客户资源、风控能力、渠道、产品开发理念等都可以被网商银行所继承,"这两块业务在慢慢整合,未来,小贷的客户将会通过网商银行来服务。"他说。蚂蚁微贷旗下的产品包括阿里信用贷款、网商贷、淘宝信用贷款、订单贷款等。

而在负债端,可以说,包括网商银行和微众银行在内的5家民营银行都面临这个挑战,尤其是对于不设线下网点的纯互联网银行来说,存款从哪里来?同业授信是一种模式,据了解,微众银行已经敲定了华夏、东亚和平安等三家银行,另外还有十几家银行在商谈合作的过程中。类似的同业合作显然是件微妙而复杂的事情,暂时可以将其理解为服务外包。顾敏认为,微众银行的定位是持有银行牌照的互联网平台,"不要把我们看成是一家银行,看成一家中介就好。"他说。在这个中介的角色里,微众银行向合作银行提供客户、渠道、科技、数据分析的支持,负责产品设计和推广创新,而合作银行为双方的产品提供资金。顾敏介绍,在这种合作模式下,合作银行拿走大部分的利润,微众银行只能获取其中的一小部分。顾敏也笑称,微众银行除了同业合作这条路,其实也没别的路可走。蚂蚁金服内部人士透露,网商银行目前虽然还没有正式开业,但同业合作也已经在洽谈中。未来不排除开发出将同业资金吸引进来的负债端产品,合作模式是蚂蚁金服提供渠道、产品、客户和输出风控能力,合作的银行提供资金。负债端,两者走的是同一条路。

当然,合作银行有自己的资金收益和流动性要求,尤为重要的是对于坏账的控制,这就要求两家依赖于同业资金的网络银行具有更加优秀的风控能力。

"其实,蚂蚁微贷在5年来积累下来最为重要的能力就是数据化风控能力。"蚂蚁金服内部人士介绍,蚂蚁小贷主要以"水文模型"来预测小微企业的后续经营状况,从而判断授信。"水文模型"与传统银行的信贷审核模式极其不同:例如一家企业目前的经营相对困难,即处于"低水位",传统金融机构往往不会向其发放贷款。但蚂蚁小贷可以从其历史销售和行业景气程度的大数据分析中预测它很可能在几个月后"水位回升",那它也很可能获得贷款。

微众银行目前采用的底层系统则是兴业银行"银银平台"中输出的IT系统,微众银行自身的系统都尚未完善。对于微众银行来说,重要的是如何将"社交大数据"转化为"金融大数据"。以微粒贷为例,其风控模式是在合作平台的所有用户里,首先撇除没有把握服务好的人群,以及服务不到的人群;再剔除可能存在的结构性或群体性欺诈风险的人群,然后用大数法则来分散风险,运用传统的、行之有效的数据和逻辑,如央行的征信数据;再结合社交、行为、交易等各种模型。

那么,谁的模型更靠谱呢?

▶ 2. 按照服务对象划分

按照服务对象的不同,可以分为企业网上银行和个人网上银行两种。

1) 企业网上银行

企业网上银行主要针对企业与政府部门等企事业组织客户。企事业组织可以通过企业网上银行服务实时了解企业财务运作情况,及时在组织内部调配资金,轻松处理大批量的网上支付和工资发放业务,并可处理信用证相关业务。例如,中国工商银行企业网上银行是中国工商银行为企业客户提供的网上自助金融服务。

2) 个人网上银行

个人网上银行主要适用于个人与家庭的日常消费支付与转账。客户可以通过个人网上银行服务,完成实时查询、转账、网络支付和汇款功能。中国工商银行个人网上银行是中国工商银行为个人客户提供的网上自动金融服务。

(四) 我国网上银行的发展现状

1996年,我国只有一家银行通过国际互联网向社会提供银行服务,如今,我国绝大部分商业银行均在不同程度地提供网上银行服务。据CFCA发布的《2016中国电子银行调查报告》显示,2016年,个人网银用户比例达46%,相比2015年增长了6%,增速呈现平稳态势。网上银行经过多年的发展已积累起较为稳定的用户群,庞大的网上银行用户为银行业拓展电子商务市场奠定了坚实的基础,发展电子商务及互联网金融等创新业务将成为网上银行交易规模增长的主要动力。随着社会的发展,我国网上银行的发展呈现出新的特点。

▶ 1. 个人网银在相对欠发达地区普及加速

2016年,个人网银用户比例在一、二、三线城市分别为52%、48%、42%,用户比例呈现随城市级别逐级下降趋势;三线城市用户比例紧追二线城市,三线城市与一、二线城市"数字化鸿沟"特点不再显著。

2016年,个人网银用户比例在三级城市增速最快,相比2015年增长了10.2%,同比增长32%;二线城市增长放缓,相比2015年增长4.3%,同比增长10%;一线城市连年稳步增长,相比2015年增长4.5%,同比增长9%。这说明个人网上银行用户发展潜力主要在三线及以下城市。

▶ 2. 渠道替代使个人网银活动用户比例下降

2016年,全国个人网银活动用户比例为79%,从2013年开始呈现出逐年下降的趋势,下降的主要原因如下。

(1) 以支付宝、微信支付为代表的第三方支付广泛应用对电子银行渠道的替代作用。

(2) 以手机银行为代表的多种电子银行渠道的替代作用，用户认为有一种银行电子渠道即可，没必要使用更多渠道。据CFCA的调查显示，用户不开通个人网上银行的原因主要为"有支付宝/微信支付即可，没必要"，比例为35％；其次为"有一种银行电子渠道即可，没必要开更多渠道"和"业务不多，没必要"，比例分别为28％和26％。

▶ 3. 个人网银用户比例或将被手机银行赶超

2016年，在地级以上城市13岁及以上常住人口中，网上银行用户比例为46％，手机银行用户比例为42％；微信银行、电话银行、直销银行用户比例分别为28％，23％和11％。电子银行移动渠道继续迅猛发展，个人手机银行紧追个人网上银行，用户比例预计在2017年有望超过个人网上银行，跃居个人电子银行渠道用户比例第一位。

▶ 4. 个人网银亟待收复"转账汇款"失地

在转账汇款业务上，最经常使用支付宝的用户份额从2015年35％增至2016年的近50％，已经绝对领先于其他渠道；最经常使用个人网上银行的份额从2015年的35％大幅下降到19％，份额下降部分基本上转移到支付宝；个人手机银行最经常使用用户份额同比仅略有增长，累计来看最经常使用电子银行进行转账汇款的用户份额不足4成，说明电子银行在转账汇款的业务黏性已逐渐落后于第三方支付。使用微信进行转账汇款的用户比例虽然高达56％，但最经常使用比例仅为8％。

(五) 网上银行支付流程

▶ 1. 开通网上银行业务

一般而言，我们在使用网上银行业务之前，首先要持有相应银行的银行卡，并确保该银行卡已经开通网上银行服务。以农业银行为例，首先确认持有的农行卡已开通网上银行服务。若未开通网上银行服务，用户请持本人身份证原件及所持有的银行卡到所在地农业银行任一营业网点，申请开通网上银行业务，同时添加"电子银行口令卡"或"K宝"，激活网上银行后便可正常使用，实时生效。需要注意的是，在线支付系统并不支持存折支付。

▶ 2. 登录相应银行的网上银行

用户在银行营业网点成功注册网上银行业务后，需要及时登录网上银行，进行登录密码的修改，激活口令卡，方可进行在线支付缴费。

以农业银行为例，具体流程如下。

(1) 登录http://www.95599.cn网页，如图6-1所示。选择网银入口，个人用户请选择"个人网银登录"，企业用户选择"企业网银登录"。

图6-1 登录网上银行

(2) 选择登录方式，根据签约方式选择"证书登录"或"用户名登录"，如图6-2所示。

图 6-2　选择登录方式

① 证书登录。首先要把 K 宝插入电脑，首次登录需要完成"控件下载""安装 K 宝驱动""证书下载安装"三个步骤，如图 6-3 所示。然后，输入 K 宝密码登录网银，如图 6-4 所示。即可进入网银界面，如图 6-5 所示。

图 6-3　首次登录指南

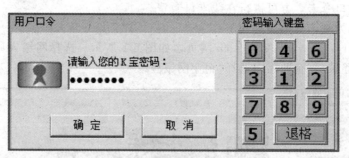

图 6-4　输入 K 宝密码

② 用户名登录。"用户名登录"就是直接通过登录界面输入用户名、密码和验证码来进行网银登录，如图 6-6 所示。为了保证交易安全，"用户名登录"和"证书登录"一样也可以使用 K 宝，两者的区别在于，"证书登录"需要提前插入 K 宝登录网银，"用户名登录"登录网银时无须提前插入 K 宝，只需要在交易过程中按照系统提示插入 K 宝后，完成交易认证操作。

图 6-5　网银界面

图 6-6　用户名登录界面

（3）进入网银界面，即可使用网银享受账户查询、转账汇款、缴费支付、投资理财等各项金融服务。

二、第三方支付

（一）第三方支付的概念

第三方支付是指具备一定实力和信誉保障的独立机构，采用与各大银行签约的方式，提供与银行支付结算系统接口的交易支持平台的网络支付模式。第三方支付模式中，买方选购商品后，使用第三方平台提供的账户进行货款支付（支付给第三方），并由第三方通知卖家货款到账、要求发货；买方收到货物，检验货物，并且进行确认后，再通知第三方付款；第三方再将款项转至卖家账户。第三方支付是买卖双方在缺乏信用保障或法律支持情况下的资金支付"中间平台"，是将信用从买卖双方交易过程中分离出来的"信用中间人"。第三方提供安全交易服务，在收付款人之间设立中间过渡账户，使汇转款项实现可控性停顿，促使买卖双方建立起信用，达成一致意见，实现资金流转。

（二）第三方支付的特点

在通过第三方平台的交易中，买方选购商品后，使用第三方平台提供的账户进行货款支付，由对方通知卖家货款到达、进行发货；买方检验物品后，就可以通知付款给卖家。从理论上讲，第三方支付平台的出现杜绝了电子交易中的欺诈行为，其特点如下。

（1）第三方支付平台提供一系列的应用接口程序，将多种银行卡支付方式整合到一个界面上，负责交易结算中与银行的对接，使网上购物更加快捷、便利。消费者和商家不需要在不同的银行开设不同的账户，可以帮助消费者降低网上购物的成本，帮助商家降低运营成本；同时，还可以帮助银行节省网关开发费用，并为银行带来一定的潜在利润。

（2）较之 SSL、SET 等支付协议，利用第三方支付平台进行支付操作更加简单而易于接受。SSL 是应用比较广泛的安全协议，在 SSL 中只需要验证商家的身份。SET 协议是发展的基于信用卡支付系统的比较成熟的技术。但在 SET 中，各方的身份都需要通过 CA 进行认证，程序复杂、手续繁多、速度慢且实现成本高。有了第三方支付平台，商家和客户之间的交涉由第三方来完成，使网上交易变得更加简单。

（3）第三方支付平台本身依附于大型的门户网站，且以与其合作的银行的信用作为信用依托，因此第三方支付平台能够较好地突破网上交易中的信用问题，有利于推动电子商务的快速发展。

（三）第三方支付的交易流程

在第三方支付交易流程中，支付模式使商家看不到客户的银行卡信息，同时又避免了银行卡信息在网络上多次公开传输而导致银行卡信息被窃。

以在淘宝网使用支付宝交易为例介绍第三方支付的交易流程。

（1）客户登录淘宝网，在淘宝网上浏览商品信息，确定要购买的商品后，单个商品选择"立即购买"，然后选择收货地址，确认订单信息，最后提交订单。如果是要购买同个店铺的多个商品，可以将想要购买的商品一一放入购物车，进入购物车后，勾选卖家店铺进行结算，然后确认收货地址和订单信息，最后提交订单。

（2）提交订单后，网页就会进入付款页面，客户再次核对订单信息无误后，输入支付宝密码，确认付款，网页将转到"您已成功付款"页面，并显示支付金额。这时所谓的成功付款，只是客户把货款成功打给支付宝平台，并未打给商家。

（3）支付宝平台将客户已经付款的消息通知商家，并要求商家在规定时间内发货。

（4）商家收到通知后按照订单信息发货。

（5）客户收到商品并验证，验证无误后确认收货。

（6）支付宝将其收到的订单货款划入商家支付宝账户中。

（7）买卖双方互评，交易完成。

（四）第三方支付的分类

▶ 1. 互联网型支付企业

以支付宝、财付通为首的互联网型支付企业，它们以在线支付为主，捆绑大型电子商务网站，迅速做大做强。

▶ 2. 金融型支付企业

以银联商务、快钱、汇付天下、易宝、拉卡拉等为首的金融型支付企业，侧重行业需求和开拓行业应用。

▶ 3. 第三方支付公司为信用中介

以非金融机构的第三方支付公司为信用中介，类似银联商务、拉卡拉、嘉联支付，这类移动支付产品通过和国内外各大银行签约，具备很好的实力和信用保障，是在银行的监管下保证交易双方利益的独立机构，在消费者与银行之间建立一个某种形式的数据交换和信息确认的支付的流程。

(五)第三方支付的主流品牌

▶ 1. 支付宝

支付宝(Alipay)最初作为淘宝网公司为了解决网络交易安全所设的一个功能,该功能为首先使用的"第三方担保交易模式",由买家将货款打到支付宝账户,再由支付宝向卖家通知发货,买家收到商品确认后指令支付宝将货款放给卖家,至此完成一笔网络交易。支付宝公司于2010年12月宣布用户数突破5.5亿家。2011年9月5日,支付宝收购安卡支付打算深度拓展跨境业务。

支付宝(中国)网络技术有限公司是中国主流的第三方网上支付平台,是阿里巴巴集团的关联公司。支付宝致力于为中国电子商务提供"简单、安全、快速"的在线支付解决方案。支付宝公司从2004年建立开始,始终以"信任"作为产品和服务的核心,已经成为中国互联网商家首选的网上支付方案,为电子商务各个领域的用户创造了丰富的价值。

支付宝创新的产品技术、独特的理念及庞大的用户群吸引越来越多的商家和合作伙伴选择支付宝作为自己的在线支付解决方案。目前,除淘宝和阿里巴巴外,有超过46万的商家和合作伙伴支持支付宝的在线支付和无线支付服务,范围涵盖了B2C购物、航旅机票、生活服务、理财、公益等众多领域。支付宝已经跟国内外160多家银行以及VISA、MasterCard国际组织等机构建立了深入的战略合作关系。

▶ 2. 微信支付

微信支付是集成在微信客户端的支付功能,用户可以通过手机完成快速的支付流程。微信支付以绑定银行卡的快捷支付为基础,向用户提供安全、快捷、高效的支付服务。

用户只需在微信中关联一张银行卡,并完成身份认证,即可将装有微信APP的智能手机变成一个全能钱包,之后即可购买合作商户的商品及服务,用户在支付时只需在自己的智能手机上输入密码,无须任何刷卡步骤即可完成支付,整个过程简便流畅。

微信支付是腾讯公司的支付业务品牌,微信支付提供公众号支付、APP支付、扫码支付、刷卡支付等支付方式,并提供企业红包、代金券、立减优惠等营销新工具,满足用户及商户的不同支付场景。微信支付结合微信公众账号,全面打通O2O生活消费领域,提供专业的互联网+行业解决方案。

2014年9月26日,腾讯公司发布的腾讯手机管家5.1版本为微信支付打造了"手机管家软件锁",在安全入口上独创了"微信支付加密"功能,为微信提供了立体式的保护,为用户"钱包"安全再上一把"锁"。

▶ 3. 银联商务

银联商务有限公司是中国银联控股的,专门从事银行卡受理市场建设和提供综合支付服务的机构,成立于2002年12月,总部设在上海市浦东新区。银联商务是首批获得人民银行《支付业务许可证》的支付机构,也是人民银行确定的21家重点支付机构之一。

成立十几年以来,银联商务建立了南到海南三沙市永兴岛、北抵黑龙江黑河,覆盖全国所有地级以上城市的服务网络,并加快向发达县镇乡等农村地区拓展,在全国形成专业化、全方位的服务态势,有力促进了银行卡整体受理环境的建设,有效发挥了银行卡支付在节约社会成本、提高支付效率、扩大内需、拉动GDP增长方面的积极作用。截至2016年6月底,银联商务已在全国除台湾以外的所有省级行政区设立机构,市场网络覆盖全国337个地级以上城市,覆盖率为100%,服务特约商户589.4万家,维护POS终端736.1万台,分别占银联联网商户和联网POS终端的26.8%、30.1%,服务ATM3.04万台,服务自助终端31.70万台,便民缴费终端304.61万台,是国内最大的银行卡收单专业化服务机构。

▶ 4. 银联在线

银联在线是中国银联倾力打造的互联网业务综合商务门户网站，致力于面向广大银联卡持卡人提供安全、便捷、高效的互联网支付服务。

银联在线依托具有中国自主知识产权、国内领先的银联 CUPSecure 互联网安全认证支付系统和银联 EBPP 互联网收单系统，构建了银联便民支付网上平台、银联理财平台、银联网上商城三大业务平台，为广大持卡人提供公共事业缴费、通信缴费充值、信用卡还款、跨行转账、账单号支付、机票预订、基金理财和商城购物等全方位的互联网金融支付服务。

▶ 5. 快钱

快钱支付清算信息有限公司（以下简称快钱）是国内领先的创新型互联网金融机构。基于十年在电子支付领域的积累，快钱充分整合数据信息，结合各类应用场景，为个人和企业提供丰富的支付工具、稳健的投资理财、便捷的融资信贷，以及个性化的营销优惠，使客户能够随时随地畅享便利、智慧的互联网金融服务。

2004 年成立至今，快钱已覆盖逾 4.2 亿个人用户，以及 490 余万商业合作伙伴，对接的金融机构超过 100 家。公司总部位于上海，在北京、广州、深圳等 30 多地设有分公司，在天津设有金融服务公司，并在南京设立了全国首家创新型金融服务研发中心。2014 年，快钱与万达集团达成战略控股合作，以快钱为核心构筑中国领先的互联网金融混业集团，将互联网金融业务辐射到更多产业和场景之中。

▶ 6. 拉卡拉支付

拉卡拉控股旗下包括拉卡拉支付集团和考拉金服集团，是国内领先的综合金融服务平台，首批获得了央行颁发的第三方支付牌照。秉承普惠、科技、创新、综合的理念，拉卡拉打造了底层统一、用户导向的金融服务共生系统。拉卡拉支付集团在国内第三方移动支付领域和线下银行卡收单行业长期保持交易规模前三，通过"线上＋线下""硬件＋软件"的形式提供个人支付、商户收单、征信等业务。考拉金服集团是国内首批将大数据与征信模型相结合并融入产品服务的金融平台，涵盖信贷、理财、保理、融资租赁和社区金融等业务领域。

▶ 7. 汇付天下

汇付天下于 2006 年 7 月成立，总部设于上海，并在北京、广州、深圳、成都等 30 多个城市设立分公司，投资额近 10 亿元人民币，核心团队由中国金融行业资深管理人士组成。2011 年 5 月，汇付天下首批获得央行颁发的《支付业务许可证》，首家获得证监会批准开展网上基金销售支付结算业务，是中国支付清算协会网络支付工作委员会副理事长单位。2012 年，支付结算量超 6 000 亿元人民币，居国内第三方支付行业前三位，在金融支付领域排名第一。目前，汇付天下已与 48 家基金公司、国内所有航空公司、京东商城、苏宁易购等达成战略合作。

▶ 8. 易宝支付

易宝支付成立于 2003 年 8 月，总部位于北京，在北京、上海、广东、深圳、天津、四川、山东、江苏、浙江、福建、陕西等设有 32 家分公司。自公司成立以来，易宝秉承诚信、尽责、激情、创新、分享的核心价值观，以交易服务改变生活为使命，致力成为世界一流的交易服务平台。2015 年，易宝发布了"支付＋金融＋营销＋征信"的战略，领跑电子支付、移动互联和互联网金融。

▶ 9. 通联支付

通联支付网络服务股份有限公司(以下简称通联支付)成立于2008年10月,是中国万向控股、上海国际集团、用友软件、上海国和基金等机构共同出资设立的一家综合性支付服务企业,总部位于上海,注册资本金为14.6亿元人民币,是目前国内第三方支付企业中注册资本最为雄厚的企业。

通联支付经政府部门批准的经营范围是:为企业、个人的支付、转账等业务提供技术平台、软件开发和相关专业化服务;从事计算机软件服务,计算机系统的设计、集成、安装、调试和管理;数据处理及相关技术业务处理服务;广告设计、制作、代理,利用自有媒体发布广告。经济贸易咨询服务;自有设备租赁;计算机、软件及辅助设备、电子产品销售;金融自助设备运营管理维护服务及技术咨询服务。

目前,通联支付公司的业务主要包括两大方面:行业综合支付服务和金融外包服务。客户范围除银行和传统的百货超市餐饮商户企业外,还包括基金、保险、航空、物流、医疗、休闲等行业合作伙伴和若干大型集团企业客户。

▶ 10. 百度钱包

百度钱包将百度旗下的产品及海量商户与广大用户直接"连接"起来,提供超级转账、付款、缴费、充值等支付服务,并全面打通O2O生活消费领域,同时提供"百度金融中心"业务,包括提供行业领先的个人理财、消费金融等多样化创新金融服务,让用户在移动时代轻松享受一站式的支付生活。

百度钱包致力于为消费者打造"一个能返现金的钱包",可以提供用户在线充值、在线支付、交易管理、生活服务、提现、账户提醒等支付工具功能。同时,致力于打造成为用户资产管理平台和会员权益的消费运营平台。

▶ 11. 环迅支付

迅付信息科技有限公司(以下简称环迅支付),是中国最早成立的第三方支付企业。公司在2011年获颁中国人民银行首批《支付业务许可证》。公司目前可以支持国际主流信用卡及所有国内主流银行的在线支付,为全球超过60万家商户及2 000万用户提供金融级的支付体验。

环迅支付总部位于上海,在长春、北京、南京、成都、重庆、福州、广州、杭州、天津及深圳均拥有分支机构。公司于2012年全面升级具有自主知识产权的"一平台、云覆盖"平台系统,完成由支付企业到金融服务企业的转变。

"一平台"指的是环迅支付摒弃围绕单一产品研发的模式,业内唯一使用行业领先的TOGAF(企业开放组体系结构框架)统一架构开发,具备灵活的伸缩性,易于扩展针对各行业的资金解决方案。本平台基于环迅支付10多年的支付行业经验,可与网上商城、航空机旅、酒店、外贸、教育、传统企业、供应链等行业需求高度吻合。

"云覆盖"是环迅支付应用的领先互联网云技术,为行业用户提供基于云的支付体验及支付安全防范。目前,环迅支付已新建多层网络系统实现反馈式神经网络模型,自主开发了基于场景的交易行为分析系统,利用云技术实时对关键数据进行分析,应对瞬息万变的网络钓鱼和欺诈。并通过硬件加密技术保护数据安全性,为客户服务器数据开辟专用通道,所有设备符合银监会规范的金融二级标准。在云计算的支持下,环迅支付推出了可行业共享的安全保护数据库平台。平台服务范围覆盖国内国际银行卡、信用卡的支付安全,使用在线安全支付反欺诈系统,可完成对电子支付信息安全的风险评估,充分保障企业资金安全。

12. 易付宝

南京苏宁易付宝网络科技有限公司成立于2011年1月24日，是由苏宁云商集团股份有限公司全资成立的一家独立第三方支付公司，注册资金1亿元。在2012年6月27日取得人民银行颁发的第三方支付业务许可证。易付宝自营运以来，一直致力于为中国电子商务提供安全、简单、便捷的专业电子支付解决方案和服务。

易付宝在立足网上支付的同时，不断创新优化，以"快易付，购自由"为宗旨，陆续推出平台商、实物类、虚拟娱乐类、航空旅游类等行业专业的电子支付解决方案。业务范围涵盖B2C购物、生活服务、航旅机票等众多领域。易付宝的快速发展和巨大潜力得到了支付行业内广泛认可，2012年，荣获了中国支付清算协会和中国金融认证中心颁发的"中国电子支付业最具潜力奖"。

13. 网银在线和京东钱包

网银在线（北京）科技有限公司（以下简称网银在线）为京东集团全资子公司，是国内领先的电子支付解决方案提供商，专注于为各行业提供安全、便捷的综合电子支付服务。网银在线成立于2003年，致力于通过创新型的金融服务，支持现代服务业的发展。凭借丰富的产品线、卓越的创新能力，网银在线受到各级政府部门和银行金融机构的高度重视和认可，于2011年5月3日首批荣获央行《支付业务许可证》，并任中国支付清算协会理事单位。自2015年4月28日0：00起，网银在线更名为京东支付，网银钱包更名为京东钱包，域名由 wangyin.com 变更为 jdpay.com。

京东钱包是网银在线的个人账户产品，致力于为用户提供安全、快捷、可信赖的在线支付服务。京东钱包提供卓越的网上支付和清算服务，为用户提供在线充值、在线支付、交易管理、提现等丰富的功能，在电子支付领域，京东钱包凭借丰富的产品线、卓越的创新能力迅速赢得消费者、金融机构以及政府部门的高度认可。截至目前，京东钱包已与包括四大银行、银联在内的数十家金融机构以及VISA、Master等五大国际发卡组织建立了长期的战略合作关系。

14. 翼支付

天翼电子商务有限公司是中国人民银行核准的第三方支付机构，是基于移动互联网技术的金融信息服务提供商，翼支付是其主要的产品品牌。

天翼电子商务有限公司成立于2011年3月，由中国电信全资设立，作为进军支付金融领域从事新业态的中央企业子公司和兼具金融、电信、互联网特点的创新企业。

15. Apple Pay

Apple Pay是苹果公司在2014年苹果秋季新品发布会上发布的一种基于NFC的手机支付功能，于2014年10月20日在美国正式上线。2016年2月18日凌晨5：00，Apple Pay业务在中国上线。

16. 沃支付

沃支付是联通支付有限公司的支付品牌，致力于为用户和商户提供安全快速的网上支付、手机支付服务，以及手机费、水电煤缴费、彩票、转账等生活服务应用。联通支付有限公司（原名联通沃易付网络技术有限公司）是中国联通集团全资子公司，注册资金2.5亿元，注册地址为北京市。联通支付有限公司于2011年12月31日获得了央行颁发的支付牌照，负责统筹发展中国联通支付业务。

业务范围涵盖快捷支付、网银支付、沃账户支付、移动电话支付、固定电话支付、POS收单、手机钱包、手机公交卡、企业综合支付解决方案等领域。

▶ 17. PayPal

PayPal(在中国大陆的品牌为贝宝)是美国 eBay 公司的全资子公司。1998 年 12 月由 Peter Thiel 及 Max Levchin 建立，是一个总部在美国加利福尼亚州圣荷西市的互联网服务商，允许在使用电子邮件来标识身份的用户之间转移资金，避免了传统的邮寄支票或者汇款的方法。

三、移动支付

(一) 移动支付的概念

智能手机价格的走低、运营商降低上网资费再加上移动互联网应用场景的丰富共同提升了网民使用手机上网的意愿。来自中国互联网络信息中心的数据显示，截至 2016 年 6 月底，中国网民规模已经达到 7.10 亿人，其中手机网民规模为 6.56 亿人，在整体网民中占比 92.4%。另外，根据天猫公布的数据，2016 天猫"双 11"全球狂欢节总交易额 1 207 亿元，无线交易额占比 81.87%，覆盖 235 个国家和地区。相对于 2015 天猫"双 11"交易额 912.17 亿元，又创新的纪录。移动支付正在人们生活中发挥越来越重要的作用。

移动支付也称为手机支付，就是允许用户使用其移动终端(通常是手机)对所消费的商品或服务进行账务支付的一种服务方式。单位或个人通过移动设备、互联网或者近距离传感直接或间接向银行金融机构发送支付指令产生货币支付与资金转移行为，从而实现移动支付功能。移动支付将终端设备、互联网、应用提供商以及金融机构相融合，为用户提供货币支付、缴费等金融业务。

关于移动支付的定义，国内外移动支付相关组织都给出了自己的定义，行业内比较认可的为移动支付论坛的定义：移动支付(mobile payment)，也称为手机支付，是指交易双方为了某种货物或者服务，使用移动终端设备为载体，通过移动通信网络实现的商业交易。移动支付所使用的移动终端可以是手机、PDA、移动 PC 等。

(二) 移动支付的特征

移动支付属于电子支付方式的一种，因此具有电子支付的特征，但因其与移动通信技术、无线射频技术、互联网技术相互融合，又具有自己的特征。

▶ 1. 移动性

移动终端随身携带的移动性消除了距离和地域的限制，结合先进的移动通信技术，随时随地获取所需要的服务、应用、信息和娱乐。

▶ 2. 及时性

移动支付不受时间地点的限制，信息获取更为及时，用户可随时对账户进行查询、转账或进行购物消费。

▶ 3. 订制化

基于先进的移动通信技术和简易的手机操作界面，用户可订制自己的消费方式和个性化服务，账户交易更加简单方便。

▶ 4. 集成性

以手机为载体，通过与终端读写器近距离识别进行的信息交互，运营商可以将移动通信卡、公交卡、地铁卡、银行卡等各类信息整合到以手机为平台的载体中进行集成管理，并搭建与之配套的网络体系，从而为用户提供十分方便的支付以及身份认证渠道。

（三）移动支付的技术支持

移动支付技术的实现方案主要有五种：双界面 CPU 卡、SIM Pass 技术、RFID -SIM、NFC 技术和智能 SD 卡。

▶ 1. 双界面 CPU 卡

双界面 CPU 卡（基于 13.56MHz）是一种同时支持接触式与非接触式两种通信方式的 CPU 卡，接触接口和非接触接口共用一个 CPU 进行控制，接触模式和非接触模式自动选择。卡片包括一个微处理器芯片和一个与微处理器相连的天线线圈，具有信息量大、防伪安全性高、可脱机作业、可多功能开发、数据传输稳定、存储容量大、数据传输稳定等优点。

▶ 2. SIM Pass 技术

SIM Pass（基于 13.56MHz）是一种多功能的 SIM 卡，支持 SIM 卡功能和移动支付的功能。SIM Pass 运行于手机内，为解决非接触界面工作所需的天线布置问题给予了两种解决方案：订制手机方案和低成本天线组方案。

SIM Pass 是一张双界面的多功能应用智能卡，具有非接触和接触两个界面。接触界面上可以实现 SIM 应用，完成手机卡的通信功能；非接触界面可以同时支持各种非接触应用。

▶ 3. RFID -SIM

RFID -SIM（基于 2.4GHz）是双界面智能卡技术向手机领域渗透的产品。RFID -SIM 既有 SIM 卡的功能，也可实现近距离无线通信。

▶ 4. NFC 技术

NFC（基于 13.56MHz）是一种非接触式识别和互联技术。NFC 手机内置 NFC 芯片，组成 RFID 模块的一部分，可以作为 RFID 无源标签进行支付时使用，也可以作为 RFID 读写器进行数据交换和采集。

▶ 5. 智能 SD 卡

在 SIM 卡的封装形势下，EEPROM 容量已经达到极限。通过使用智能 SD 卡来扩充 SIM 卡的容量，可以满足业务拓展的需要。

（四）移动支付的支付方式

移动支付的支付方式有短信支付、扫码支付、指纹支付、声波支付等。

▶ 1. 短信支付

手机短信支付是手机支付的最早应用，将用户手机 SIM 卡与用户本人的银行卡账号建立一种一一对应的关系，用户通过发送短信的方式在系统短信指令的引导下完成交易支付请求，操作简单，可以随时随地进行交易。手机短信支付服务强调了移动缴费和消费。

▶ 2. 扫码支付

扫码支付是一种基于账户体系搭起来的新一代无线支付方案。在该支付方案下，商家可把账号、商品价格等交易信息汇编成一个二维码，并印刷在各种报纸、杂志、广告、图书等载体上发布。

用户通过手机客户端扫描二维码，便可实现与商家支付宝账户的支付结算。最后，商家根据支付交易信息中的用户收货、联系资料就可以进行商品配送，完成交易。

▶ 3. 指纹支付

指纹支付即指纹消费，是采用目前已成熟的指纹系统进行消费认证。顾客使用指纹注册成为指纹消费折扣联盟平台会员，通过指纹识别即可完成消费支付。

▶ 4. 声波支付

声波支付是利用声波的传输，完成两个设备的近场识别。在第三方支付产品的手机客户端里内置声波支付功能，用户打开此功能后，用手机麦克风对准收款方的麦克风，手机会播放一段"啾啾啾"的声音，收款方识别此信息后即可完成支付。

（五）移动支付的支付种类

▶ 1. 按用户支付的额度分类

按用户支付的额度分类，可以分为微支付和宏支付。

根据移动支付论坛的定义，微支付是指交易额少于10美元的支付行为，通常用于购买移动内容业务，如游戏、视频下载等。

宏支付是指交易金额较大的支付行为，如在线购物或者近距离支付（微支付方式同样也包括近距离支付，如交停车费等）。

▶ 2. 按完成支付所依托的技术条件分类

按完成支付所依托的技术条件分类，可以分为近场支付和远程支付。

远程支付，指通过移动网络，利用短信、GPRS等空中接口和后台支付系统建立连接，实现各种转账、消费等支付功能，如掌中付推出的掌中电商、掌中充值、掌中视频等。

近场支付，指通过具有近距离无线通信技术的移动终端实现本地化通信进行货币资金转移的支付方式，如用手机刷卡的方式坐车、买东西等。

▶ 3. 按支付账户的性质分类

按支付账户的性质分类，可以分为银行卡支付、第三方账户支付和通信代收费账户支付。

银行卡支付就是直接采用银行的借记卡或贷记卡账户进行支付的形式。

第三方账户支付是指为用户提供与银行或金融机构支付结算系统接口的通道服务，实现资金转移和支付结算功能的一种支付服务。第三方支付机构作为双方交易的支付结算服务的中间商，需要提供支付服务通道，并通过第三方支付平台实现交易和资金转移结算的功能。

随着智能移动终端的高速发展普及，以及金融脱媒趋势的日益强化，传统金融正遭遇前所未有的冲击，以P2P、众筹模式、第三方支付为核心的互联网金融新兴产业正在逐渐形成。

通信代收费账户是移动运营商为其用户提供的一种小额支付账户，用户在互联网上购买电子书、歌曲、视频、软件、游戏等虚拟产品时，通过手机发送短信等方式进行后台认证，并将账单记录在用户的通信费账单中，月底进行合单收取。

▶ 4. 按支付的结算模式分类

按支付的结算模式分类，可以分为即时支付和担保支付。

即时支付是指支付服务提供商将交易资金从买家的账户即时划拨到卖家账户，一般应用于"一手交钱一手交货"的业务场景（如商场购物）或应用于信誉度很高的B2C以及B2B电子商务。

担保支付是指支付服务提供商先接收买家的货款，但并不马上支付给卖家，而是通知卖家货款已冻结，卖家发货；买家收到货物并确认后，支付服务提供商将货款划拨到卖家账户。支付服务商不仅负责资金的划拨，同时还要为不信任的买卖双方提供信用担保，如支付宝。担保支付业务为开展基于互联网的电子商务提供了基础，特别是对于没有信誉度的C2C交易以及信誉度不高的B2C交易。

▶ 5. 按用户账户的存放模式分类

按用户账户的存放模式分类，可分为在线支付和离线支付。

在线支付是指用户账户存放在支付提供商的支付平台，用户消费时，直接在支付平台的用户账户中扣款。

离线支付是用户账户存放在智能卡中，用户消费时，直接通过POS机在用户智能卡的账户中扣款。

（六）移动支付的国内发展

1999年，中国移动与中国工商银行、招商银行等金融部门合作，在广东等一些省市开始进行移动支付业务试点。

2002年，中国移动在广州开始小额移动支付的试点。

2004年，银联开展以手机和银行卡绑定的移动支付合作。

2006年，中国移动在厦门启动近场支付的商用试验。

2008年，近场支付试点扩大到长沙、广州、上海、重庆。

2010年，银联联合工商银行、农业银行、建设银行、交通银行等18家商业银行，以及中国联通、中国电信两家电信运营商，及部分手机制造商共同成立"移动支付产业联盟"。

2011年6月，央行下发第三方支付牌照，银联、支付宝、银联商务、财付通、快钱等获得许可证。但由于支付标准不统一等原因，国内的移动支付一直没有大规模推广。

2012年6月21日，中国移动与中国银联签署移动支付业务合作协议，标志着中国移动支付标准基本确定为13.56MHz标准，标准的统一使阻碍移动支付发展的技术分歧得以去除。

三大运营商纷纷成立了移动支付公司：中国移动于2011年7月成立中国移动电子商务有限公司，中国联通于2011年4月组建联通沃易付网络技术有限公司，中国电信于2012年3月成立天翼电子商务有限公司。2011年12月，三大运营商移动支付子公司同时获得央行颁布的支付业务许可证，运营商在开发移动支付产品和推广上的积极性得到提升。

移动终端和移动电子商务的发展是移动支付迅速发展的重要前提。智能手机普及率提高，支持移动支付发展的硬件条件逐步具备。随着3G技术的兴起和发展，带动移动电子商务的兴起，使手机成为更便捷的交易终端。随着网上商务活动规模的不断扩大，需要政策法规来规范网上市场的发展。国家也在这几年不断出台政策及相关法律来规范网上市场，如《电子签名法》等。

（七）移动支付的发展趋势

▶ 1. 替代纸币虚拟化

移动支付使人摆脱烦琐的现金交易和各种名目繁多的银行卡，只需要一部智能手机或平板电脑即可完成付款，整个交易过程无现金、无卡片、无收据。

▶ 2. 银行服务移动化

用户通过移动银行工具，就能完成存取款、转账等各种操作。

3. 理财工具贴身化

通过移动终端的个人理财软件，让普通消费者为不同的财务目标创建不同的理财计划，并根据实际消费随时进行调整。

4. 虚拟货币国际化

虚拟货币作为一种新型的货币支付方式被大众逐渐接受，其跨国性、转账的瞬间到达、费用低廉等优势充分体现。

（八）移动支付的发展瓶颈

1. 运营商和金融机构间缺乏合作

国内移动支付不同商业模式并存，运营商、金融机构、移动支付第三方虽然已经在不同程度上建立起合作关系，但总体来看，主导者、合作方以及运营模式不统一；此外，不同主导方所采用的技术方案有差别，实现移动支付功能的载体及其工作频段不统一，分别工作于 13.56 MHz 和 2 GHz 频点。上述两方面的差异，提高了国内移动支付推广的成本，为国内移动支付更快的普及带来了一定的障碍。

2. 交易的安全问题未能妥善解决

移动支付的安全问题一直是移动支付能否快速推广的一个瓶颈，包括信息的机密性、完整性、不可抵赖性、真实性、支付模式、身份验证、支付终端（手机）的安全性、移动支付各环节的法律保障不健全（如合同签订、发货、付款、违约、售后责任、退货、纳税、发票开具、支付审计等）。

2014 年，腾讯管家发布"移动支付安全升级版"，在业内首创移动支付"前、中、后"闭环保护，为移动支付的支付终端安全性提供保障。但是，相关法律保障不健全，交易安全问题仍未能妥善解决。

3. 行业标准尚未能完全完善统一

从国内移动支付业务的开展情况来看，仍然缺乏统一的被广泛认可的支付安全标准。首先应加强用于移动支付安全保障的信息安全基础和通用标准的研制，为移动支付的安全保障提供基础性技术支撑；同时，加强支撑移动支付业务应用的 RFID 标准的研制，突破 RFID 空中接口安全保障技术，加快具有自主知识产权的 RFID 空中接口协议的制定；国内移动支付产业链中各部门应加强合作，制定通用的移动支付安全保障流程、协议、安全管理等标准，保障移动支付业务系统的互联互通，促进移动支付产业的安全、快速、健康发展。只有一个相对完善的行业标准，才能给用户提供一个诚信的支付环境。

任务三　电子支付安全

一、网上银行安全

网上银行是近年来随着互联网的蓬勃发展而兴起的银行业务，它能够在任何时间、任何地点为客户提供完善、便捷的金融服务，因此被广大客户迅速接受。但是当我们通过互联网享受便捷的金融服务时，若没有妥善的安全保护，就可能将某些薄弱环节暴露在互联网上，给犯罪分子提供可乘之机。

案例阅读

警惕"网银刺客"木马

"五一"假期网购促销活动火热，与此同时，"网银刺客"木马活跃度也在与日俱增。根据360网购保镖监测，近期"网银刺客"日均攻击电脑数量超过1 000台，建议网民及时升级安全软件，保护网银资金预防木马侵袭。

此前，福建有消费者遭遇网购骗局，银行卡里19万元被洗劫一空。原来，骗子假扮为网店客服，欺骗消费者关闭安全软件后，使用木马窃取其网银资金。目前，这类专门攻击网银客户的木马以"网银刺客"最为常见。据360安全中心分析，"网银刺客"一般潜伏在商品标价极低的网店中。如果消费者按价格排序查找网店，极易误入此类"黑店"。同时，不法分子还借助刷钻等手段，使"黑店"也具备一定的信用值，大多介于1钻和3钻之间，然后将"网银刺客"木马以商品实拍图等名义发给买家。用户只要点击，实际上是要在自己的电脑中安装这种木马程序，如果消费者没有使用专业安全软件，电脑桌面会弹出"系统不支持"的虚假提示，其实木马病毒已经偷偷在后台运行。这时只要消费者使用网银支付，支付页面就会被木马篡改，网购资金实际上进入了黑客的账户。

由于"网银刺客"采用多种技术，更新变种速度极快，专家建议消费者上网购物时开启网购保镖等专业防护软件，切实保护网银财产安全。

（一）网上银行支付存在的安全问题

▶ 1. 网上银行网站存在的安全性问题

在网络银行中，企图非法窃取密码的作案者如果采用可以改变登录ID的方法，即便登录失败，网站也不会将密码视为无效。除了用软件窃取密码以外，冒充站点也是网上银行使用中一个非常重要的安全隐患。客户在不了解情况时会向虚假站点发送登录ID和密码，发送完毕后，如果显示出一个"服务马上就要停止"的画面，或者把客户访问重新引导到正规站点上，客户当时是很难察觉的。这样一来，就存在有人进行非法资金转移的可能性。

▶ 2. 交易信息在商家与银行之间传递的安全性问题

因为互联网的虚拟性，交易双方无法确保对方身份的真实性，尤其在当事人仅仅通过互联网交流时，要建立交易双方的信用机制和安全感是非常困难的。在以网上支付为核心的网上银行，电子商务最核心的部分包括国家金融权威认证在内的电子支付流程。也就是说，国内目前的网上银行还不能算真正的网上银行，只有真正建立起国家金融权威认证中心（CA）系统，才能为网上支付提供法律保障。

▶ 3. 交易信息在消费者与银行之间传递的安全性问题

目前，我国银行卡持有人安全意识普遍较弱，不注意密码保密，或将密码设为生日等易被猜测的数字，一旦卡号和密码被他人窃取或猜出，用户账号就可能在网上被盗用，从而造成损失，而银行技术手段对此却无能为力。因此，一些银行规定，客户必须持合法证件到银行柜台签约才能使用网上银行进行转账支付，以此保障客户的资金安全。另一种情况是，客户在公用的计算机上使用网上银行，可能会使数字证书等机密资料落入他人之手，从而直接使网上身份识别系统被攻破，网上账户被盗用。用户和银行之间通过互联网传递的信息是实现交易的基础条件，如何确保不被泄露，是安全进行网上业务的一个重要前提。

（二）网上银行安全性问题解决的对策

▶ 1. 做好自身电脑的日常安全维护

（1）经常给电脑系统升级。

（2）安装杀毒软件、防火墙，经常升级和杀毒。

（3）平时上网尽量不上一些小型网站，选择大型、知名度比较高的网站，避免网站挂有病毒、木马造成中毒。

（4）尽量不要在公共电脑上使用自己的有关资金的账户和密码。

（5）有条件的情况下，在初装系统并确认电脑安全之后，给自己的电脑做上备份，在使用资金账户前做一次系统恢复。

▶ 2. 设立防火墙，隔离相关网络

所谓防火墙，指位于不同网络安全域之间的软件和硬件设备的一系列部件的组合，作为不同网络安全域之间通信流的唯一通道，并根据用户的有关策略控制进出不同网络安全域的访问。现实生活中一般采用多重防火墙方案，分隔互联网与交易服务器，防止互联网用户的非法入侵。防火墙还用于交易服务器与银行内部网的分隔，有效保护银行内部网，同时防止内部网对交易服务器的入侵。

▶ 3. 高安全级的 Web 应用服务器

高安全级的 Web 服务器使用可信的专用操作系统，凭借其独特的体系结构和安全检查，保证只有合法用户的交易请求能通过特定的代理程序送至应用服务器进行后续处理。

▶ 4. 建立完善的身份认证和 CA 认证系统

在网上银行系统中，用户的身份认证依靠基于 RSA 公钥密码体制的加密机制、数字签名机制和用户登录密码的多重保证。银行对用户的数字签名和登录密码进行检验，全部通过后才能确认该用户的身份。用户的唯一身份标识就是银行签发的数字证书。用户的登录密码以密文的方式进行传输，确保了身份认证的安全可靠性。数字证书的引入，同时实现了用户对银行交易网站的身份认证，以保证访问的是真实的银行网站，另外还确保了客户提交的交易指令的不可否认性。由于数字证书的唯一性和重要性，各家银行为开展网上业务都成立了 CA 认证机构，专门负责签发和管理数字证书，并进行网上身份审核。2000 年 6 月，由中国人民银行牵头，12 家商业银行联合共建的中国金融认证中心（CFCA）正式挂牌运营，这标志着中国电子商务进入了银行安全支付的新阶段。中国金融认证中心作为一个权威、可信赖、公正的第三方信任机构，为今后实现跨行交易提供了身份认证基础。

▶ 5. 加强客户的安全意识和网络通信的安全性

银行卡持有人的安全意识是影响网上银行安全性的不可忽视的重要因素。安全性作为网络银行赖以生存和得以发展的核心及基础，从一开始就受到各家银行的极大重视，都采取了有效的技术和业务手段来确保网上银行安全。但安全性和方便性又是互相矛盾的，越安全就意味着申请手续越烦琐，使用操作越复杂，影响了方便性，使客户使用起来感到困难。因此，必须在安全性和方便性上进行权衡。

互联网是一个开放的网络，客户在网上传输的敏感信息在通信过程中存在被截获、被破译、被篡改的可能。为了防止此种情况发生，网上银行系统一般都采用加密传输交易信息的措施，使用最广泛的是 SSL 数据加密协议。

二、第三方支付安全

电子商务的发展，得益于网络技术的发展和交易平台的多样化，同时对互联网平台和技术的运用，也加快了电子商务的发展步伐。随着电子商务的发展，第三方网络支付平台不断涌现，如支付宝、微信等，有利于推动电子商务的发展。但是电子商务中第三方支付的安全问题，也是电子商务急需解决的问题，以实现电子商务的稳定发展。

案例阅读

点链接扫码支付充 Q 币被骗 6 800 元

江苏一位张女士来到辖区派出所报案，说自己在"QQ 炫舞游戏群"中买 QQ 币，一不小心给骗了。

一般官网想要充 Q 币的话，都是 1 元钱一个 Q 币。受害人张女士在玩游戏的时候跳出一个广告，说 10 元钱可以刷 2 888 个 Q 币。给他 10 元钱以后，发现 Q 币老是不到账，就问他怎么回事？他说，你还要再给 1 元钱激活这个账单，接着他就发了一个链接。

张女士在电脑上打开了对方发来的链接，出现一个显示为付款 1 元的二维码。张女士用手机扫码后，就进入了第三方支付平台的网银页面，她按要求输入银行卡的账号，并输入了手机上收到的验证码。输完验证码以后过了一会就发现卡里的 6 800 元钱被转走了。

（一）第三方支付存在的安全问题

▶ 1. 网络安全问题

网络安全问题，即第三方支付方式存在对买方私人信息的获取和盗窃，给买方带来的相关广告营销，例如第三方支付机构强制绑定的交易广告，定期发送到买方手中，对买方形成的垃圾信息骚扰。另外，第三方支付平台存在相应的漏洞也给系统的运行和交易的安全性构成极大威胁，如果病毒入侵，很容易造成买方信息失窃，相应的买方受到一定干扰。

▶ 2. 资金安全问题

资金安全问题，主要是指资金在交易过程中的安全性，容易因资金支付处理和支付指令不同步，为买卖双方带来资金流失问题，或者因诈骗等造成资金丢失问题。

▶ 3. 法律安全问题

法律安全问题，主要是指电子商务交易中，买卖双方信息的真实性无法进行具体查证，这为货物流通和相关信息的反馈造成很大困难，同时网络法律法规的不完善，也制约第三方支付机构的完善和全面发展。因此，法律法规的不完善，是导致第三方支付机构产生问题的根源。

（二）第三方支付安全问题的解决措施

▶ 1. 健全网络交易法律法规

为使电子商务中第三方支付安全问题得到合理解决，首先应健全网络交易法律法规，以确保对电子商务的全面监督，有利于加强对第三方支付的约束和管理，确保网上交易的合法性和安全性。网络交易法律法规的健全，应加强对第三方支付机构相关申报材料的审核，其中包括开办资质、资金管理、风险管控和相关纠纷的处理等，以确保用法律法规形式完善第三方支付机构的建设。

▶ 2. 加大安全管理力度

加大安全管理力度，督促第三方支付机构完善管理体制，以实现对运行系统进行定期检查和维修，确保系统的定时升级，结合相应的信息安全维修策略，采取针对性措施进行清理，确保第三方支付信息的安全性。另外，应加强对买卖双方的管理，通过电子货物的具体明细，强化买卖双方就交易行为达成一致认识，通过对相关协议的签署，明确其各自责任，从而提高卖方对电子货物质量的责任心，同时提高买方对卖方及第三方支付机构合法权益的尊重，并减少电子货物退货的现象。

▶ 3. 完善第三方支付平台建设

完善第三方支付平台建设，以确保第三方支付运行环境的安全，客观上有利于保证电子商务的稳定进行。第三方支付平台的完善首先应加强对数字证书技术和防火墙技术的研究，结合 SSL 协议、SET 协议等技术，运用技术手段提高第三方支付平台的安全系数；其次针对买卖双方通过第三方支付机构进行的交易行为，第三方支付平台应就双方签署电子交易协议，明确其各自责任，同时就电子货物交易的流通措施和运输方式，均应告知买卖双方运输过程中的注意事项，确保电子交易的稳定运行，全面维护买卖双方和第三方支付平台的利益。

第三方支付平台的发展较为迅速，得益于电子商务的发展，应加强对第三方支付相关安全问题的研究，结合第三方支付的运行和电子商务的需要，以实现第三方支付安全问题的合理解决，进而推动第三方支付在电子商务中的全面运用。

三、移动支付安全

移动支付给予了我们生活巨大的方便，将交易的平台由传统模式简化到只要动动手指，这种简捷也必然带来另一个值得思考的问题——安全问题。手机账户里的钱莫名其妙被转走，银行卡莫名其妙被"刷"，越来越多的网络犯罪导致消费者权益受到不同程度的损害。美国软件安全技术专家格雷格·戴伊表示，"手机支付业务发展潜力很大，但这种方式存在巨大的数据安全漏洞"。作为新兴产物，移动支付必然是不够成熟的，存在诸多安全问题。

（一）移动支付存在的安全问题

▶ 1. 病毒感染

大量手机支付类病毒猖獗，如伪装淘宝客户端窃取用户账号密码隐私的"伪淘宝"病毒、盗取 20 多家手机银行账号隐私的"银行窃贼"，以及感染首家建设银行 APP 的"洛克蛔虫"等系列高危风险的手机支付病毒。而移动支付类软件的典型病毒又分为电商类 APP 典型病毒、第三方支付类 APP 典型病毒、理财类 APP 典型病毒、团购类 APP 典型病毒及银行类 APP 典型病毒。据腾讯移动安全实验室统计显示，2014 年，"盗信僵尸"等转发用户手机验证码的新兴手机支付类病毒给手机用户支付安全造成严重威胁。

▶ 2. 手机漏洞

2014 年，手机支付安全的状况越加不容乐观，而 Android 系统漏洞却加剧了这一现状。对移动支付安全造成较大威胁的相关 Android 手机漏洞主要有三个：MasterKey 漏洞、Android 挂马漏洞和短信欺诈漏洞。

▶ 3. 诈骗电话及短信

诈骗短信、骚扰电话也造成了一定的手机支付风险。腾讯移动安全实验室监控到，诈骗分子除了通过诈骗骚扰电话诱导手机用户进行银行转账之外，还发送带钓鱼网址或恶意木马程序下载链接的诈骗短信，这些恶意钓鱼网址往往会诱导用户登录恶意诈骗网址等，引导用户进行购物支付，中奖钓鱼类诈骗已呈现多发趋势。其中，重点案例有三类：网银升级、U盾失效类诈骗、社保诈骗及热门节目中奖诈骗。

▶ 4. 身份识别问题

包括银行在内的全国政府、服务机构均使用肉眼和身份证来识别个人身份，为各种诈骗提供了一个巨大的漏洞，不法分子利用该漏洞大量使用他人身份办理银行卡、证件实施诈骗，并且大大增加了公安机关的破案难度。最近更有不法分子通过用假身份证办理手机号码挂失来截获他人隐私和身份信息。

▶ 5. WiFi陷阱

使用WiFi连接互联网时，容易被黑客中途截取用户信息，从而盗取用户手机内的个人信息，包括用户的网上银行等信息，盗取用户的资金。

（二）移动支付安全问题的解决措施

▶ 1. 双重身份验证

双重身份验证的好处在于，即便用户登录了手机支付应用，输入密码后，仍需输入验证码才能完成支付。也就是说，如果有人知道你的支付账户和密码，希望通过网页进行支付，没有验证码依然是无法实现的；而即便手机被盗，小偷基本上也不会知道密码，所以无从下手。

▶ 2. 使用官方应用商店的支付应用

不要从任何非官方应用商店下载安装支付应用，因为它们都可能存在盗取用户信息的恶意代码。

▶ 3. 加强设备本身安全性

如果设备支持，要设置一个额外的锁屏密码并开启指纹验证等功能，多重密码的设置可增强手机支付的安全性。另外，安全专家还建议用户查看手机的隐私设置，确保应用程序访问权限的合理性。

▶ 4. 使用信用卡而非借记卡

如果使用手机支付应用购物，在允许的情况下，尽量将信用卡绑定到支付应用中，而非借记卡。主要原因在于，一般银行的信用卡都拥有补偿条例，如用户遭到盗刷时可补偿一定金额，但借记卡往往没有。

▶ 5. 使用可信任的互联网连接

建议不要在咖啡厅、餐厅等公共区域使用公共WiFi进行支付。因为一些黑客往往喜欢潜伏于此，通过安全性较低的公共无线网络来获取用户信息。即便支付信息是加密的，也有可能被手段高超的黑客破解，从而造成支付账户、卡号、密码等信息的泄漏。

▶ 6. 设置账户更改警报

通常来说，支付服务都拥有一些账户改变警告的通知设定，如改变密码、支付行为、绑定手机终端等，这项服务有助于我们即时了解支付账户的变化。同理，信用卡也广泛支持消费短信、微信提醒服务。

▶ 7. 确定转账人信息

不仅仅是手机支付，任何线上、线下的转账都应该首先确定转账人的信息，一定要充分确认对方身份后再进行转账。

移动支付在其发展道路上还处于刚刚起步阶段，在今后的日常生活中必然会扮演更为重要的角色。只有安全问题得到了足够的保障，移动支付才会获得更广阔的发展空间，才能拥有更广大、更坚实的用户群体。

项目小结

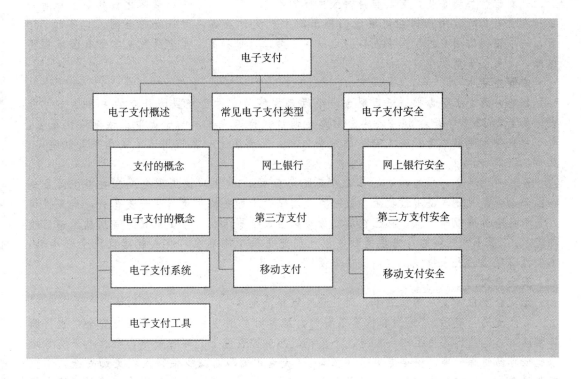

课后习题

1. 什么是电子支付？
2. 电子支付的特点有哪些？
3. 常见的电子支付工具有哪些？
4. 简述网上银行的特点？
5. 常见的第三方支付平台有哪些？
6. 移动支付存在什么安全问题？应如何防范？
7. 案例分析

全球首个无现金国家

以后去丹麦旅游，或将再也不会有兑换当地货币的困扰了，因为丹麦有望成为世界第一个不用现金的国家。你可用信用卡和街头小贩结账，可以用手机来为你想要的东西埋单，可以不带钱包就去超市"扫货"……

丹麦福利高，民众没必要用现金

据英国报道，丹麦商会建议，零售商店以及服务项目应该被给予完全拒绝现金支付的权利。丹麦商会方面表示，使用现金的成本高，商店雇员需要花时间去清点，而且也有安全上的问题。

丹麦政府近日公布了一系列计划，允许零售商拒绝现金支付，仅接受移动支付和银行卡支付。如果这一计划在国会通过，从2016年1月开始，服装店、餐馆以及加油站等商户就可以拒绝接受现金，丹麦将成全球首个无现金国家。不过，邮局、医院、牙科诊所和按摩院等基本服务场所仍将会接受丹麦克朗。

丹麦推行去现金化，有其自身得天独厚的条件。第一，人少、数字化程度高。丹斯克银行表示有200万用户都在使用他们推出的手机支付业务，而丹麦的全国人口不过560万，一个银行的用户占了国家人口的近一半。第二，福利高，生老病死基本都有国家福利保障，没有必要用现金。

方便生活

目前，丹麦正努力摆脱纸币现金，银行卡和移动支付已经成为丹麦的主导性支付方式。截至2012年，丹麦84.2%的交易都是通过银行卡完成。电子货币正逐渐取代现金，电子化支付也逐渐成为丹麦人普遍的消费方式：只需装上一张信用卡，就几乎可以乘车、旅行、逛商场。

谈到对无现金计划的看法，一名丹麦民众表示："我上次使用现金是在去年，而且是在国外，今年我还没使用过现金，我一直使用银行卡和手机付费。"在丹麦街头，很多推销人员都会随身携带刷卡机，甚至在教堂旁边都会设个刷卡机，方便做礼拜者捐款。一名牧师表示："很多做礼拜的人想要捐款，但他们兜里很少带现金，有人就建议设个刷卡机，方便没有现金的人来捐钱。这确实很方便！"

安全支付

无现金支付不仅可增加效率，而且还可以降低犯罪率，断掉了劫匪财路。

有丹麦商户表示，"给顾客找零很费时。结算时少用现金将有利于店内安全，也将断掉劫匪财路，我们不用担心会被抢，不用花钱在监控系统上。即使被抢，根据电子交易记录也很容易追踪劫匪。"安全专家卡尔松说："流通中的现金减少使得人们更加安全，不仅对与现金打交道的职员如此，对于大众来说也是如此。如果不再使用现金，连同犯罪率都会下降。"

思考：试论无现金生活的好处与坏处。

项目七 电子商务物流

> **知识目标**
> 1. 掌握物流、物流管理、电子商务物流的相关概念。
> 2. 了解物流与电子商务之间的关系。
> 3. 了解我国电子商务物流的发展。
> 4. 掌握供应链管理的相关概念。

> **能力目标**
> 1. 能为网店选择合适的物流供应商。
> 2. 能够区分电子商务与物流之间的关系。

案例导入

曾让刘强东"一夜白头"的京东物流，现在苦尽甘来

位于北京亦庄的京东集团总部，以 24 小时亮灯的方式，庆祝了京东物流迈出的关键一步。2017 年 4 月 25 日上午，京东宣布组建京东物流子集团，京东物流自此将正式独立运营。原京东集团高级副总裁、京东商城运营体系负责人王振辉出任物流子集团 CEO，并直接向刘强东汇报。自 2016 年推出"京东物流"品牌，并宣布京东物流将全面向社会开放时起，猜测京东物流拟拆分独立的声音便不绝于耳。

王振辉在接受采访时强调，京东此次组建物流子集团并不是拆分，京东物流还是京东集团全资控股的子集团公司。

苦尽甘来

刘强东在其个人社交平台上也抒发了感想，称十年前京东自建物流时就想到了今天，现在能为社会提供物流服务，就没有辜负京东十年的艰辛和坚持。且不论刘强东当年有没有这般远见，但他说的十年艰辛，想必是发自肺腑。2007 年年初，京东拿到第一轮 1 000 万美元的融资后，刘强东便在一片质疑声中，开始自建物流。要知道，那可是电商平台和第三方物流繁荣共生的时期，刘强东的物流自然显得格格不入。更何况，做物流本身就是

一个无底洞，仓储、分拣中心、干线运输、配送站、配送员等环节缺一不可。所以仅仅一年，京东的第一轮融资就花完了，而且还不幸地赶上金融危机。刘强东分享过那段辛酸往事，"一夜白头"更是令人印象深刻。

据刘强东后来回忆，京东最多时一年能亏到十几个亿。不过，像2008年那样的危机，后来再也没有出现过。

现如今，"京东配送"已成为京东的招牌，同时也成为其与阿里在电商领域分庭抗礼的核心竞争力。截至目前，京东已拥有中小件、大件、冷链、B2B、跨境和众包（达达）六大物流网络。并在全国范围内拥有256个大型仓库，6 906个配送站和自提点，以及7个大型智能化物流中心"亚洲一号"。

刘强东经常说的一个词是"正道成功"。他说，过去一路被无数人耻笑，但现在已经证明了当初的战略正确。

组建物流集团

说到京东，大家往往会下意识想到阿里。而京东物流的此次调整，仿佛可以看到当年阿里支付宝的身影。对于组建物流集团，京东给出的官方解释是，让京东物流拥有更加独立的经营权和决策权，从而更好的向全社会输出京东物流的专业能力。同样是作为支持业务而出现，支付宝在阿里也先是业务独立，然后从阿里剥离出来，最后成为现在的蚂蚁金服，继而全面向社会开放。

以往，对于物流业务是否会拆分独立，京东往往都是予以否认。而物流集团新任CEO王振辉在接受采访时，口风却发生了改变。京东物流对于未来资本市场的进一步运作持开放态度，京东物流子集团不排除未来独立融资和上市。只是目前没有任何具体计划。

外界普遍认为，京东物流的拆分和上市，只是时间上的问题而已。

根据2016年财报，京东全年净收入为2 602亿元人民币，在非美国通用会计准则下，净利润达到10亿元人民币。而2015财年，京东却亏损9亿元。历经多年亏损，京东终于在2017年实现了盈利。而接下来，刘强东要考虑的是如何持续盈利。京东选择这个时候组建物流集团，对增加营收的意图很明显。2016年至今，包括顺丰在内的多家物流集团登陆A股并且表现抢眼，也让京东看到了资本市场对于物流业务的认可。

王振辉提出，物流集团在五年内要实现年收入过千亿。不过，京东现在的物流能力基本都用于服务自己的电商业务，接下来要对外开放，就必须扩充物流网络设施。按照京东的计划，未来五年，京东物流将扩大物流中心面积超过5 000万平方米、扩展15倍于目前的冷库面积，并建设跨区航空物流网络、运营超过20个自营海外仓。不过扩张的部分不仅仅来自京东自建，也会考虑跟其他企业合作。

过去的十二年，京东依靠"自营＋自建"的模式，在电商领域站稳了脚跟。而接下来，京东将朝着平台的方向发展，把更多的能力开放给社会。比如京东物流集团，它服务的客户将不仅包含电商平台的商家，也会包含众多的非电商企业客户，以及社会化的物流企业。京东商城未来也只是京东物流的一个客户，王振辉表示，京东物流对待所有客户都会一视同仁。

这样看来，未来或许可以看到淘宝商家使用京东物流的场景。而京东集团，能否实现物流业务年收入超千亿的目标，很大程度上也将取决于其能否吸引到京东电商平台的竞争对手使用自己的服务。

思考：京东集团组建京东物流子集团的原因何在？

任务一 认识物流

一、物流的概念

狭义上的物流指商业流程中的仓储及运输。近年来，随着区域经济的快速发展，原来分散、低效率和高成本的物流活动转化成物流资源互补整合、相互联系、分工协作的产业链条，形成以供应链管理为核心的社会化物流系统。现代物流活动逐渐从生产、交易和消费过程中分化出来，成为专业化的新型经济活动。美国物流协会对物流有更宽泛的解释：配合顾客之要求，以计划、执行、管制等管理流程，配对货品、服务及相关信息等，由生产地点与消费地点间，有效率、效益的流通及储存。

同传统物流业比较，现代物流的主要变化有：传统物流业多为各环节分散及单一经营，现代物流业将之系统化、集成化，提供全套一条龙服务；广泛应用信息科技，利用先进的计算机网络设施处理订单管理、订货处理、仓储管理、货运、送货及客户服务；利用专业知识、技能和人才，对传统物流的功能进行整合、扩展及提升。

现代物流指的是将信息、运输、仓储、库存、装卸、搬运，以及包装等物流活动综合起来的一种新型的集成式管理，其任务是尽可能降低物流的总成本，为顾客提供最好的服务。

二、现代物流的特征

（一）物流反应快速化

物流服务提供者对上游、下游的物流、配送需求的反应速度越来越快，前置时间越来越短，配送间隔越来越短，物流配送速度越来越快，商品周转次数越来越多。

（二）物流功能集成化

现代物流着重于将物流与供应链的其他环节进行集成，包括物流渠道与商流渠道的集成、物流渠道之间的集成、物流功能的集成、物流环节与制造环节的集成等。

（三）物流服务系列化

现代物流强调物流服务功能的恰当定位与完善化、系列化。除了传统的储存、运输、包装、流通加工等服务外，现代物流服务在外延上向上扩展至市场调查与预测、采购及订单处理，向下延伸至配送、物流咨询、物流方案的选择与规划、库存控制策略建议、货款回收与结算、教育培训等增值服务；在内涵上则提高了以上服务对决策的支持作用。

（四）物流作业规范化

现代物流强调功能、作业流程、作业、动作的标准化与程式化，使复杂的作业变成简单的易于推广与考核的动作。

（五）物流目标系统化

现代物流从系统的角度统筹规划一个公司整体的各种物流活动，处理好物流活动与商流活动及公司目标之间、物流活动与物流活动之间的关系，不求单个活动的最优化，但求整体活动的最优化。

（六）物流手段现代化

现代物流使用先进的技术、设备与管理为销售提供服务，生产、流通、销售规模越大、范围越广，物流技术、设备及管理越现代化。计算机技术、通信技术、机电一体化技术、语音识别技术等得到普遍应用。世界上最先进的物流系统运用了 GPS（全球卫星定位系统）、卫星通信、射频识别装置（RF）、机器人，实现了自动化、机械化、无纸化和智能化。

（七）物流组织网络化

为了保证对产品促销提供快速、全方位的物流支持，现代物流需要有完善、健全的物流网络体系，网络上点与点之间的物流活动保持系统性、一致性，这样可以保证整个物流网络有最优的库存总水平及库存分布，运输与配送快速、机动，既能铺开又能收拢。分散的物流单体只有形成网络才能满足现代生产与流通的需要。

（八）物流经营市场化

现代物流的具体经营采用市场机制，无论是企业自己组织物流，还是委托社会化物流企业承担物流任务，都以"服务＋成本"的最佳配合为总目标，谁能提供最佳的"服务＋成本"组合，就找谁服务。国际上既有大量自办物流相当出色的"大而全""小而全"的例子，也有大量利用第三方物流企业提供物流服务的例子，比较而言，物流的社会化、专业化已经占到主流，即使是非社会化、非专业化的物流组织也都实行严格的经济核算。

（九）物流信息电子化

由于计算机信息技术的应用，现代物流过程的可见性明显增加，物流过程中库存积压、延期交货、送货不及时、库存与运输不可控等风险大大降低，从而可以加强供应商、物流商、批发商、零售商在组织物流过程中的协调和配合以及对物流过程的控制。

三、现代物流与传统物流的区别

传统物流一般指产品出厂后的包装、运输、装卸、仓储，而现代物流提出了物流系统化或者总体物流、综合物流管理的概念，并付诸实施。具体地说，就是使物流向两头延伸并加入新的内涵，使社会物流与企业物流有机结合在一起，从采购物流开始，经过生产物流，再进入销售物流，与此同时，要经过包装、运输、仓储、装卸、加工配送到达用户（消费者）手中，最后还有回收物流。

可以这样讲，现代物流包含了产品从"生"到"死"的整个物理性的流通全过程。

传统物流与现代物流的区别主要表现在以下几个方面：

（1）传统物流只提供简单的位移，现代物流则提供增值服务。
（2）传统物流是被动服务，现代物流是主动服务。
（3）传统物流实行人工控制，现代物流实施信息管理。
（4）传统物流无统一服务标准，现代物流实施标准化服务。
（5）传统物流侧重点到点或线到线服务，现代物流构建全球服务网络。
（6）传统物流是单一环节的管理，现代物流是整体系统优化。

四、物流与电子商务的关系

电子商务活动中，要使虚拟的网络电子货币能买到现实的物品，当然离不开物流，而电子商务的出现也大大地加快了物流产业的发展步伐。电子商务的出现引发了交易方式的创新，特别是流通模式的变革。在电子商务的发展过程中，物流起到一个很关键的作用。没有一个有效的、合理的、畅通的物流体系，电子商务所具有的优势就难以发挥，电子商务也难以得到有效的开展。同时，电子商务在促进我国物流业由传统模式向现代模式的转变中，也发挥着不可替代的作用。随着网络技术与应用的不断发展，电子商务与物流的关系越来越紧密,一方面,网络的不断发展给物流的发展提供了一个非常广阔的发展前景和技术支持,可以说没有网络就没有现代的物流;另一方面,网络又给现代物流提供了新的发展方向和新的客户需求,现代物流已经成为网络不可分割的一部分并支撑着现代网络的商业应用。

(一) 电子商务对物流的影响

电子商务对物流产业的发展有着很大的影响。通过互联网,物流公司能够被更大范围内的货主客户主动找到,能够在全国乃至世界范围内拓展业务;贸易公司和工厂能够更加快捷的找到性价比最适合的物流公司;网上物流致力把世界范围内最大数量的有物流需求的货主企业和提供物流服务的物流公司都吸引到一起,提供中立、诚信、自由的网上物流交易市场,帮助物流供需双方高效达成交易。目前,已经有越来越多的客户通过网上物流交易市场找到了客户,找到了合作伙伴,找到了海外代理。另外,电子商务将是一场商务大革命,它打破了区域和国界,开辟了巨大的网上商业市场,作为保证电子商务运作的物流将有大发展。发展物流是我国企业参与国际竞争的需要,是缩短与发达国家物流业差距的一次机遇,具有良好的前景。尽管我国电子商务起步较晚,但发展势态很好,国家和企业都十分重视,电子商务的大发展必然带动我国物流的大发展。另外,电子商务贸易无国界,互联网可以在瞬间使处于全球任何范围内的双方达成交易,但买卖速度还得依赖于物流的发展。未来几年,电子商务交易额将以数十倍的速度增加,物流量也将以这个速度递增。

▶ **1. 电子商务要求物流实现信息化和自动化**

电子商务的发展要求物流实现信息化,因为电子商务的一个优点是能保证企业与各级客户间的即时互动,企业能与客户一起就产品的设计、质量、包装、售后服务等进行交流。这就要求物流系统中每一个功能环节的即时信息支持,在信息化的基础上,物流才能实现自动化,从而大大提高物流的效率。

▶ **2. 电子商务要求物流实现智能化,以提高物流的现代化水平**

电子商务使企业可寻求物流的合理化,使商品实体在实际的运动过程中效率最高、距离最短、时间最少。电子商务对物流的最大影响就是,如何提高运输速度以缩短客户在网络中产生的产品虚拟可得性与实际产品可得性之间的差距,物流的智能化已成为电子商务下物流发展的一个新趋势。

▶ **3. 电子商务改变物流企业的竞争状态**

在传统经济活动中,物流企业之间的竞争往往是依靠本企业提供优质服务降低物流费用等方面来进行的。在电子商务时代,这些竞争内容虽然依然存在,但有效性却大大降低了,原因在于电子商务需要一个全球性的物流系统来保证商品实体的合理流动,而单个企业难以达到这一要求,这就要求物流企业在竞争中形成一种协同竞争的状态,在相互协同实现物流高效化、系统化的前提下相互竞争。

▶ **4. 电子商务将促进物流基础设施的改善、物流技术与物流管理水平的提高**

电子商务高效率和全球性的特点要求物流改善基础设施,同时也要求提高物流技术水平,来提高物流的效率。此外,物流管理水平的高低直接决定和影响着物流效率的高低,也影响着电子商务高效率优势的实现问题。只有提高物流的管理水平,建立起科学合理的管理制度,将科学的管理手段和方法应用于物流管理当中,才能确保物流的畅通进行,实现物流的合理化和高效化,促进电子商务中物流的发展。

(二) 物流对电子商务的影响

电子商务推动物流产业发展的同时,物流在电子商务中也起到了很重要的作用。如果电子商务能够成为21世纪的商务工具，它将像杠杆一样撬起传统产业和新兴产业，在这一过程中，现代的物流产业将成为这个杠杆的支点。

据了解，早在80多年前，物流对国民经济的重要性已经体现出来，人们花了差不多一个世纪的时间在探索挖掘物流这个利润源泉的办法，目前已经积累不少经验。但由于电子商务的发展还处于成长期，人们对电子商务中的物流的认识才刚刚开始，但可以明确的是，物流对电子商务的作用是很重要的。

▶ 1. 物流是实现电子商务的根本保证

电子商务由电子商务实体、电子市场、交易事务和信息流、商流、资金流、物流等基本要素构成，物流作为四流中最为特殊的一种，是指物质实体也就是商品的流动过程，具体指运输、储存、配送、装卸、保管和物流信息管理等各种活动。物流虽然只是电子商务若干环节中的一部分，但往往是商品和服务价值的最终体现，如果没有处理好，前面环节就没有意义了。在电子商务下，信息流、商流、资金流均可通过计算机和网络通信设备实现，但对于物流，只有诸如电子出版物、信息咨询等少数商品和服务可以直接通过网络传输进行，多数商品和服务仍要经由物流的方式传输。

▶ 2. 物流能够扩大电子商务的市场范围

我国加入WTO后，电子商务的应用将更加重视跨区域物流，只有建立完善的物流系统，才能解决电子商务中跨国物流、跨区物流可能出现的问题，才能扩大电子商务的市场范围。

▶ 3. 物流能够提高电子商务的效率与效益，从而促进电子商务的快速发展

通过快捷、高效的信息处理手段，电子商务能较容易地解决信息流、商流和资金流的问题。但只有将商品及时送到用户手中，即完成商品的空间转移，才标志着电子商务过程的结束。因此，物流系统的效率高低是电子商务成功与否的关键，只有高效率的物流系统，才有高效率的电子商务，才能促进电子商务的快速发展。

电子商务和物流之间相互影响、相互促进的同时，也存在一定的局限。电子商务环境下物流业发展面临新的机遇与挑战，呈现出新的发展趋势。但我国现代物流发展时间不长，存在多方面的问题，难以适应电子商务环境下的市场需求。

物流问题是制约电子商务发展的重要环节，也是能否真正体现电子商务优势的关键因素。电子商务时代下的物流在我国具有巨大的发展空间，发展态势很好。只要我们认真学习和研究，并结合我国国情大胆实践，制定可行措施和有力对策，大胆探索，就能加快我国物流的发展，缩小与发达国家物流业之间的差距。发展物流是我国企业参与国际竞争的需要，是缩短与发达国家物流业差距的一次机遇，也是摆在企业面前的挑战。处于起步中的我国物流业需要积极借鉴吸收国外先进的物流理论与成败得失经验，丰富完善我国的物流理论体系，科学地指导企业的物流实践，努力实现我国现代物流产业的跨越式发展。

任务二　物流信息技术

一、物流信息的功能

不同范围、不同分类的物流活动和物流系统决策都呈现信息化，高度依赖于物流信息

的采集、处理和发送。物流信息的功能包括以下几方面。

(一) 物流信息的沟通功能

现代的物流系统是由多部门、多行业及多企业共同结合而成的大的经济系统，系统内部依靠物流信息建立起多维的联系，可以同时完成沟通生产商、销售商、物流服务商以及消费者等多项任务。因此，物流信息在物流活动各项环节中起沟通联系的功能。

(二) 物流信息的管理控制功能

一流的物流企业都采用信息技术，如电子数据交换技术(EDI)、互联网、全球定位系统(GPS)等来实现物流活动的电子化、自动化和智能化。以上技术可以通过随时跟踪货物和运输车辆以及自动补货等来实现对整个物流运作过程的管理控制。

(三) 物流信息的辅助决策功能

物流信息是决定决策方案的关键因素，物流管理决策过程就是对物流信息进行加工处理的过程，是对物流活动的规律性认识。在物流信息的支撑和帮助下，物流管理者区别和鉴定物流战略方案，以便对车辆调度、库存管理以及流程等重要的物流活动做出科学的决策和判断。

(四) 物流信息的战略计划功能

在物流信息的支持下，开发和确定物流战略。这类决策往往是决策分析层次的延伸，但是通常比较抽象、松散并注重于长期。

二、物流的关键信息技术

(一) 条形码

条形码是一组宽度不等的多个黑条和空白组成的直线条纹，构成这种条纹的是反光率弱的多个黑色的"条"和反光率强的若干个白色的"空"。因为条形码中的"条"与"空"的宽度以及它们对光的反射率有差别，所以扫描光线时能产生不一样的反射效果，并通过转换光电的设备来转换异同的电脉冲，就形成了可以传输的电子信息。

条形码技术于20世纪40年代在美国产生，到了80年代开始在全球上被广泛使用。随着国外条形码技术的使用，我国在80年代初开始研究这一技术，并且相关管理系统在部分领域中被逐步采用，包括银行、邮电、连锁店等各个大企事业单位。1988年12月，中国建立了"中国物品编码中心"，并于1991年4月19日正式成为国际编码组织(EAN)协会的一员。目前，我国主要使用"690""691"和"692"等前缀码。

信息的采集和流通对物流管理而言是非常重要的。因为以往物流有关信息的搜集和交换是通过手工来实现的，所以导致效率不高，并且容易出现错误。能实现自动化识别的条形码技术能够迅速、正确，而且可靠地采集物流信息，以至于以上现象发生的可能性大大减少，由此实现了入库、仓储、销售和自动化管理这一物流过程。企业运用条形码技术，并借助于先进的扫描技术、POS(point of sale)系统和EDI技术，能够对产品进行跟踪，获得实时数据，做出快速有效的反应，同时还减少了不确定性并除去了缓冲库存，提高了服务水平。

(二) 射频识别技术

射频识别技术(RFID)是利用无线电波对记录媒体进行读写的一种识别技术。RFID发出的无线电波或微波被人们称为"永不消失的电波"，它可以穿透某些障碍物，不限于视线的范围，被广泛应用于自动识别。无线射频技术最突出的优点是：可以非接触识读，可以识别高速运动物体，对恶劣环境有较强的适应能力，一般覆盖在标签上的污渍不会影响标签信息的认读，保密性强并且可以同时识别多个识别对象等。对于需要频繁改变数据内容的对象来说，具备可读写能力的无线射频标签技术是尤为适用的，它可以进行数据采集和系统指令的传达，广泛用于供应链上的仓库管理、运输管理、生产管理、物流跟踪、运载工具和货架识别，特别适合用于商店特别是超市中的产品防盗等场合。

（三）地理信息系统

地理信息系统（geographic information system，GIS）是一种收集、处理、传播、存储、管理、查询、分析、表达和应用地理信息的计算机系统。GIS 系统要由计算机硬件、软件、地理数据和用户等几个部分共同组成的。地理信息系统技术在农业、国土资源、林业、军事、地矿、交通、水利、通信、社区管理、教育等几乎所有的行业内广泛应用。GIS 技术在物流中主要在物流分析方面发挥作用，物流过程中通过 GIS 所具备的强大的地理数据收集功能来实现物流分析。车辆路线和最短路线模型、网络物流模型、分配集合模型和设施定位模型等集成了完整的 GIS 物流分析软件系统。

（1）车辆路线模型在"一个起始点、多个终点"的货物运输中发挥作用，它主要解决如何降低物流作业费用的同时保证运输服务质量。

（2）最短路线模型用于确定行程最短路线，达到最佳路径的选择。

（3）网络物流模型主要在选择最优质的货物分配路线时发挥作用。

（4）分配集合模型是把同一层面上的各个要素根据它们的相同之处分成若干个组，主要明确服务项目以及销售市场领域等。

（5）设施定位模型主要用于确定一个或者多个物流设施的位置。在物流系统中，物流中心、仓库和运输线共同组成了物流网络，物流中心和仓库处于网络的节点上，节点决定着线路。

（四）全球定位系统

全球定位系统（GPS）是由美国在 20 世纪 70 年代中期研制成的新一代空间卫星导航定位系统。

GPS 系统由三个部分组成：①地面控制部分，包括主控站（负责管理、协调整个地面控制系统的工作）、地面天线（在主控站的控制下，向卫星注入寻电文）、监测站（数据自动收集中心）和通信辅助系统（数据传输）；②空间部分，包括 24 颗卫星，分布在 6 个道平面上；③用户装置部分，包括 GPS 接收机和卫星天线组成。

GPS 系统集高的精确度、优越的性能以及广泛的应用性等特点于一身。随着全球定位系统的发展和软硬件的趋于改善，至今为止全球定位系统已经涉及国民经济各领域，这样一来逐渐走进我们的日常生活当中去。

GPS 在货车自动定位和跟踪调度以及铁路运输等物流运作过程中广泛使用。物流管理部门借助 GPS 的计算机信息管理系统进行汽车自动定位和跟踪调度，通过 GPS 和计算机网络及时、全面地采集汽车运输货物的动态信息，由此完成汽车、货物跟踪管理和货车调度。

（五）电子数据交换技术

电子数据交换技术（electronic data interchange，EDI）是一种崭新的电子化商业贸易形式。一般来说，EDI 就是标准化的商业文件在计算机之间传送和处理。EDI 将企业与企业之间的商业往来文件，无须人工介入，无须纸张文件，以标准化、规范化的文件格式，采用电子化的方式，通过网络在计算机应用系统之间直接进行信息业务的交换与处理。相对于传统的订货和付款方式，传统贸易所使用的各种单证、票据全部被计算机网络的数据交换所取代。EDI 系统的大范围使用可以减少数据处理费用和数据重复录入费用，并大大缩短交易时间，降低库存和成本，提高效率。

所谓物流 EDI，是指货主、承运业主以及其他相关的单位之间，通过 EDI 系统进行物流数据交换，并以此为基础实施物流作业活动的方法。物流 EDI 参与单位有货主（如生产厂家、贸易商、批发商、零售商等）、承运业主（如独立的物流承运企业等）、实际运送货物的交通运输企业（铁路企业、水运企业、航空企业、公路运输企业等）、协助单位（政府有关部门、金融企业等）和其他的物流相关单位（如仓库业者、专业报送业者等）。

三、物流信息技术对现代物流的作用

（一）运用物流信息技术可以增强物流活动的及时性和优越性

物流企业把多环节和大信息量作为物流业务运作过程的重要特征。物流信息的及时性与动态性比较突出。物流企业为了创建自己的核心竞争力，顺利完成业务项目，就得实时追赶整个货运过程。如果没有物流各个环节及时所提供的物流信息，那么物流企业难以实时掌握物流运作所处的状况，可能导致物流速度缓慢、物流成本过剩等问题。而信息技术覆盖物流的全过程，则能及时观察物流运行情况，及时掌握各仓库准确的信息；合理调整和分配车辆、库房、搬运工具和人员等资源；为用户提供快速、简便的流通加工业务和配送业务。

（二）运用物流信息技术有利于提升物流活动的有效性

在信息不充足时，物流活动就不能被充分的信息来支撑，导致物流业务过程中出现不经济的情况。如无效的货物流动带来资源浪费，或者没有经过选择最短路线运输货物导致时间的浪费。

当有足够的物流信息时，物流活动就可以更便利地进行理性地计划与控制，可以以最合理的方式促使货物周转，由此带动全物流过程既经济又有条理。有条理的物流过程会把曾经存在的盲目调整状况大大降低，使物流资源得到有效的使用，也会大幅度降低货物的周转次数，缩短位移的平均距离，改善不平衡和浪费情况，从而大幅度提升物流业务活动的有效性。

（三）运用物流信息可以提高物流服务能力

随着信息技术尤其是互联网技术的迅速普及以及商品生产、流通和消费的所有环节合理地结合成为不可分割的统一体，消除了以往的地域及时区界限，拓展了物流的服务业务领域，与此同时，顾客也能够享受到更为优异的物流服务。因为物流信息得到实时和完整的加工、处理，所以供需各方都可以全面和有效地交换和分享物流信息，使物流服务业务更周到，从而提高顾客的满意程度。

（四）应用信息技术使物流运作过程透明化

物流常常被称作"物流冰山"和"经济领域中的黑暗陆地"，信息技术参与到物流过程中可以把物流运作中的货物状况和变化情况透明化，便于把握物流成本的真实情况，由此提高了物流信息的精确度。

（五）运用信息技术有助于充分利用已有资源

至今为止，我国物流能力供给与需求的状况出现两种情况：一种情况体现在供不应求，经常出现物流"瓶颈"的现象，好像物流能力的提供不能满足需求；另一种情况体现为物流能力大大过剩，据资料显示，我国物流中心的平均空置率达到60%左右，关键在于低利用率的物流能力以及不畅通的供给与需求的物流能力信息。突飞猛进的信息技术和越来越充分化的物流信息将逐步提升货运能力的利用度，改善供需之间的物流能力失调的状况。这将使物流能力利用率得到很大的提高，并会在不增加物流设施的基础上提高物流能力。

任务三　网店物流

无论哪种电商物流模式，其基本流程都由仓储系统、主干网运输和最后一公里配送三个阶段组成。

第一阶段，仓储系统。主要工作是根据客户在订购货物时选择的配送要求和商家或生产商的仓库分布情况，选择合适的（如最近的）仓库进行货物的提取、包装和编码，并发送至所在地的分拨中心。

第二阶段，主干网运输。不是所有的货物都需要经过这一阶段，目的地与电商货物在同一城市的货物就不需要，可以直接进入第三阶段进行最后一公里配送。对于目的地不在所在城市的货物，则在该阶段离开源分拨中心进入主干运输网，按照设计的路线进行运输、分拨、再运输（或转运），直到到达目的地分拨中心。

第三阶段，最后一公里配送，即将货物交付给最终用户。前两个阶段的工作都不涉及最终客户，在电子商务企业和物流服务公司正常运转的情况下，安全性、及时性等都容易得到保障。但在最后一公里配送阶段，高度分散且千差万别的客户状况使配送工作极其繁杂，再加上交通状况的不理想，难免会有众多矛盾和问题的产生。概括起来主要有两类，一是由于客户不能正常接收货物而导致的投递失败；二是配送人员不能及时将货物送达用户手中，前者是造成配送成本偏高的主要原因之一，后者常引起用户的不满，这些问题成为目前影响电子商务发展的主要障碍。

网店想要将商品送到消费者手上，就必须借助物流，因此物流是网店和顾客之间一个不可缺少的环节。一个好的物流能够将商品快速、顺利地送到顾客手中，从而增加顾客对网店的好感。所以，对于网店来说，一定要选择一个好的物流。

一、物流公司选择要点

（一）选对物流，好的收件员很重要

一家好的快递公司是可以提高好评率的，也是能够留住回头客的关键因素。在对于物流公司的选择上，首先要根据店铺内商品的情况，选择价格比较适中并且性价比较高的物流公司，在价格上做比较的同时也要看发货速度。客户拍下宝贝的时候早一点收到，如果在路上耽误了太长的时间，消磨客户的耐心不说，还会让客户心生厌烦之感。在选择物流公司的同时，还要选择一个好的收件员，及时收货，提高发货速度。

（二）快递追踪做到位，网点分布要了解

货物发出之后，快递的追踪很重要。如果物流信息不明确或者根本没有，不光给自己带来了麻烦，还让客户觉得不可靠。另外，还要对提前了解配送网点的分布，在交易之前跟客户沟通一下，能不能配送到要及时向客户解释。客户产生好感的同时，也建立起了信任感，这也是留住回头客的小窍门。

二、如何选择快递公司

▶ 1. 以价格为主要考虑因素

对于新开网店，可选择一些小型的快递公司，运费相对便宜。

▶ 2. 以赔率为主要考虑因素

如果在网上卖贵重物品、数码产品、珠宝饰品等应尽量选择赔偿金额或倍数高而且保价率低的快递公司。这样一旦发生快递物品损坏，丢失等情况，可以获得相对高的赔偿。

▶ 3. 以速度为主要考虑因素

快递速度快慢不仅对商品质量有影响（如食品），而且也直接影响到网店的资金回收效率及买家的评价，因为有好多交易因为快递原因而遭到了买家的中差评，这里的速度包括快递公司业务员上门取件的速度，物品送达客户手中的速度等多方面。

▶ 4. 以覆盖网点为主要考虑因素

网上做生意，买家是遍布全国各地的，如果你选择的快递公司网点比较少，有些偏远的地方可能送达不到，或者运费更高，所以卖家特别是当店铺做到一定名气后，客户遍布每一个角落，快递覆盖的网点就是商品覆盖网点。

▶ 5. 以物品大小及贵重程度为主要考虑因素

例如，运输大件货物一般选择中铁快运，贵重物品一定要选择保价。

任务四 电子商务供应链管理

一、供应链管理概述

供应链管理是在供应链基础上发展起来的一种系统化、集成化、敏捷化的先进管理模式，是对供应链中的物流、信息流、资金流、增值流、业务流以及贸易伙伴关系等进行计划、组织、协调和控制一体化的管理过程。目前，供应链管理已成为国内外商业领域最核心的问题之一。

所谓供应链，其实就是由供应商、制造商、仓库、配送中心和渠道商等构成的物流网络。同一企业可能构成这个网络的不同组成节点，但更多的情况下是由不同的企业构成这个网络中的不同节点。例如，在某个供应链中，同一企业可能既在制造商、仓库节点，又在配送中心节点等占有位置。在分工越细、专业要求越高的供应链中，不同节点基本上由不同的企业组成。在供应链各成员单位间流动的原材料、在制品库存和产成品等就构成了供应链上的货物流。而传统的供应链信息逐级传递而不能及时共享，不同环节因信息的不对称与不及时造成大量库存，因无法对不断变化的消费需求提供及时可靠的反应错失发展机遇，由于缺乏有效的信息共享机制没有和潜在的消费需求及时沟通，因此形成了电子商务下的供应链管理（supply chain management，SCM）。供应链管理是一种集成的管理思想和方法，执行供应链中从供应商到最终用户的物流的计划和控制等职能。从单一的企业角度来看，是指企业通过改善上、下游供应链关系，整合和优化供应链中的信息流、物流、资金流，以获得企业的竞争优势。供应链管理是企业的有效性管理，表现了企业在战略和战术上对企业整个作业流程的优化。整合并优化了供应商、制造商、零售商的业务效率，使商品以正确的数量、正确的品质，在正确的地点，以正确的时间、最佳的成本进行生产和销售。

电子商务面向企业整个供应链管理，使企业降低交易成本、缩短订货周期、改善信息管理和提高决策水平。整合了上下游企业，构成一个电子商务供应链网络，消除了整个供应链网络上不必要的运作和消耗，促进了供应链向动态、虚拟、全球网络化的方向发展。

电子商务下的供应链管理是在传统的供应链管理基础上进行改革与深化，与传统的供应链管理有一定的区别。

二、电子商务下的供应链与传统供应链的区别

电子商务对现代供应链管理的影响是非常深远的，它不仅改变了商品交易的形式，同时也改变了物流、信息流和资金流。如今，所有通过在线购物的顾客都希望在交易订单下达之后，商品能直接配送到家，且能时刻跟踪订单。同时客户也希望物流承运方能够根据他们的需求改变运输路线、确定交付过程费用、变更交付时间，甚至要求能够根据多个交付地址拆散订单。具体来讲，电子供应链与传统的供应链主要区别反映在以下几方面。

（一）商品物流和承运的类型不同

在传统的供应链形式下，物流是对不同地理位置的顾客进行基于传统形式的大批量运作或批量式的空间移动，将货物用卡车运抵码头或车站，然后依靠供应链的最后一环将货物交付到最终消费者。在电子供应链条件下，则是借助于各种信息技术和互联网，物流运作或管理的单元不是大件货物而是每个顾客所需的单件商品，虽然其运输也是以集运的形式进行，但是客户在任一给定时间都可以沿着供应链追踪货物的下落。

（二）顾客的类型不同

在传统的供应链形式下，企业服务的对象是既定的，供应链服务提供商能够明确掌握顾客的类型以及其所要求的服务和产品。但是，随着电子商务的到来，供应链运作正发生着根本性的变化。电子商务服务的顾客是一个未知的实体，他们根据自己的愿望、季节需求、价格以及便利性，以个人形式进行产品订购。

（三）供应链运作的模式不同

传统的供应链是一种典型的推式经营，制造商将产品生产出来之后，为了克服商品转移空间和时间上的障碍，而利用物流将商品送达到市场或顾客。而电子供应链则不同，由于商品生产、分销以及仓储、配送等活动都是根据顾客的订单进行，物流不仅为商流提供了有力的保障，而且因为其活动本身就构成了客户服务的组成部分，因此它同时也创造了价值。

（四）库存、订单流不同

在传统的供应链运作下，库存和订单流是单向的。但是在电子供应链条件下，由于客户可以订制订单和库存，因此，其流程是双向互动的。制造商、分销商可以随时根据顾客的需要及时调整库存和订单，以使供应链运作实现绩效最大化。

（五）物流的目的地不一样

传统的供应链不能及时掌握商品流动过程中的信息，尤其是分散化顾客的信息，造成个性化服务能力的不足。电子供应链完全是根据个性化顾客的要求来组织商品的流动，这种物流不仅可以通过集运来实现运输成本的最低化，同时也可以借助差异化的配送来实现高质量的服务。

三、现代电子商务的特点

在拉式经营体制下,现代供应链运作的一个重要特点是:通过及时和有效信息的传递,确实把握市场需求,并根据实际需求来确立相应的生产、经营和物流运作。现代电子商务的发展为推动信息的有效传递和管理、发展电子物流,乃至供应链管理奠定了基础。现代电子商务(E-commerce)的发展之所以能对现代供应链产生重大的影响,主要原因在于当今的电子商务包含了电子商务物流和供应链的业务实现过程。所谓业务实现就是能对应顾客或用户的差别化需求,实现包含商品的整个服务过程,它涉及供应链企业间、部门间以及个人间的协同作业。也就是说,原来在传统商务形式下,被忽视的个别需求对应、服务活动、按单生产、修理、基于模块化的大规模订制、物流服务等高附加增值活动,在现代电子商务中得到了全面实现和高度关注。

现代电子商务的出现当然不是一蹴而就,从业务模式的发展形式看,主要有四种:

(1) B2C 形式,即利用电子零售或网页针对消费者从事商品销售活动,开展这类电子商务的典型代表是 Amazon。

(2) B2B 形式,即电子交易市场,利用网络实现企业间的交易和连接,代表企业有 Cisco 和 Dell。

(3) C2C 形式,即拍卖市场,利用网络实现消费者之间的信息互通和交易实现,如 eBay 模式。

(4) 现代电子商务形式,这种业务模式不仅实现了买卖双方的交易,而且为了有效地实现服务的增值,借助于企业间的网络,将部分业务实行外包,企业群体共同实现增值活动,全方位地满足顾客个性化的需求。

从以上电子商务发展的四种形式可以看出,现代电子商务有别于其他三种形式的本质特点在于,它强调的是以核心企业为中心,通过网络有机地将伙伴合作企业组织进来,共同为客户提供全面的解决方案,而不仅仅是交易或传递商品。

具体来讲,现代电子商务的特点主要表现在以下方面。

(一) 现代电子商务除了利用 Internet 或 Web 实现对消费者或客户的销售,更是综合所有商业网络中企业的信息来共同实现差异化的服务

如今,我们正处在一个信息极度丰富的时代,企业可以通过信息系统将一些极为重要的数据,如现金流和订单管理信息传递给网络中需要这些数据的企业或个体,而且市场竞争的压力也促使企业不断改进这种信息共享的水平。随着信息实现强有力的衔接,企业运作实现了高度的弹性化,能够更及时地满足消费者的偏好,形成了一个以满足消费者或客户、主宰具体细分市场为共同目标的企业网络或供应链。此时电子商务所实现的网络化使得信息传递的媒体从原来纸张、账单、电话、面对面的交流向数字化方向发展,这种数字化的特点主要表现在两个方面:一是构筑企业间相互衔接的实时通信网络;二是数据等各种信息不断蓄积,企业根据数据库从事有效的经营管理活动。此时,对于企业来说,业务运作的关键首先是可视性,即业务流程或订单处理流程在任何地点、任务时间、任何人都可以监控追踪;其次是互联性,即供应链企业通过 EDI 或 Internet 实现信息的互联互通。

(二) 现代电子商务是从供应链整体角度分析入手向业务流程外包的方向发展

现代电子商务所涵盖的内容已大大扩展,几乎包括了整个供应链商流和物流的内容,即信息交换、订单实现,销售活动前后的服务、仓储、电子支付、运输配送等各种活动,每一项活动都对企业实现价值增值提供了必要的保障。但是,作为从事电子商务的企业未

必拥有如此全面的经营能力和运作能力,只有将部分业务外包给专业企业才能真正实现供应链绩效。新型的物流服务提供商就开始出现,其一方面作为B2C、B2B以及C2C后端办公或仓储运输活动的承包方;另一方面通过网络组织的建立,借助于能力集成,真正实现了高效、低成本的业务运作。

(三)现代电子商务实现了企业组织结构的精细化,开始向虚拟性组织发展

电子商务发展最大的特点是实现了经营的网络化,这里指的网络化有两层含义,一层含义是交易物流系统的计算机通信网络,包括物流配送中心与供应商、制造商要通过计算机网络实现连接,同样上下游企业之间的业务往来也要通过计算机网络来实现,如订单的传输、交易的形成确认等,都可以借助增值网上的电子订货系统(EOS)和EDI进行;另一层含义则是指组织的网络化。

由于现代电子商务是通过业务外包组合整个供应链的,单个企业的组织结构呈现出精细化、高效的特点。这种精细化和高效主要表现在一方面原来的组织由于全部业务的内部运作,造成组织结构庞大、从业人员增加、管理层次增多,而电子商务条件下,由于大部分专业性业务活动交给外部企业运作,因此,管理层次和人员都较少,经营有柔性化的倾向;另一方面在原来的业务运作方式下,由于企业规模的庞大以及管理活动的复杂性,造成经营效率偏低,而现代电子商务由于借助电子信息网络将各种不同的技术、技能有机地进行集成,大大提高了业务经营的绩效。并且由于同一个业务流程是由不同专长的企业共同实现,信息和计划在这些企业中实现了共享,因此,在电子商务的推动下,虚拟化组织的特点开始显现。

四、我国在电子商务环境下的供应链管理

企业想在当今激烈的竞争环境下取得持续的发展,不能仅仅依靠企业的电子商务来实行,还要依靠电子商务供应链管理来弥补传统供应链管理的不足,让它不再局限于企业的内部而是延伸到整个企业的,让企业从思想观念上进行改变,通过电子商务供应链进行有效的管理以实现企业既定的目标。

(一)供应链管理对企业的要求

供应链管理对企业最基本的要求是核心业务和信息效率。这并不是仅仅依靠企业电子商务的实行就可以解决的,更重要的是企业要从观念上进行根本改变。许多年来,我国企业为了更好地实施内部管理与控制,一直采用"纵向一体化"的管理模式。随着信息技术的飞速发展和经济全球化市场的形成,传统的管理模式受到了严重冲击。尽管企业也在努力地朝"横向一体化"的新型思维方式转变,但总体而言,大多数企业还未形成独具特色的强竞争力的核心业务,传统的管理思维方式仍占据主要地位。

(二)管理信息化的技术要求问题

在供应链管理模式中,信息共享是企业间实现协调运作的关键,而应用信息技术改进整个供应链的信息精度、及时性和流动速度是提高供应链绩效的必要措施。因此,企业管理战略的一个重要内容就是制定供应链运作的信息支持平台,如集成条形码、数据库、电子订货系统、射频识别、电子数据交换、全球定位系统等信息交换技术和网络技术为一体,构建企业供应链信息集成系统。

(三)贸易伙伴之间的协作问题

贸易伙伴之间不愿意共享信息,这与我国的企业所处的文化氛围有关。传统观点认为任何协议都会分出一个胜者和一个负者,但博弈论的研究结果说明,非零和博弈比这种零

和博弈更能使企业获得收益。除此之外,缺乏一个良好的供应链绩效评估系统也是贸易伙伴之间协作的障碍。没有合理的绩效分配,各企业自然不愿牺牲自己的利益去换取整个供应链的最大利益。因此,良好的供应链协调战略势在必行。

(四)供应链中各环节成员的利益分配问题

随着电子商务的发展,组织之间的信息流和资金流更加频繁,组织之间的相互联系也由单一渠道转变为多渠道,合作程度日益加深,组织之间不断融合,组织边界越来越模糊,最终整个价值链重新整合,形成一个虚拟的大企业。

供应链与电子商务的密切结合是未来供应链的发展趋势,电子商务所产生的影响将改变企业传统的"订单—发票"流程,转变为一种新的、更为多样化的"订单—交易"管理流程,集成化供应链管理将成为企业适应全球市场竞争的一种有效途径。先进的物流管理系统有助于供应链管理的成功实施,特别是信息技术的应用,使运输系统变成了仓库。

五、电子商务环境下供应链管理的优势

基于电子商务的供应链管理是电子商务与供应链管理的有机结合,它以顾客为中心,集成整个供应链过程,充分利用外部资源,实现快速敏捷反应,极大地降低库存水平,具有相当的优势。

(一)有利于保持现有的客户关系,开拓新的客户和新的业务

电子商务使竞争从企业间的竞争逐渐演化为供应链之间的竞争。为吸引、保留现有客户,要求为其提供更快捷、成本更低的商务运作模式,保持与发展和客户达成的密切关系,使供应链提供新的业务增值,提升客户的满意度与忠诚度。而基于电子商务的供应链管理直接沟通了供应链中企业与客户的联系,并且在开放的公共网络上可以与最终消费者进行直接对话,从而有利于满足客户的各种需求、保留现有客户。实施基于电子商务的供应链管理,不仅可以实现企业的业务重组,提高整个供应链效率,而且由于能够提供更多的功能、业务,必然会吸引新的客户加入供应链,同时也带来新的业务。从本质上来讲,通过实施基于电子商务的供应链管理,无论是企业还是客户都会从中获得利益,产生新的业务增值,实现"共赢"目标。

(二)有利于保持现有业务增长,提高营运绩效

通过实施基于电子商务的供应链管理,可以实现供应链系统内的各相关企业对产品和业务电子化、网络化的管理。同时,供应链中各企业通过电子商务手段实现有组织、有计划的统一管理,可以减少流通环节、降低成本、提高效率,使供应链管理达到国外先进水平,促进各相关企业的业务发展。实施基于电子商务的供应链管理,还能使供应链各个企业实现全球市场和企业资源共享,缩短需求响应和市场变化时间,提高运营绩效,为客户提供全面服务,实现最大增值。

(三)有利于分享需要的信息,促进供应链中信息流的改善

基于电子商务的供应链管理涉及信息流、产品流和资金流。供应链中的企业借助电子商务手段可以在互联网上实现部分或全部的供应链交易,有利于各企业掌握跨越整个供应链的各种有用信息,及时了解顾客的需求以及供应商的供货情况,同时也便于顾客网上订货并跟踪订货情况。通过Internet,供应链伙伴之间的信息传递由原来的线形结构变为网状结构,因此分销商可以方便地通过POS系统查看零售商的库存情况,制订购销计划,而不必根据零售商的订单来预测需求情况;制造商也可以访问分销商甚至零售商的库存数据,了解更准确的需求信息,有效地避免由于多重预测带来的信息时滞。通过Internet,

供应链下游成员可以了解上游成员的生产能力和库存信息，有效缓解客户焦虑，避免夸大订单所带来的波动。借助信息技术，企业之间交易的各种票证单据以统一格式在网上传输，需求信息能够快速地向上游企业传递，实现无纸的计算机辅助订货，从而提高交易效率、降低成本。同时，信息使企业与伙伴之间建立更密切的合作关系，商业运转的各个环节更加协调一致，资金流动、库存、成本、服务将获得改善。近几年兴起的大规模订制就是增强对顾客反应能力的一种有意义的方式，它一方面可以充分满足顾客需求，另一方面也减少了库存。

项目小结

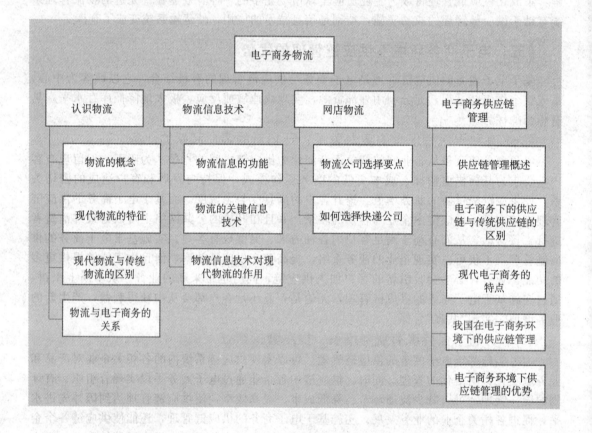

课后习题

1. 什么是物流？
2. 什么是供应链管理？
3. 物流与电子商务的关系是什么？
4. 物流与网店的关系是什么？

项目八 电子商务数据分析与运营

> **知识目标**
> 1. 了解电子商务数据分析的定义及其分类。
> 2. 了解电子商务数据分析的方法和工具。
> 3. 了解电子商务数据分析的流程。
> 4. 了解电子商务数据运营的类型。

> **能力目标**
> 1. 掌握简单数据分析能力。
> 2. 独立分析数据运营模式。

案例导入

如果说有一家科技公司准确定义了"大数据"的概念的话,那一定是谷歌。根据搜索研究公司 comScore 的数据,仅 2012 年 3 月一个月的时间,谷歌处理的搜索词条的数量就高达 122 亿条。谷歌的体量和规模,使它拥有比其他大多数企业更多的应用大数据的途径。

谷歌搜索引擎本身的设计就旨在让它能够无缝链接成千上万的服务器,如果出现更多的处理或存储需要,抑或某台服务器崩溃,谷歌的工程师们只要再添加更多的服务器就能轻松搞定。将所有这些数据集合在一起所带来的结果是:企业不仅从最好的技术中获益,同样还可以从最好的信息中获益。下面选择谷歌公司的其中三个亮点。

谷歌意图:谷歌不仅存储了搜索结果中出现的网络链接,还会储存用户搜索关键词的行为,它能够精准地记录人们进行搜索行为的时间、内容和方式,坐拥人们在谷歌网站进行搜索及经过其网络时所产生的大量机器数据。这些数据能够让谷歌优化广告排序,并将搜索流量转化为盈利模式。谷歌不仅能追踪人们的搜索行为,而且还能够预测出搜索者下一步将要做什么。用户所输入的每一个搜索请求,都会让谷歌知道他在寻找什么,所有人类行为都会在互联网上留下痕迹路径,谷歌占领了一个绝佳的点位来捕捉和分析该路径。换言之,谷歌能在你意识到自己要找什么之前预测出你的意图,这种抓取、存储并对海量人机数据进行分析,然后据此进行预测的能力,就是数据驱动的产品。

谷歌分析：谷歌在搜索之外还有更多获取数据的途径。企业安装"谷歌分析"之类的产品来追踪访问者在其站点的足迹，而谷歌也可获得这些数据。网站还使用谷歌广告联盟将来自谷歌广告客户网的广告展示在其站点，因此，谷歌不仅可以洞察自己网站上广告的展示效果，同样还可以对其他广告发布站点的展示效果一览无余。

谷歌趋势：既然搜索本身是网民的"意图数据库"，当然可以根据某一专题搜索量的涨跌，预测下一步的走势。谷歌趋势可以预测旅游、地产、汽车的销售。此类预测最著名的就是谷歌流感趋势，跟踪全球范围的流感等病疫传播，依据网民搜索，分析全球范围内流感等病疫的传播状况。

任务一　电子商务数据分析基础

当前，数据分析已经作为重要的管理支持手段渗透到了各行业中。企业可以对自身日常运营数据信息进行收集、整合与分析，结合市场外界信息，从而形成有效的总结与预测，对于企业的发展有着重要的指导作用。

而数据分析的核心并不在于数据本身，而在于设计有意义、有价值的数据指标，通过科学、有效的手段去分析，进而发现问题优化迭代。数据分析因价值而存在，数据分析本就是一个价值增量的过程。数据分析有三个核心要点：什么是数据分析、为什么数据分析，以及如何数据分析。

一、数据的定义

数据是事实或观察的结果，是对客观事物的逻辑归纳，是用于表示客观事物的未经加工的原始素材。

数据可以是连续的值，如声音、图像，称为模拟数据；也可以是离散的，如符号、文字，称为数字数据。

在计算机系统中，数据以二进制信息0、1的形式表示。

二、企业数据来源

根据企业数据来源的不同，可以将企业数据分为外部数据和内部数据，如图8-1所示。

图 8-1　企业数据来源

（一）外部数据

外部数据是指暴露在公共领域能被任意第三方获取的与企业相关的数据。

从相关程度上，外部数据分为直接相关数据和间接相关数据。直接相关数据是指与企业关联的数据，间接相关数据是指关联机构、竞争对手、行业机构等的数据。

从发布信源上，外部数据分为主动数据和被动数据。主动数据是指企业通过官方网站、官方微信、官方微博及其他媒体渠道主动向外发布的数据。被动数据是指在第三方的组织或个人披露的与企业相关的数据。

（二）内部数据

内部数据是指在企业在正常运营过程中所产生的记录数据，一般来说，内部数据包括用户行为数据、日志记录数据客户数据、交易订单数据等。不同数据的获取途径、分析方法、分析目的都不尽相同，不同行业、不同企业在实际分析中也都各有偏好。

企业在运营过程中通过内外部数据来了解企业当前环境与运行状况，通过不断地调整经营策略适应市场要求，使企业获得继续生存与发展的机会。

任务二　电子商务数据分析方法

数据分析是指用适当的统计分析方法对收集来的大量数据进行分析，提取有用信息和形成结论而对数据加以详细研究和概括总结的过程。这一过程也是质量管理体系的支持过程。在实际应用中，数据分析可帮助人们做出判断，以便采取适当行动。

数据分析的数学基础在20世纪早期就已确立，但直到计算机的出现才使实际操作成为可能，并使得数据分析得以推广。数据分析是数学与计算机科学相结合的产物，而数据分析核心的目的就是从杂乱的运营数据内容中提取有用数据，并结合运营策略指导具体工作的执行。

一、数据分析的方法

（一）聚类分析

聚类分析指将物理或抽象对象的集合分组为由类似的对象组成的多个类的分析过程。聚类分析是一种重要的人类行为。

聚类分析的目标就是在相似的基础上收集数据来分类。聚类分析技术源于数学、计算机科学、统计学、生物学和经济学等多种领域。在不同的应用领域，很多聚类技术都得到了发展，这些技术方法被用作描述数据，衡量不同数据源间的相似性，以及把数据源分类到不同的簇中。

某淘宝女装店希望进行店铺访客行为分析，淘宝后台以图形化的方式展现在了店主面前，如图 8-2 所示，店主可以通过分析的数据结果进行淘宝店的经营策略修改。

这种数据分析方法就是聚类分析法、聚类分析在电子商务中常用于发现不同的客户群，并且通过购买模式刻画不同客户群的特征。聚类分析是细分市场的有效工具，同时也可用于研究消费者行为，寻找新的潜在市场、选择实验的市场，并作为多元分析的预处理。

聚类分析在电子商务网站建设的数据挖掘中也是很重要的一个方面，通过分组聚类出具有相似浏览行为的客户，并分析客户的共同特征，可以更好地帮助电子商务的用户了解自己的客户，向客户提供更合适的服务。

在学习工作中，常用的数据分析方法有以下几种。

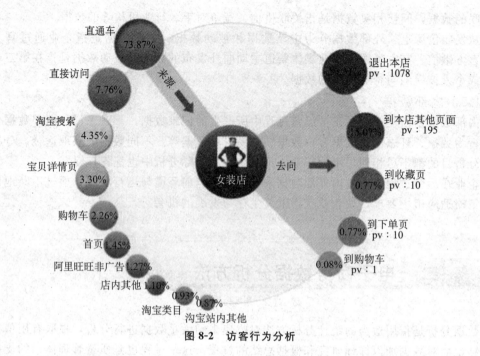

图 8-2 访客行为分析

（二）因子分析

因子分析是指研究从变量群中提取共性因子的统计技术。因子分析就是从大量的数据中寻找内在的联系，减少决策的困难。

因子分析的方法有重心法、影像分析法、最大似然解、最小平方法、阿尔发抽因法、拉奥典型抽因法等 10 多种。

（三）相关分析

相关分析是研究现象之间是否存在某种依存关系，并对具体有依存关系的现象探讨其相关方向以及相关程度。相关关系是一种非确定性的关系，例如，以 X 和 Y 分别记一个人的身高和体重，或分别记每公顷施肥量与每公顷小麦产量，则 X 与 Y 显然有关系，而又没有确切到可由其中的一个去精确地决定另一个的程度，这就是相关关系。

（四）对应分析

对应分析也称关联分析、R-Q 型因子分析，通过分析由定性变量构成的交互汇总表来揭示变量间的联系。对应分析可以揭示同一变量的各个类别之间的差异，以及不同变量各个类别之间的对应关系。对应分析的基本思想是将一个列表的行和列中各元素的比例结构以点的形式在较低维的空间中表示出来。

（五）回归分析

回归分析是确定两种或两种以上变数间相互依赖的定量关系的一种统计分析方法，运用十分广泛。回归分析按照涉及的自变量的多少，可分为一元回归分析和多元回归分析；按照自变量和因变量之间的关系类型，可分为线性回归分析和非线性回归分析。

（六）方差分析

方差分析又称变异数分析或 F 检验，是 R. A. Fisher 发明的，用于两个及两个以上样本均数差别的显著性检验。由于各种因素的影响，研究所得的数据呈现波动状。造成波动的原因可分成两类，一类是不可控的随机因素；另一类是研究中施加的对结果形成影响的可控因素。方差分析是从观测变量的方差入手，研究诸多控制变量中哪些变量是对观测变量有显著影响的变量。

二、数据分析常用的图表方法

（一）排列图

排列图是分析和寻找影响质量主要因素的一种工具，其形式是双直角坐标图，左边纵坐标表示频数（如件数、金额等），右边纵坐标表示频率（如百分比等）。分折线表示累积频率，横坐标表示影响质量的各项因素，按影响程度的大小（即出现频数多少）从左向右排列。通过对排列图的观察分析可找到影响质量的主要因素。

（二）直方图

直方图（Histogram）又称柱状图、质量分布图。是一种统计报告图，由一系列高度不等的纵向条纹或线段表示数据分布的情况。一般用横轴表示数据类型，纵轴表示分布情况。

（三）FMEA

FMEA 是一种可靠性设计的重要方法。它实际上是 FMA（故障模式分析）和 FEA（故障影响分析）的组合。它对各种可能的风险进行评价、分析，以便在现有技术的基础上消除这些风险或将这些风险减小到可接受的水平。

三、数据分析统计工具

（一）SPSS

SPSS 是世界上最早采用图形菜单驱动界面的统计软件，它最突出的特点就是操作界面极为友好，输出结果易读、美观。它将几乎所有的功能都以统一、规范的界面展现出来，使用 Windows 的窗口方式展示各种管理和分析数据方法的功能，对话框展示出各种功能选择项。用户只要掌握一定的 Windows 操作技能，粗通统计分析原理，就可以使用该软件为特定的科研工作服务。

（二）MINITAB

MINITAB 功能菜单包括假设检验（参数检验和非参数检验）、回归分析（一元回归和多元回归、线性回归和非线性回归）、方差分析（单因子、多因子、一般线性模型等）、时间序列分析、图表（散点图、点图、矩阵图、直方图、茎叶图、箱线图、概率图、概率分布图、边际图、矩阵图、单值图、饼图、区间图、Pareto、Fishbone、运行图等）、蒙特卡罗模拟和仿真、（统计过程控制 statistical process control，SPC）、可靠性分析（分布拟合、检验计划、加速寿命测试等）、MSA（交叉、嵌套、量具运行图、类型Ⅰ量具研究等）等。

（三）JMP

JMP 的算法源于 SAS，特别强调以统计方法的实际应用为导向，交互性、可视化能力强，使用方便，尤其适合非统计专业背景的数据分析人员使用，在同类软件中有较大的优势。JMP 的应用领域包括业务可视化、探索性数据分析、六西格玛及持续改善（可视化六西格玛、质量管理、流程优化）、试验设计、生存及可靠性、统计分析与建模、交互式数据挖掘、分析程序开发等。JMP 是六西格玛软件的鼻祖，当年摩托罗拉开始推六西格玛的时候，用的就是 JMP 软件。目前，有非常多的全球顶尖企业采用 JMP 作为六西格玛软件，如陶氏化学、惠而浦、铁姆肯、招商银行、美国银行、中国石化等。

案例阅读

Twitter 中的兴趣和情绪

Twitter 兴趣聚类：通过过滤用户归属地、发推位置和相关关键词，Twitter 建立了一系列订制化的客户数据流。例如，通过过滤电影片名、位置和情绪标签，可以知道洛杉矶、纽约和伦敦等城市最受欢迎的电影是哪些。而根据用户发布的个人行为描述，甚至能搜索到那些在加拿大滑雪的日本游客。从这个视角看，Twitter 的兴趣图谱的效率优于 Facebook 的社交图谱。Twitter 的用户数据所能产生的潜在价值同样令人惊叹。在社交媒体网站正在收集越来越多的数据的形势下，它们或许能找到更好的方式来利用这些数据盈利，并使其取代广告成为自身提高收入的主要方式。这些社交网站真正的价值可能在于数据本身。相信在不久的将来，如果寻找到既能充分利用用户数据，又可合理规避对用户隐私的威胁，社交数据所蕴藏的巨大能量将会彻底被开启。

Twitter 情绪分析：Twitter 自己并不经营每一款数据产品，但它把数据授权给了像 DataSift 这样的数据服务公司，很多公司利用 Twitter 社交数据做出了各种让人吃惊的应用，从社交监测到医疗应用，甚至可以去追踪流感疫情暴发。社交媒体监测平台 DataSift 还创造了一款金融数据产品。华尔街德温特资本市场公司首席执行官保罗·霍廷每天的工作之一，就是利用电脑程序分析全球 3.4 亿微博账户的留言，进而判断民众情绪，再以"1"到"50"进行打分。根据打分结果，霍廷再决定如何处理手中数以百万美元计的股票。霍廷的判断原则很简单：如果所有人似乎都高兴，那就买入；如果大家的焦虑情绪上升，那就抛售。一些媒体公司会把观众收视率数据打包到产品里，再转卖给频道制作人和内容创造者。

精确的数据一旦与社交媒体数据相结合，对未来的预测会非常准。

四、数据分析步骤

在数据分析中，数据分析的目标是使团队能够做出更好的决策，而数据分析结果，必须使团队中的部门乃至于每一个个人都能够更好地使用数据，通过数据做出准确的决策。同时，在数据的收集、清洗和分析的过程中，可以捕获数据价值链，为经营执行或报告提供信息和预测。随着新数据的产生，分析工作可以自动、连续地运行，我们也必须根据业务不断改进模型，提高预测精度。

一般的数据分析步骤如下。

（一）确定目标

在收集数据之前，首先要确定目标，即由数据分析结果使用部门提出数据分析的目标，如分析网站访客的访问习惯增加访客的存留时间和注册量、增加在线销售的订单成交量等。

这些目标通常需要进行大量的数据收集和分析，所以需要一个可衡量的方式，判断业务是否正向着目标前进。数据分析过程中，关键权值或性能指标必须及早发现。

同时，对数据分析的需求进行有效的定义是保证数据分析过程能够有效的基础，也是为数据的收集和分析提供了清晰的目标。在开始前就要优先考虑：想要解决什么问题（目标）、想要达到什么效果（指标）、数据来源（渠道）和数据关联性和延展性（数据挖掘）。

（二）确定业务手段

应该通过业务的改进，来刺激用户的使用从而提高关键指标和达到业务目标。在项目中尽早确定目标、指标和业务手段能为项目指明方向，避免无意义的数据分析。例如，目标是提高客户滞留度,其中一个指标可以是客户更新他们订阅的百分比,业务手段可以是更新页面的设计、提醒邮件的时间和内容,以及特别的促销活动。

(三)数据收集

数据收集要尽可能全面。现在我们用的数据收集方式与以前不同,现在所处的时代是互联网时代,有高效的数据通信网络和强大的运算处理设备,而数据收集方式也由以前的数据抽样的方式演变成了大数据抓取模式。

更多的数据,特别是更多的不同来源的数据,使数据分析师能找到数据之间更好的相关性,建立更好的模型,找到更多的可行性见解。例如,公司通过检测它们的网站来密切跟踪用户的点击及鼠标移动,商店通过在产品上附加RFID来跟踪用户的移动,教练通过在运动员身上附加传感器来跟踪他们的行动方式。

(四)数据清洗

数据分析的第一步是提高数据质量,即数据清洗,这是数据分析中最关键的步骤,包括 纠正拼写错误、处理缺失数据以和清除无意义的信息。

垃圾数据,即使是通过最好的分析,也将产生错误的结果,并误导业务本身。例如,不止一个公司很惊讶地发现,他们很大一部分客户住在纽约的斯克内克塔迪,而该小镇的人口不到70 000人。究其原因,斯克内克塔迪的邮政编码是12345,由于客户往往不愿将他们的真实信息填入在线表单,所以这个邮政编码常常会出现在多数客户的档案数据库中。直接分析这些数据将导致错误的结论,除非数据分析师采取措施来验证和清洗数据。尤为重要的是,这一步将规模化执行,因为连续数据价值链要求传入的数据会立即被清洗,且清洗频率非常高,这通常意味着此过程将自动执行,但这并不意味着人无法参与其中。

(五)数据建模

数据分析师构建模型,关联数据与业务成果,提出关于在第一步中确定的业务手段变化的建议。数据分析师就可以通过关联数据建立模型,从而预测业务成果,进而对公司业务运营决策提供支持。

(六)优化和重复

数据价值链是一个可重复的过程,能够对业务和数据价值链本身产生连续的改进。基于模型的结果,业务将根据驱动手段做出改变,数据科学团队将评估结果。在结果的基础上,企业可以决定下一步计划,而数据分析师继续进行数据收集、数据清理和数据建模。

企业重复这个过程越快,就会越早修正发展方向,越快得到数据价值。理想情况下,多次迭代后,模型将产生准确的预测,业务将达到预定的目标,结果将用于监测和报告,同时团队中的每个人将开始解决下一个业务挑战。

任务三 电子商务数据运营基础

案例阅读

数据运营已深入到了接入互联网中的每一个用户中,而这个用户可能不仅仅只是指一台电脑、一部手机,甚至还可能包括可穿戴设备、智能家居系统等。

下面以"知乎"来举个例子。"知乎"是一个内容分享类的APP,我们在其运营中会关注哪些数据呢?

从产品的层面,我们会去关注:APP每日的打开数、各种功能的使用次数和使用频次、各种标签的点击次数和对应页面的打开频次。

从运营的层面,我们可能会去关注:APP每日的活跃用户数(已注册用户和未注册用户)、每日产生的UGC(用户原创内容)数量、每日分享到社会化媒体的UGC数量、分享出去的UGC带来的回流新装机,以及新激活用户数等。

而我们需要注意的是,这些关注的数据点并不是一成不变的,它会因为产品的不同阶段而调整。如果我们假设未来"知乎"有盈利模式,那么它关注的核心数据就会从内容转向收入,这时候,转化率相关数据就会变得重要了。

一、数据运营概述

数据运营是指数据的所有者通过对数据的分析挖掘,把隐藏在海量数据中的信息作为商品,以合规化的形式发布出去,供数据的消费者使用。

数据充斥在运营的各个环节,所以成功的运营一定是基于数据的。在运营的各个环节都需要以数据为基础。当我们养成以数据为导向的习惯之后,运营就有了依据,不再是凭经验盲目运作,而是有的放矢。理想情况下,如果能够追踪一切数据,那么所有的决策都可以理所当然地基于数据。

在企业中,我们从整体战略到目标设定,到驱动商务运营的方法,最后采用一定的度量来衡量数据运营的效果。

二、数据运营的核心

一般来说,运营有四大核心要素,即产品、竞品、用户和数据。所谓的产品是特指自家所运营的产品,而竞品则是市场上类似产品或竞争对手的产品,用户是使用自己产品的人,数据是产品相关的数据。

(一)了解产品

在前期,需要了解自己的产品,明白产品的定位和功能点。

(二)竞品分析

竞品分析是了解产品的最快最好的方式,做竞品分析,首先需要找出同类产品为参照物;其次分析竞品的优劣势,同时与自己产品进行反复对比;最后结合自己产品的特点将自己的产品运营模式进行优化调整。

(三)了解用户

运营的目的最终是回归到用户身上,只有用户才能带来商业价值。运营是为了更好地满足用户的需求,那么基础就是运营需要了解自己的用户,清楚用户对产品的需求是什么。

每个产品都会有最基础的用户调研,首先要了解用户画像,考察用户性别构成、年龄分布、地域分布、学历特征、职业特性、学历、终端机型、产品使用轨迹、使用产品环境等。

除了产品所有的基本画像,还应该根据用户的行为轨迹数据把用户的形象丰满起来。通过千千万万的数据背后,寻找出用户的共性,最后把海量用户变成一个具体的人。

（四）用数据指导运营

数据分析是运营工作中最为重要的工作内容之一，是做出其他决策的依据。科学地进行数据分析，就是从数据表面看到内部原因，并且清楚如何运用数据工具做出合理决策。

三、数据运营的特点

从工作的性质来看，数据运营存在大量、常规的重复活动，需要持续不断地进行。从运作的目标来看，数据运营强调效率和有效性，而项目运营强调项目目标的实现。从运作的环境来看，数据运营的环境相对封闭和确定。从组织体系来看，数据运营的组织体系一般是相对不变和相对持久的，基本按部门来划分。从管理模式来看，数据运营一般按照部门的职能性和直线指挥系统进行管理。

四、运营数据的来源

在运营管理过程中，所有的数据都是围绕着渠道、成本、收益为中心来进行运营的。而在现实的数据运营过程中，运营数据是由内容运营、活动运营、用户运营这三大板块的数据构成，如图 8-3～图 8-5 所示。

- 内容运营
  - 内容展现量
    - 覆盖人数
    - 阅读次数
    - 阅读时长
    - 其他
  - 内容转化率
    - 订单量
    - 成交率
    - 成交金额
    - 客单价
  - 内容黏着度
    - 阅读时长
    - 单用户阅读量
    - 用户重复活跃次数
    - 其他
  - 内容扩散性
    - 转载渠道
    - 转载
    - 成效金额
    - 客单价

图 8-3 内容运营数据

- 活动运营
  - 宣传数据
    - 宣传渠道
    - 各渠道投放成本
    - 各渠道引流量
    - 各渠道成交量
  - 活动数据
    - 活动参与人数
    - 页面展现量、转化率
    - 参与获奖人数
    - 目标客户数
  - 成本数据
    - 计划成本
    - 实际成本
    - 单位成本

图 8-4 活动运营数据

- 用户运营
  - 规模数据
    - 新用户数量
    - 老用户数量
    - 流失用户数量
    - 休眠用户数量
  - 黏性数据
    - 重复登录量
    - 重复活跃量
    - 重复付费量
    - 其他
  - 价值数据
    - 单位用户贡献值
    - 单位用户扩散值
    - 分级用户价值
    - 其他

图 8-5 用户运营数据

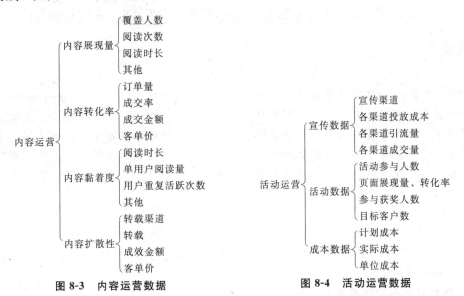

在当前的运营环境中，究其本质就是以展现内容（也可以是产品）为基础，辅以得当的活动来刺激从而获得用户关注度和新用户数量，然后引导用户关注度使其产生价值，从而完成内容（产品）价值转化的过程。除此以外，企业在整个过程中会不断开发和挖掘用户数据，通过用户数据的反馈改进企业运营策略与手段。这是一个循环，而企业就是在不停的循环中成长起来。

任务四　电子商务数据运营分类及应用案例

一、网站运营

网站运营是指一切为了提升网站服务于用户的效率，而从事与网站后期运作、经营有关的行为工作，通常包括网站内容更新维护、网站服务器维护、网站流程优化、数据挖掘分析、用户研究管理、网站营销策划等。网站运营常用的指标有PV、IP、注册用户、在线用户、网站跳出率、转化率、付费用户、在线时长、购买频次、ARPU值等。

案例阅读

Vista之家

Vista之家于2007年3月开通，目前网站每天独立访客13万、访问量超过80万，论坛每天发帖数量超过了1万帖，注册用户高达27万。同时，Vista之家的英文版站点流量也突破了日2万IP。这个网站除了提供综合性的Vista信息和资源外，还自主开发了多款软件产品，是国内较少的软件开发和网站内容同时并行的一种站点模式。其中的专门针对Windows Vista操作系统进行优化的原创免费软件"Vista优化大师"，下载量已经超过了350万。

1. 网站的定位

站如其名，经过不断的发展，Vista之家目前已经成为一个以原创的Vista教程和软件为主的，同时提供Vista相关桌面壁纸主题资源，以及交流社区的全方位Visata系统相关的互动服务类站点。

2. 网站特色和推广模式

Vista之家的最大特色就是有自己的原创软件，同时提供大量的原创文章，能帮助用户解决各种Vista的相关问题，另外，各种深加工的资源也方便了用户的下载。

另外，Vista之家的互动性也比较强。据站长介绍，在论坛板块中"Vista有问必答"和"Vista万花筒"是两个比较特别的板块，前者有5个专职版主进行管理维护，每天要解决各种各样的系统和软件使用问题；后者则汇聚了各种各样的调查问卷，让用户在参与投票和评论的同时，也了解到了其他Vista用户的宝贵知识和经验。

Vista之家的运营模式是网站、论坛和原创软件并行的模式，通过"Vista优化大师"和"Vista一键还原"这些软件产品快速的使用户了解Vista之家网站，反过来又通过网站和论坛用户推动软件的下载和使用。两者互相带动、互相促进，软件用户的需求使得Vista之家得以推出更多的专题应用文章，而网站论坛用户的需求又明确了软件的开发方向。这种齐头并进的模式，使Vista之家的品牌推广省力而高效。

3. 网站盈利状况

网站的盈利主要是通过 Google 和百度联盟的广告，根据广告的点击来获取收入。很多国内的一线软件厂商也投放了品牌广告，软件类的广告占据了绝大部分，在推广其他软件产品的同时获取收益。除了维持网站的运转以及团队 8 个人的开销，仍然可以保证可观的利润。

4. 评网

Vista 之家的定位非常明确，从其网站和产品的名字上面就能看得出来。让菜鸟变成大虾，让大虾带动更多的菜鸟，从电脑最基本的操作系统应用开始，让用户的无从下手成长到熟练玩转。Vista 之家的服务和产品让复杂的事情变的简单化。

网站和软件并进是 Vista 之家运营的一大特色，相信他们也看到了 Web 和 Winform 的融合趋势，对未来的判断和把握、市场切入和定位，以及较强的盈利能力这些都能给其他站长更多的启发。但是对 Vista 系统的过于专注也意味着未来的风险，如何应对 Windows 7 及以后的环境变化，是 Vista 之家应当重点考虑的。

价值是 Vista 之家一直坚持的理念，新鲜的资讯、实用的教程、必备的软件和美化资源、高效强大的系统维护和优化工具、互助互学共享知识的论坛交流氛围，恰恰都突出了这一点。助人者、人助之，帮助更多的人，才能在实现自己的梦想时获得别人的帮助。

二、微信运营

微信，是腾讯旗下的一款手机通信软件，支持发送语音短信、视频、图片和文字，可以群聊。随着微信营销的不断普及，企业对微信运营人才的需求也在不断增加。

微信运营，指负责微信的运营，包括个人微信和微信公众平台的建立，然后通过微信跟用户达到沟通的运营过程，前期通过人群定位，实现自媒体大数据，是信息时代所产生的产物。

案例阅读

客服营销 9∶100 万

新媒体营销怎么会少了小米的身影？"9∶100 万"的粉丝管理模式，据了解，小米手机的微信账号后台客服人员有 9 名，这 9 名员工最大的工作时每天回复 100 万粉丝的留言。每天早上，当 9 名小米微信运营工作人员在电脑上打开小米手机的微信账号后台，看到后天用户的留言，他们一天的工作也就开始了。

其实小米自己开发的微信后台可以自动抓取关键词回复，但小米微信的客服人员还是会进行一对一的回复，小米也是通过这样的方式提升了用户的品牌忠诚度。相较于在微信上开个淘宝店，对于类似小米这样的品牌微信用户来说，做客服显然比卖掉一两部手机更让人期待。

当然，除了提升用户的忠诚度，微信做客服也给小米带来了实实在在的益处。黎万强表示，微信同样使得小米的营销、CRM 成本开始降低，过去小米做活动通常会群发短信，100 万条短信发出去，就是 4 万块钱的成本，微信做客服的作用可见一斑。

三、微博运营

微博运营也叫微博营销，是指通过微博平台为商家、个人等创造价值而执行的一种营销方式，也是指商家或个人通过微博平台发现并满足用户的各类需求的商业行为方式。微博营销以微博作为营销平台，每一个听众（粉丝）都是潜在的营销对象，企业利用更新自己的微型博客向网友传播企业信息、产品信息,树立良好的企业形象和产品形象。每天更新内容就可以跟大家交流互动,或者发布大家感兴趣的话题,这样来达到营销的目的。

该营销方式注重价值的传递、内容的互动、系统的布局、准确的定位,微博的火热发展也使得其营销效果尤为显著。微博营销涉及的范围包括认证、有效粉丝、朋友、话题、名博、开放平台、整体运营等。2012年12月,新浪微博推出企业服务商平台,为企业在微博上进行营销提供一定帮助。

案例阅读

京苏大战——老板亲自上阵

2012年8月14日,在不到12个小时的时间里,刘强东共发了24条微博,几乎句句针对苏宁。他在微博上发出了价格战战书,决定京东大家电三年内零毛利,保证所有大家电比国美、苏宁连锁店便宜至少10%以上。

> **刘强东** ✓ +加关注
>
> 今天,我再次做出一个决定:京东大家电三年内零毛利!如果三年内,任何采销人员在大家电加上哪怕一元的毛利,都将立即遭到辞退!从今天起,京东所有大家电保证比国美、苏宁连锁店便宜至少10%以上,公司很快公布实现方法!
>
> 8月14日 10:21 来自新浪微博 举报　　转发(95508) 收藏 评论(21258)

> **刘强东** ✓ +加关注
>
> 即日起,京东在全国招收5000名美苏价格情报员,每店派驻2名。任何客户到国美、苏宁购买大家电时候,拿出手机用京东客户端比价,如果便宜不足10%,价格情报员现场核实属实,京东立即降价或者现场发券,确保便宜10%!欢迎离退休人员报名,月薪不低于3000元。报名:zhanglingling@360buy.com
>
> 8月14日 10:48 来自新浪微博 举报　　转发(103940) 收藏 评论(17626)

面对京东公然砸场,苏宁不得不应战。苏宁易购执行副总裁李斌在其微博上承诺,如消费者发现苏宁易购价格高于京东,将即时调价。京东、苏宁的"约架"也再度搅起了整个电商行业的浑水。国美、当当网、易迅网等电商也宣布将不同程度地参与此次价格战。

这场战争赚足了眼球,但后续发展令人大跌眼镜。用户发现,两家公司都在真吆喝、假降价。很多品类的降价幅度不到位,或者缺货。

案例点评:刘强东用过同样的方式在图书领域和当当挑起战争。问题在于,在网上图书领域,当当是老大,京东是挑战者。刘强东挑起战争,获得眼球无可厚非。而在京苏大战中,苏宁虽然规模庞大,但是在电子商务中却是不折不扣的追随者、挑战者。这场战争让苏宁易购的网购品牌价值大幅提升,网络流量也急剧上升。最重要的是,本来极度不会玩微博公关的苏宁高管,也被逼在微博应战,从而获得了几十万的粉丝。

微博公关战,非常适合弱者挑战强者。前提是,弱者也不能太弱。太弱,强者根本不理你,媒体也不睬你。但是绝对不适合强者主动打弱者。战争的结果是,在成熟市场,领先者不会大幅增加市场份额,反而使追随者获得更高的关注。

后续发展:一度流传现金撑不过2012年的京东终于成功融资,京东似乎已经在短期内放弃了爆眼球的策略,刘强东的微博也开始变得安静。苏宁易购依旧在为全年200亿的目标努力,相继收购了红孩子等电商来做大规模。在全行业亏损、天猫一家独赚的情况下,大家都回到了更加务实的局面。京东推出了更多的产品来获得收入,甚至要开放平台做游戏。

四、社区运营

互联网社区(简称社区)是把具有共同属性的用户聚集并提供互动服务的线上平台,具有共同属性、互动和线上平台这三个元素。

社区运营则是通过各种手段对用户进行有效地捕捉、黏着,使用户对社区养成依赖使用的习惯。

案例阅读

知乎——内容的价值

知乎是优质内容的社区,并非社交产品,所以优质内容是核心价值。为了传递这个核心价值,可以看出知乎的产品和运营机制都是为了更好地产出优质内容,并展现给感兴趣的用户。

如何使优质内容为知乎带来最大化收益,这是运营需要面对的重要问题之一。毕竟只在知乎站内传播,覆盖用户和影响力有限,即使扩展到微博和微信这样的新媒体,也不够理想。如果这点做不好,不仅产品价值得不到很好地展现,贡献用户被激励的程度也会有天花板。

知乎的解决办法是,通过知乎日报、读读日报这样的独立产品,以及EDM、图书、电子杂志等这样的多平台和多样化的内容传播渠道,使优质内容得到了更充分的传播,覆盖的用户量也更大了。虽然有的内容消费用户不是知乎的注册用户,但是这个方式可能会转化这些外延用户。更重要的是,对于贡献用户来说,看到自己的名字和内容出现在各个阅读平台上,个人荣誉感必然会爆棚。

五、APP运营

APP运营主要是指网络营销体系中一切与APP的运营推广有关的工作,主要包括APP流量监控分析、目标用户行为研究、APP日常更新及内容编辑、网络营销策划及推广等内容。这里的APP是指应用程序application,APP营销是通过特制手机、社区、SNS等平台上运行的应用程序来开展营销活动。

案例阅读

猫眼电影:如何打通票房和营销?

在中国,每卖出5张电影票就有1张来自猫眼电影。猫眼电影做的事情说起来很简单,就是对接全国各家售票系统和影院,实现在线选座购票。这件事从2012年开始,到2013年9月,猫眼电影所覆盖的影院数量是几百家,当时每10张电影票中有1张来自这里。到现在,猫眼电影所覆盖影院的数量增长10倍,全国80%的影院都已经能够通过在手机APP里买到票。这么做的人一共有2亿。在这背后,是整个中国电影票市场从线下到线上的迁移。

今年暑期档影片《变形金刚4》的票房中40%由线上获得,上映第一天,各大售票系统纷纷瘫痪,很多影院无票可卖。猫眼电影是其中的推波助澜者,最后《变形金刚4》的19.7

亿人民币票房中有 6 亿来自猫眼电影。

以前电影的营销方式是线下发布会、广告牌，互联网时代它们会在微博等互联网媒体中造势，前者是最传统也是效率最低的方式，根本不知道信息被多少人看到；后者尽管知道有多少人看到信息，但是不知道引发了多少交易。在线售票这种打通信息到交易的方式让整件事以更高效率流动起来，最终电影营销将与票房直接关联起来。

而如果再加上对用户喜好的了解，整个效率将大幅度提升。

整个商业世界都在发生这种转变。曾经的广告模式受限于技术，无法直接从信息到达交易，现在信息和交易都在线化之后相互之间只是一个点击的距离。未来的商业是让特定用户看到特定信息，并直接发生交易，从广告走向电商模式是必然结果。

这正是 O2O 的本质，它让线上的行为直接转化成线下的交易，以前有单独的线上生意和线下生意，但两者是脱节的，线上发生的事情跟线下相互之间割裂，无法连接在一起，O2O 打破了这种割裂，会对一个行业产生颠覆性的影响。

电影将是整个 O2O 中第一个线上占比超过线下的行业，在这个趋势中推波助澜的猫眼电影成了整个行业中最核心的一股力量。

六、网店运营

网店运营指的是基于网络店铺的运营工作，主要包括市场调研、市场开店、官方网店运营、品牌营销、资金流、物流、分销体系的建设与维护、会员营销、数据分析等。

简单来说，网站运营工作可以分为基础性的工作和推广性的工作两大类。基础性的工作包括店铺命名、编写宝贝标题、编写宝贝细节描述、装修店铺、店铺日常的维护和产品的更新工作；推广性的工作包括促销活动的设计、网店的推广等。

案例阅读

海伶山珍：舌尖上的土特产

早在 2009 年，农产品电商意识还未兴起的时候，海伶山珍店铺就走上了土特产的细分道路：食品中的土特产，特产中的青川野生土特产。把"山里人的货"搬到线上，目前已经做到了 3 皇冠，2012 年的年销售额达到 350 万元。销售额增长也许并不算特别快，但店铺目前已经拥有 23 万的老客户，店铺的热卖产品农家土蜂蜜已经累计售出上万斤。

在人们越来越重视食品安全和品质的今天，土生土长的特产美食，确实很能够打动人心。但是，蜂蜜、竹荪、花菇、木耳这些看天生长的特产，要把控好它们的产量、采集成本、物流成本，可不是那么容易的事。在爆款经济的大行其道的时候，土特产品卖家似乎也只能暗自唏嘘了。

海伶山珍能够走到今天，很大一部分原因来自口碑的传播。店主赵海伶专门开通了博客，她把每次进山取货的照片一一拍下来，把进山取货的经历和图片放到博客中，同时也放在店铺的首页和宝贝详情页，所有照片都让客户感受到现场的真实感。博客开通没多久，点击率就超过了 30 万次，客户对这些信息的敏感度可想而知。此后，海伶山珍的官方微博、赵海伶的个人微博也常常都会出现进山取货的照片和内容。

另外，赵海伶也较早给店铺注册了商标，对店铺产品进行统一包装，并在店铺中放上食品流通许可证、产品生产许可证等，无形中让客户感受到店铺产品品质的保障。这在一定程度上拉高了竞争门槛，避免店铺陷入同质化、价格战的混战中。

项目小结

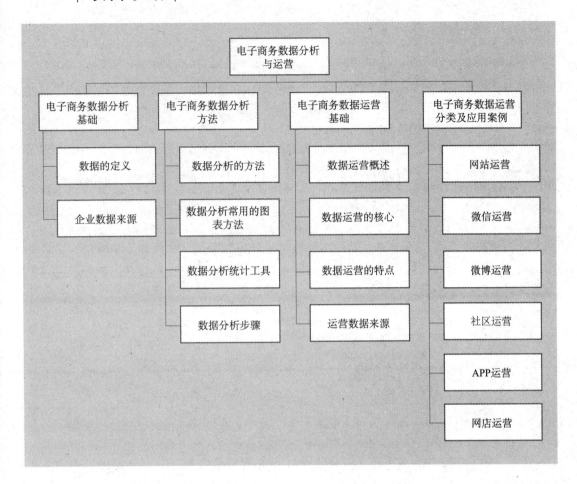

课后习题

1. 企业的数据来源主要有哪些？
2. 数据分析中的主要分析方法有哪些？
3. 简述数据分析的步骤。
4. 数据运营的核心是什么？
5. 选择一个微博公众号，分析该账号的相关属性，如信息覆盖量、阅读量、粉丝数、转发量等。

模块三　电子商务创新与发展

项目九 移动电子商务

> **知识目标**
> 1. 了解移动电子商务的发展过程与发展前景。
> 2. 掌握移动电子商务的相关概念与特征。
> 3. 了解移动电子商务的技术基础。

> **能力目标**
> 1. 能够对电子商务与移动电子商务进行对比分析。
> 2. 能够正确理解移动电子商务与大数据的关系。

案例导入

电商企业必争！传统企业该如何转型移动电商？

两周以来,被传得沸沸扬扬的新零售战略终于尘埃落定,阿里巴巴集团和百联集团在上海市宣布达成战略合作,两大商业集团在多个领域内展开了合作,为消费者带来更多的新消费体验。

在云栖大会上马云曾说,"纯电商时代很快会结束,未来的十年、二十年,没有电子商务这一说,只有新零售这一说,也就是说线上线下和物流必须结合在一起,才能诞生真正的新零售"。连马云都说纯电商将被淘汰,而"新零售"将在风雨中落地!

可以看到,如今的电商早就今非昔比了,在 PC 时代,淘宝革了百货的命,京东革了电器卖场的命,天猫超市革了卖场的命!但是在移动互联网时代,它们已经再次沦为了传统企业!只有不断迎合互联网市场发展趋势,将线下线上完美地结合在一起,才能不断扩大盈利。

随着阿里巴巴的 GMV 增速放缓,阿里投资了三江购物和联华超市,在 2017 年 1 月,阿里入股银泰,股权达到 74%,开始逐步将"新零售"概念落地。平台、商家、服务商等各个角色都开始重新审视自己。

我们该如何在巨头阴影之外分到自己的一杯羹?

寡头不是互联网，垄断不是电商，新零售、新规则、新物种、新势力应该成为电商领域开年的主旋律。

移动互联网的发展大趋势之下，移动APP受到众多欢迎，它能为零售商提供更多客户信息。而且，消费者访问APP的概率也比浏览网页书签高。

如今，移动APP正在影响购物者的行为。

相信每一个电商企业都知道，登录速度慢会毁了你的企业，因为很多没耐心的客户可能直接转向别的店铺。而且，如果一个网站的登录时间超过3秒，40%的消费者会放弃这个网站。记住，并不是所有移动用户随时都有畅通的4G网络。电商企业必须确保每一个手机用户都能轻松登录你的网站或者是APP。所以，不妨入手一个购物APP，移动APP比响应式网站更易登录。而且有功能性和更快的登录速度，这个是影响APP体验的最重要因素。

移动APP不仅仅是有非常有效的销售方式，而且，还是一款很棒的营销工具。

2017年，已经有许多的电商企业默默行动，或是聊天与购物相结合开发出更便利的APP，或是开展VR电商，VR是一个非常热门的新兴概念，将变革消费者移动购物的方式。VR让顾客高度参与，把移动APP变成最优秀的电商应用。

根据最新数据显示，消费者会花费90%的时间浏览APP，仅有10%用于浏览网站。虽然这个数据有一定偏差，但它仍然显示了APP巨大的营销能力。

移动互联时代下，各大巨头也纷纷出招。

就在前不久，移动电商纷争再起，京东方面已经有所行动，这一行动也暴露了京东的野心。京东商城方面将京东服饰家居事业部分拆，一分为二，分别成立了大服饰事业部和家居事业部。原美国汉佰集团大中国区总经理丁霞出任大服饰事业部总裁，居家生活事业部总裁则由原京东集团副总裁、服饰家居事业部负责人辛利军担任。

京东方面表示，京东的服饰发展为中国第二大B2C平台，并且是京东目前增速最快的品类。2016年，国际时装周还出现了京东服饰的影子，推出订制频道，走向全球。

京东作为一个体量巨大的网络零售商城，下一步一定是开始对内部结构进行调整。京东的此番调整，已经明确目标阿里，市场就那么大，京东要如何下手开抢，只靠目前的调整还是远远不够的。

未来，移动电商将更健康的发展，会有更多的APP进入到这个圈子。

思考：移动互联网时代，传统企业应如何应对？

任务一　移动电子商务的产生与发展

随着移动智能终端的普及，中国移动电子商务用户消费习惯逐渐形成，传统电商巨头纷纷布局移动电商，众多新型移动电商购物平台不断涌现。虽然它们没有传统电商庞大的客户资源和资本投入等优势，但是作为移动电商的最先实践者，积累了不少固定客户和实战经验，开始在移动电商竞争格局中拥有一席之地。

一、移动电子商务产生的背景

近年来，随着无线上网技术的迅速发展，移动电子商务逐渐走进人们的视野，人们开始使用手机、掌上电脑等工具享受移动电子商务带来的便捷和乐趣。移动电子商务的产生不是偶然的,有其必然的历史背景。

(一)无线网络协议 WAP 的不断完善

网络发展离不开网络协议的支持,随着互联网的不断发展,新的无线协议标准不断出现并逐步取得一致,无线协议标准的统一将促进异构无线装置的互联和通信,如最初的 WAP 标准。最初的 WAP 协议缺点很多,如服务费较高、WAP 网站内容贫乏、WAP 可持续服务跟不上等。

(二)接入技术日益成熟

传统的接入技术包括时分多址、码分多址以及全球移动通信系统等,其缺点是传输速率较低。

(三)无线上网费用不断降低

无线上网的硬件成本如手机、掌上电脑等设备的费用逐渐降低,这就造成了无线接入的低门槛,全程无线上网用户规模迅速增加。

综上所述,移动电子商务的前提已经得到了满足,移动电子商务的发展将进入调整发展阶段。

中国移动电子商务的起步虽然相对较晚,但是随着用户认识的逐渐提高,移动电子商务的巨大潜力逐步显现出来。目前,我国的手机普及率已经超过了英美等一些发达国家。2012 年 9 月《国内贸易发展"十二五"规划》(国务院办公厅印发)中明确提出要大力发展电子商务,并且要支持发展移动电子商务等新型电子商务模式。移动电子商务业务服务的内容越来越丰富,手机支付、手机购物、手机游戏、移动即时通信等不断涌现和改进。相信随着移动互联网的宽带化、终端(尤其是手机)的智能化,以及电子商务企业、移动运营商等的推动,移动电子商务在中国必将蓬勃发展。

在政策环境方面,近几年来我国不断出台了多项利好政策,创造良好的政策环境,以切实行动大力支持移动电子商务活动的实施。区域性的移动电子商务试点示范工程在全国范围内广泛开展,福建、深圳等地方政府纷纷出台政策和规范鼓励进行移动电子商务的建设。

在消费环境方面,我国迅猛增长的网购交易规模、三大运营商不断下调的资费都是拉动和促进移动电子商务发展的有利因素。随着 PC 购物网民向移动互联网的转移,以及手机终端用户向移动互联网的渗透,我国移动电子商务将高速发展。同时,我国传统电子商务的成功发展和我国庞大的手机用户群也为移动电子商务的发展奠定了良好的基础。

在应用环境方面,3G 牌照的发放开启了我国 3G 元年,使基础设施建设迈上了新台阶。近年来,传统电子商务服务商、移动通信运营商、应用软件提供商和新兴的移动电子商务服务商都积极推进移动电子商务平台的建设,不断丰富了平台的商品种类和服务内容,创造了较好的商务环境和消费氛围,促进了移动电子商务的发展。另外,大屏幕、全键盘、支持 WEFI 和 WAPI 的智能手机不断出新,价格不断降低,使智能手机的数量迅速提升。智能手机的大规模使用大大改善了用户体验,推进了移动电子商务的实施进程。

二、移动电子商务的现状

手机用户数量和用手机上网用户数量的攀升,智能手机及平板电脑的普及,上网速度的提升,无线宽带资费的下调,传统电子商务的转型,为移动电子商务的发展奠定了良好的基础。

（一）手机网民的规模不断扩大

目前，手机超过其他终端成为第一大上网方式。网民互联网接入方式的改变使移动电子商务的应用越来越广泛，移动电子商务的发展出现一个崭新的格局。

（二）智能终端的性能不断提升

随着智能终端在手持设备领域的快速普及，消费者对于智能终端的选择也已经呈现多样化和个性化，特别是对于智能终端内容的选择已经成为消费者更为看重的一个关键因素。

目前的智能终端，其屏幕更大、色彩更清晰，而且速度也更快，性能的提升也吸引了更多的用户去购买使用。用户需求和技术发展的相互作用，推动智能终端向着更高速运算、更智能化的方向发展，从而吸引更多的用户使用，并使移动服务向纵深处发展和延伸。

（三）移动电子商务的应用不断创新

移动电子商务在当今社会已经被越来越多的人所熟知并使用。运营商手机上网费用的下降、手机终端功能的提升，以及相关政府部门的高度重视，促进这一产业的高速发展，移动电子商务业务范围也逐渐扩大，涵盖了金融、信息、娱乐、旅游和个人信息管理等领域，主要提供网上银行业务、网上订票、网络购物、娱乐服务、网络比价、信息推送与分享等服务。目前，消费者已经基本养成了通过移动智能终端上网的习惯，为移动电子商务的进一步发展奠定了良好的基础。

三、移动电子商务存在的问题

相对于传统的电子商务来说，移动电子商务可以随时随地为用户提供所需的信息、应用和服务，同时满足用户及商家安全、社交及自我实现的需求，其优势明显。但是，移动电子商务发展体系并不完善，仍然面临许多问题，如移动网络安全问题、移动支付机制问题、移动电子商务的技术支持问题、移动电子商务的法律问题和用户与传统商家的观念问题等。

（一）移动网络安全问题

安全性是影响移动电子商务发展的关键问题。移动电子商务虽然诞生于电子商务，但是其通过移动终端上网的特性决定了它存在与普通电子商务不同的安全性。由于目前的移动支付行为是基于移动终端上绑定的银行卡、信用卡与商家之间完成，或者基于手机 SIM 卡与 POS 机近距离完成，如果丢失移动终端或者密码破解、信息复制、病毒感染等安全问题都有可能对移动支付造成重大的损失。另外，移动商务平台运营管理漏洞也是造成移动电子商务安全威胁的一个方面。目前用于上网的移动终端主要有手提电脑、手机、PDA 等，保障这些移动设备本身的安全以及在使用这些设备时遵循安全操作规范是移动电子商务安全保障的一个前提。

（二）移动支付机制问题

随着 3G 网络建设、物联网技术应用、智能终端普及等基础设施的不断完善，移动支付已经成为电子支付方式的主流发展方向和市场竞争焦点，但也存在一些支付机制的问题。在支付公司方面，虽然已经基本解决了传统的支付安全问题、支付费用问题等，但是近年来涌现众多的支付公司，使部分支付公司的盈利状况下滑，有的支付公司连基本的生存都成问题；在银行方面，飞速发展的互联网彻底颠覆了银行对持卡用户的传统服务思维，使之变得更加电子化、便捷化和个性化。

虽然网银打开了银行的电子通道，使得银行的电子渠道能力越来越强，但是这些电子通道的承载能力、安全保障、产品易用性、资费定价方式等需要大幅优化，才能满足用户急速膨胀的消费需求。另外，各大银行的支行为了存款或其他竞争性资源近乎"无底线"地放宽接入限制、调低接入价格，良莠不齐的电商和第三方支付公司产生了相当可观的交易规模，却也透支了这些电子渠道的生命力，特别是安全性得不到可靠的保障。某些公司的技术漏洞可能会影响使用同一类通道的所有同行，因此，移动支付机制问题可能会波及整个生态环境的安危。优秀的电商、支付公司与银行之间，要一起重新梳理和规划银行电子渠道的接入和使用规范，并划定出合适的成本空间来作为银行升级和创新的动力。

（三）移动电子商务的技术支持问题

以移动通信技术为基础的移动电子商务，必然受到通信技术发展水平的限制。

（1）无线信道资源短缺、质量不稳定。与有线相比，对无线频谱和功率的限制使其带宽成本较高、连接可靠性低，超出覆盖范围，信号就难以接入。

（2）移动终端设备性能相对低下。尽管各大厂商一直在大力提升处理器性能、屏幕质量和数据传输速度，但随着移动设备功能的不断强大，移动设备的耗能量也增大，电池供电时间随之缩短，从而降低了移动终端的便携性。虽有充电宝等产品的补充，但是还是有美中不足。

（3）TD终端发展不足，支持移动电子商务的TD终端和技术研发仍需加快。

以上技术支持问题都制约着移动电子商务的发展。

（四）移动电子商务的法律问题

我国已经制定了《电子商务签名法》《互联网信息内容服务管理办法》《网上银行业务管理暂行办法》等一系列的法律规范，有效规范了电子商务的发展，但是国内还没有一部针对移动电子商务的法律法规，通过法律手段解决移动电子商务交易各方的纠纷成为法律上的一个空白区域。政府应加强移动电子商务法律规范的建设，制定有利于移动电子商务发展的相关政策，建立有效的移动电子商务发展的管理体制，加强互联网环境下的市场监管，规范网络交易行为，保障用户信息与资金安全。只有这样，消费者才能彻底消除安全等方面的疑虑，更多地选择移动电子商务这种快捷、便利的商务模式，并由此推动移动电子商务市场朝着健康的方向发展。

（五）用户与传统商家的观念问题

目前，移动电子商务的市场机制还不规范，缺少必要的法律体系与信用机制的保障，从而影响了用户从事移动电子商务的积极性。另外，部分企业的信用机制还不够完善，人们的消费观念还比较保守，大部分消费者往往喜欢到实体的地方进行消费与服务，这在很大程度上阻碍了移动电子商务的发展。不仅用户的消费观念要培养，更要培养传统的线下商家。很多传统商家的年龄群在50岁以上，他们对移动互联网的概念薄弱，因此要培养这些传统的商家融入移动互联网的浪潮中，仅用团购把他们与互联网联系起来还不够，还需要提高商家的移动互联网意识。

四、移动电子商务的发展前景

移动电子商务为电子商务的发展注入了新的活力，拓展了电子商务的发展空间，给电子商务带来了新一轮的发展机遇。移动电子商务给用户带来更方便快捷的网上支付、时尚准确的个性化服务、安全及时的信息化服务和交易体验；为商家提供了高效、优质的信息服务，拉近了商家和用户的距离，减少了交易的成本。移动电子商务应用的发展前景广阔，其发展趋势主要体现在以下几方面。

（一）购物与交易模式升级，移动购物已经初步形成规模

随着WiFi、4G的提速和普及，移动智能设备的平民化，越来越多的用户选择"边走边购物"的移动购物模式。移动购物的优点是可以突破时间和空间的限制，随时随地、方便快捷地进行网上购物。移动智能设备制造商不断改进的设备吸引了人们的眼球，使未来中国的手机购物和网络交易迎来一个高速增长期，它将成为继网络购物之后，人们购物模式的又一次升级。

移动购物的隐患在于支付和安全方面，目前，银联支付、支付宝、易付通、网银在线等支付平台，正在努力把PC平台经受考验的技术、渠道储备纷纷转移到移动平台。

（二）基于位置的服务技术的引入，为产业链中各参与方带来更多的商机

基于位置的服务（location based service，LBS）是通过电信移动运营商的无线电通信网络或外部定位方式（如GPS）获取移动终端用户的位置信息，在地理信息系统平台的支持下，为用户提供相应服务的一种增值业务。

基于位置的服务技术的引入，使移动电子商务运营商可以根据用户的位置信息推出相应的电子商务服务，从而获得收益。例如，向商家提供广告服务，为用户提供周边信息服务，还可以向商家提供流量分析工具服务等。商家也可以与应用提供商合作，利用手机良好的互动性和对用户行为可跟踪的特性，对目标用户进行深入挖掘，锁定目标人群，进行针对性的移动营销，并通过短信、二维码等多种方式向锁定的目标用户群发送广告、代金券、优惠券等信息。基于位置的服务技术的引入，使用户的搜索成本降低，不仅为用户带来了更低的商品折扣，也使用户真切地体验到了移动电子商务带来的实惠。

在不久的将来，随着移动电子商务业务的不断拓展，LBS将在更多的范围内得到广泛应用，为产业链中的各参与方带来更多的商机。

（三）自动识别技术的应用，提高了搜索的速度

现有移动电子商务的商品搜索主要是利用文字信息进行搜索。目前，在移动终端输入文字已有多种形式，但大量文字的输入依然面临中文、英文、数字等切换的麻烦，很多潜在的用户就在这一环节里流失。二维码及图像识别技术目前在移动电子商务中的广泛应用，提高了用户利用移动网络对商品信息的搜索速度。

由于目前的移动智能终端都配有摄像头，因此，用户可以轻松利用移动智能终端携带的图像识别技术软件，扫描二维码即可完成搜索功能，快速了解哪里可买到所需的最价廉物美的商品或到达所需的网站地址。自动识别技术在移动电子商务中的应用，为用户及商家节约了大量的时间，大大拉近了商户与最终用户的距离，减少了中间的交易环节。随着自动识别技术的不断提高，用户可以通过对二维码、RFID等的识别，快速完成商品搜索、信息验证及身份识别，增强了交易环节的安全防范功能。正由于有这样的应用优势，未来的移动电子商务业务中，自动识别技术会广泛地应用于移动电子商务的各个环节，从而最大程度地改善用户在网上的各种体验。

（四）微护照验证技术的应用，推动O2O和移动电子商务的发展

微护照（weipass）系统是以移动身份识别技术为核心，基于近场混行通信技术的专业第三方电子凭证平台。它由用户手机APP软件或HTML5验证页面、后台数据认证中心

和前端微印章、微 POS 机等专用验证设备组成。这一平台支持 NFC、BLE 和超声波通信等多种近场通信技术，可为 O2O 电子商务、移动电子支付和其他各类的移动应用，提供具有金融等级安全加密机制的电子凭证发放和验证服务。它是联结商家与消费者，确保线上交易权益在线下落地的电子商务基础平台。

作为专业的第三方电子凭证平台，微护照通过不断升级的技术服务，可协助合作伙伴应对复杂的商业应用环境，迅速扩大对商户的覆盖及市场占有。同时，通过对接微信、微博等多种社交应用和社会化媒体，合作伙伴的电子凭证可在社会化网络中进行发行、分享、转让，从而快速扩大营销效果，提高用户的使用体验。

如果各应用厂商采用微护照验证技术，将会大规模地推动 O2O 和移动电子商务的发展。但是，是否能形成移动商务闭环网络，从而在实际生活中造福消费者，关键取决于团购、票务、支付等一大批移动电子商务厂商的态度和行动。

任务二　移动电子商务的含义与特征

一、移动电子商务的含义

国内外不同的专家和学者对于移动电子商务有不同的界定。早期的研究认为，它是借助便携式的移动终端（如手机、笔记本电脑、PDA 等）进行交易和服务的过程。Clarke(2001)认为，移动电子商务是通过移动网络实现的具有金钱价值的所有交易。Tsalgatidou 和 Pitoura(2001)提出，通过移动终端设备并基于移动通信网络的任何有经济价值的交易都可以被看作是移动电子商务。Kalakota 和 Robinson(2003)指出，移动电子商务是指在移动过程中实现各种商务交易，是依靠移动设备保持商业关系和存储销售、服务、商品信息所要求的应用平台，是为满足新客户渠道和迎接挑战的电子服务的合理延伸。Mylonopoulous 等(2003)则从系统角度提出，移动电子商务是建立在一定的社会经济环境和不同技术基础之上的有关个人与企业交互式的生态系统。

从广义上来讲，移动电子商务是包括所有以移动终端设备（包括个人数字助理 PDA、平板电脑、手机、便携式计算机等）为平台，由无线通信网络支持的各种应用和服务。与其他便携移动设备不同的是，手机终端在作为移动通信工具的很长一段时间内已经积累了大量的用户。而对于移动电子商务服务而言，从广义上可以分为内容传递（如咨询信息等）、商品或服务交易（如通过手机进行购物等行为）两类。现有的研究基本上都集中在第二类移动电子商务中，如移动订票、移动广告（电视）、移动即时通信、手机银行、移动证券、手机支付等商品或服务交易。

简单来说，移动电子商务是通过智能手机、便携式电脑、掌上电脑等移动终端以及无线通信模块所进行的电子商务活动，它是无线通信技术和电子商务技术的有机统一体。初期的移动电子商务应用以移动支付为主，如电信运营商的手机钱包和手机银行等业务，用户使用这类业务可以实现手机购票、手机购物和公共事业缴费等。

移动电子商务是对传统电子商务的有益补充，具有商务活动即时、身份认证便利、信息传递实时、移动支付便捷等特点。随着无线通信技术的发展，智能移动终端性能的提升，移动电子商务应用领域不断地拓展与创新，由最基本的移动支付转向商务活动的各个环节，例如，用户可以直接利用移动设备进行网上身份认证、账单查询、网络银行业务、基于位置的服务、互联网电子交易、无线医疗等。

二、移动电子商务的特征

移动电子商务的迅速崛起给人们的生活带来变革性的影响，它主要具有以下几个方面的特点。

（一）泛在性

移动电子商务活动不受时间和地点的约束，随着无线网络技术和基础设施的不断发展与完善，任何人通过笔记本电脑、手机、PDA等移动上网设备，都可以在任何时间和地点使用无线网络的相关应用和即时获取所需要的信息。在移动电子商务时代，通过整合移动设备终端、无线网络与企业内部资源，即时访问和查询企业内部数据库，并回传相关信息或进行交易，从而大大提高了企业移动工作者的工作效率，避免了随时携带庞大资料进行办公的麻烦。

（二）即时连通性

移动电子商务可以简单、快速地连接到互联网、企业内部网等，做到即时响应，大大提高了工作效率，节约了客户交易时间。消费者通过移动电子商务可以随时随地获取其所需要的相关信息、服务和娱乐活动，可以在方便的时候使用各种移动终端设备完成查询、选择和购物等多种服务，即时完成采购和实施商业决策也变得可行。此外，还可以通过多种方式支付服务费用，从而满足消费者的各种不同需求。

（三）个性化服务

在任何地点、任何时间，顾客可以对传递的资讯进行数据挖掘等技术分析，得到更高价值的信息。移动电子商务可以完全根据消费者的个性化需求和个人偏好进行订制，消费者完全自己选择移动终端设备以及掌控服务与信息的提供方式。

（四）定位性

移动电子商务最具特色的基础功能就要属位置定位和跟踪功能了。通过GPS定位系统，移动电子商务还可以提供基于位置的服务，如查找附近的ATM机、美食和酒店、帮助车主寻找就近停车位等。

（五）便捷性和移动性

无线网络的广阔覆盖范围使得为移动用户提供移动服务成为可能。由于移动设备（手机等）通常是小巧方便的，用户往往会随身携带。对于经常需要在户外工作的用户或者正在旅行的用户而言，用户在需要进行商务活动时，不必回到办公桌前就可以随时随地完成而不再受地点限制。移动电子商务的便捷性和移动性，大大提高了人们的办事效率，甚至这种便捷性和移动性还直接关乎用户经济利益的得失，例如，人们在等车、排队、乘坐公交的时候都可以查看股票行情、进行股票的买卖交易等。

任务三 移动电子商务技术

移动商务技术是移动电子商务发展的强大技术支撑。实践中，每一次移动技术的创新发展都会进一步推动移动电子商务的发展。从公众无线通信来看，WCDMA 和 CDMA 网络开始在全球快速部署，3G 的三大标准进一步成熟迅速抢占了市场。在近距离通信方面，蓝牙技术、RFID、NFC 集成到手机中，可以轻松实现支付和票务交易。

一、移动通信技术

第三代移动通信技术（3rd-generation，3G），是指支持高速数据传输的蜂窝移动通信技术。3G 服务能够同时传送声音及数据信息，速率一般在几百 kb/s 以上。3G 是指将无线通信与国际互联网等多媒体通信结合的新一代移动通信系统，目前 3G 存在四种标准：CDMA2000、WCDMA、TD-SCDMA 和 WiMAX。相对于 3G，4G 能够以 100Mb/s 的速度下载，比拨号上网快 2 000 倍，上传的速度也能达到 20Mb/s，并能够满足几乎所有用户对于无线服务的要求，这也给移动电子商务的发展带来诸多的机会。

二、近场通信技术

近几年，"移动支付年已经来临"这一说法甚是流行，而推动移动电子商务发展的关键因素就是近场通信（NFC）。近场通信是一种基于标准的通信技术，能够简化交易、精简数字内容的交换，通过接触方式接入电子设备。当用户持近场通信设备靠近目标对象时，通过直接接触或近距离（几厘米）非接触式读取，即可访问服务、与内容互动、建立连接、付款或出示活动入场券等。移动电子商务的主要参与者，包括谷歌、Visa 及多家领先的无线运营商都对这一技术投入了巨资。150 多家企业还联合成立了一个声势浩大的论坛，力推近场通信行业标准的制定。自 2008 年以来，200 多个近场通信试验项目已经启动，应用范围遍及 54 个国家。有几个国家的消费者已经可以使用手机简便快捷地完成付款交易。另一项近场通信应用计划"快速点击"（Quick Tap）于 2011 年 5 月在英国推出。该计划由电信运营商 Orange 公司、巴克莱银行、万事达卡、金雅拓和三星公司牵头，目前至少有 5 万家商户参与了该计划。为应对上述潮流，现有的数家支付市场参与者都在孜孜以求建立自身的服务计划，以期维持本企业在业内的地位。各硬件制造商也正在对近场通信押下重磅赌注。种种迹象表明，移动电子商务有着不可小觑的市场机会，未来 5 年有望实现飞跃发展。

三、IPv6

IPv6 是下一代互联网协议，它的提出是因为随着互联网的迅速发展，IPv4 定义的有限空间即将被耗尽，为扩大地址空间而产生的。由于其 128 位地址长度，几乎可以不受限制地提供地址。这为无线通信与视频识别（RFID）技术带来无限的发展空间，特别是地面移动终端数量剧增，能为每个设备分配一个永久的全球 IP 地址，所以能解决全球范围内的网络和各种接入技术之间的移动性问题。根据 2012 年 3 月七部委联合下发的《下一代互联网"十二五"发展建议意见的通知》，我国在 2013 年年底前逐步开展 IPv6 的小规模商用试点，形成商业模式和技术演进路线，为全面部署 IPv6 做准备。充沛的地址资源是这一过程得以顺利实施的基础，同时也会为移动电子商务带来机遇。

随着通信技术与互联网技术的发展，移动互联网呈现出蓬勃发展的局面，越来越多的企业把眼光放在移动电子商务上，同时各种各样的应用也逐渐进入人们的眼球。移动电子商务创造更多商业机会的同时，也会为自身的发展创造更多的商业机会。由于移动电子商务是通信技术和电子商务两大领域的结合体，使移动电子商务的参与者之间成新的产业链。新技术的不断诞生和应用，使智能移动终端给移动电子商务带来更大的想象空间，同时伴随着高速的发展，也会产生很多亟待解决的问题。无疑，移动电子商务将带给我们不一样的生活。

项目小结

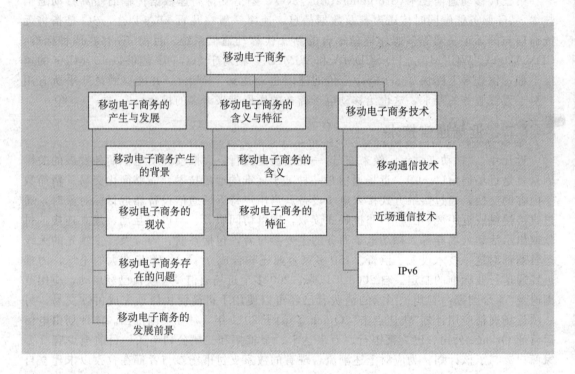

课后习题

1. 什么是移动电子商务？
2. 移动电子商务的发展前景如何？
3. 常用的移动电子商务技术有哪些？
4. 简述移动电子商务的特征。

项目十 跨境电子商务

> **知识目标**
> 1. 理解跨境电子商务的基本概念、特征、现状与发展、模式等。
> 2. 了解跨境电子商务物流。
> 3. 了解跨境电子商务的业务流程和相应工作任务中的基本知识。
> 4. 了解主流跨境电子商务平台。

> **能力目标**
> 1. 能自主学习新知识、新技术和新工艺。
> 2. 能通过各种媒体资源查找所需信息。

案例导入

PingPong 与 Newegg 联手打造跨境电商"新诞计划"

在覆盖了 Amazon 和 Wish 平台以后,国内首家进军跨境收款及跨境支付的 PingPong 金融正式宣布与美国知名电商平台 Newegg 达成战略合作。4 月 19 日起,Newegg.com(美国 B2C)、Neweggbusiness.com(美国 B2B)的中国商户可以享受高效、安全、经济的 PingPong 收款服务。

同时,PingPong 将和 Newegg 联合推出跨境电商"新诞计划",以百万流量扶持中国卖家,目标在 6 个月内强势助力 100 位新开店卖家,成为 Newegg 平台的强势品牌。

Newegg 是美国规模最大的专业 IT 数码类网上零售商。据官方资料显示,Newegg 平台拥有 3 000 多万的注册用户、2 200 万在售商品、2 600 多个商品品类以及高达 75% 的重复购买率。2013 年开始,Newegg 平台已经吸收大量的中国卖家进驻,它们渴望更高效、安全、经济的收款服务。

PingPong 的 CMO Aaron 表示,近两年,Newegg 很关注中国卖家的成长,这与 PingPong 的价值观十分契合。中国拥有品类齐全、迭代迅速的数码 3C 行业,以及不逊于任何国家的生产能力,我们相信借助 PingPong 和 Newegg 的牵手,可以帮助中国卖家更好地输出这些产品，输出中国的创新力。

为了达成这一目标，PingPong 和 Newegg 回到原点，从中国卖家真正的需求点出发，为卖家的成长提供强有力的支持。整合双方在平台、营销、收款等方面的优势，消除中国卖家走向世界的贸易壁垒，帮助中国优质数码产品货通全球……对于 PingPong 而言，这些事情无比重要且神圣，"可以说是每个 PingPong 人的使命"，Aaron 这样形容。

"新诞计划"意为"新的未来，从此刻诞生"，是 PingPong 和 Newegg 为中国制造转型升级联合推出的新卖家扶持计划。加入"新诞计划"的卖家可享受多项福利，包括平台费率与物流服务费用大大降低、收款服务优惠、站内引流支援、快速入驻通道、官方培训机会。

思考：PingPong 与 Newegg 联手打造跨境电商"新诞计划"的意义何在？

任务一　跨境电子商务概述

跨国电子商务是指分属不同关境的交易主体，通过电子商务平台达成交易、进行支付结算，并通过跨境物流送达商品、完成交易的一种国际商业活动。以互联网、移动互联网为技术手段，对传统贸易商进行互联网化转型升级。跨境电子商务作为推动经济一体化、贸易全球化的技术基础，具有非常重要的战略意义。

跨境电子商务不仅冲破了国家间的障碍，使国际贸易走向无国界贸易，同时它也正在引起世界经济贸易的巨大变革。对企业来说，跨境电子商务构建的开放、多维、立体的多边经贸合作模式，极大地拓宽了进入国际市场的路径，大大促进了多边资源的优化配置与企业间的互利共赢；对于消费者来说，跨境电子商务使他们非常容易地获取其他国家的信息并买到物美价廉的商品。

一、跨境电子商务的特征

（一）全球性

网络是一个没有边界的媒介体，具有全球性和非中心化的特征。依附于网络发生的跨境电子商务也因此具有了全球性和非中心化的特性。与传统的交易方式相比，电子商务的重要特点在于电子商务是一种无边界交易，丧失了传统交易所具有的地理因素。互联网用户不需要考虑跨越国界就可以把产品尤其是高附加值产品和服务提交到市场。网络的全球性特征带来的积极影响是信息的最大程度的共享，消极影响是用户必须面临因文化、政治和法律的不同而产生的风险。任何人只要具备了一定的技术手段，在任何时候、任何地方都可以让信息进入网络，相互联系进行交易。美国财政部在其财政报告中指出，对基于全球化的网络建立起来的电子商务活动进行课税是困难重重的，因为电子商务是基于虚拟的电脑空间展开的，丧失了传统交易方式下的地理因素；电子商务中的制造商容易隐匿其住所而消费者对制造商的住所是漠不关心的。例如，一家很小的爱尔兰在线公司发布一个可供世界各地的消费者点击观看的网页，就可以通过互联网销售其产品和服务，只要消费者接入了互联网，就很难界定这一交易究竟是在哪个国家内发生的。

这种远程交易的发展给税收当局制造了许多困难。税收权力只能严格地在一国范围内实施，网络的这种特性为税务机关对超越一国的在线交易行使税收管辖权带来了困难，而且互联网有时扮演了代理中介的角色。在传统交易模式下往往需要一个有形的销售网点的存在，例如，通过书店将书卖给读者，而在线书店可以代替书店这个销售网点直接完成整个交易，问题是税务当局往往要依靠这些销售网点获取税收所需要的基本信息，代扣代缴所得税等，没有这些销售网点的存在税收权力的行使也会发生困难。

（二）无形性

网络的发展使数字化产品和服务的传输盛行。数字化传输是通过不同类型的媒介，如数据、声音和图像在全球化网络环境中集中而进行的，这些媒介在网络中是以计算机数据代码的形式出现，是无形的。以一个 E-mail 信息的传输为例，这一信息首先要被服务器分解为数以百万计的数据包，然后按照 TCP/IP 协议通过不同的网络路径传输到一个目的地服务器并重新组织转发给接收人，整个过程都是在网络中瞬间完成的。电子商务是数字化传输活动的一种特殊形式，其无形性的特性使得税务机关很难控制和检查销售商的交易活动，税务机关面对的交易记录都是数据代码，使税务核查员无法准确地计算销售所得和利润所得，从而给税收带来困难。

数字化产品和服务基于数字传输活动的特性也必然具有无形性，传统交易以实物交易为主，而在电子商务中，无形产品却可以替代实物成为交易的对象。以书籍为例，传统的纸质书籍，其排版、印刷、销售和购买被看作是产品的生产、销售。然而在电子商务交易中，消费者只要购买网上的数据权便可以使用书中的知识和信息。而如何界定该交易的性质、如何监督、如何征税等一系列的问题却给税务和法律部门带来了新的难题。

（三）匿名性

由于跨境电子商务的非中心化和全球性的特性，因此很难识别电子商务用户的身份和其所处的地理位置。在线交易的消费者往往不显示自己的真实身份和自己的地理位置，重要的是这丝毫不影响交易的进行，网络的匿名性也允许消费者这样做。在虚拟社会里，隐匿身份的便利会导致自由与责任的不对称。人们在这里可以享受最大的自由，却只承担最小的责任，甚至干脆逃避责任。这显然给税务机关制造了麻烦，税务机关无法查明应当纳税的在线交易人的身份和地理位置，也就无法获知纳税人的交易情况和应纳税额，更不要说去审计核实。

电子商务交易的匿名性导致了逃避税收现象的恶化，网络的发展降低了避税成本，使电子商务避税更轻松易行。电子商务交易的匿名性使应纳税人规避税收监管成为可能。电子货币的广泛使用，以及国际互联网所提供的某些避税地联机银行对客户的"完全税收保护"，使纳税人可将其源于世界各国的投资所得直接汇入避税地联机银行，规避了应纳所得税。美国国内收入服务处（IRS）在其规模最大的一次审计调查中发现大量的居民纳税人通过离岸避税地的金融机构隐藏了大量的应税收入。据美国政府估计，大约 3 万亿美元的资金因受避税地联机银行的"完全税收保护"而被藏匿在避税地。

（四）即时性

对于网络而言，传输的速度和地理距离无关。传统交易模式中，信息交流方式有信函、电报、传真等，在信息的发送与接收间，存在长短不同的时间差。而电子商务中的信息交流，无论实际时空距离远近，一方发送信息与另一方接收信息几乎是同时的，如同生活中面对面交谈。某些数字化产品如音像制品、软件等的交易，还可以即时清算，订货、付款、交货都可以在瞬间完成。

电子商务交易的即时性提高了人们交往和交易的效率，免去了传统交易中的中介环节，但也隐藏了法律危机。在税收领域表现为：电子商务交易的即时性往往会导致交易活动的随意性，电子商务主体的交易活动可能随时开始、随时终止、随时变动，这就使税务机关难以掌握交易双方的具体交易情况，不仅使税收的源泉扣缴的控管手段失灵，而且客观上造成了纳税人不遵从税法的随意性，加之税收领域现代化征管技术的严重滞后，都使依法治税不能很好地落实。

（五）无纸化

电子商务主要采取无纸化操作的方式，这是以电子商务形式进行交易的主要特征。在电子商务中，计算机的电子通信记录取代了一系列的纸面交易文件，用户发送或接收电子信息，由于电子信息以比特的形式存在和传送，整个信息发送和接收过程实现了无纸化。无纸化带来的积极影响是使信息传递摆脱了纸张的限制，但由于传统法律的许多规范是以规范"有纸交易"为出发点的，因此，无纸化带来了一定程度上法律的混乱。

电子商务以数字合同、数字时间取代了传统贸易中的书面合同、结算票据，削弱了税务当局获取跨国纳税人经营状况和财务信息的能力，且电子商务所采用的其他保密措施也将增加税务机关掌握纳税人财务信息的难度。在某些交易无据可查的情形下，跨国纳税人的申报额将会大大降低，应纳税所得额和所征税款都将少于实际所达到的数量，从而引起征税国国际税收流失。例如，世界各国普遍开征的传统税种之一的印花税，其课税对象是交易各方提供的书面凭证，课税环节为各种法律合同、凭证的书立或做成，而在网络交易无纸化的情况下，物质形态的合同、凭证形式已不复存在，因此印花税的合同、凭证贴花（即完成印花税的缴纳行为）便无从下手。

（六）快速演进

互联网是一个新生事物，现阶段它尚处在幼年时期，网络设施和相应的软件协议的发展具有很大的不确定性。但税法制定者必须考虑的问题是网络必将以前所未有的速度和无法预知的方式不断演进。基于互联网的电子商务活动也处在瞬息万变的过程中，短短的几十年中，电子交易经历了从EDI到电子商务零售业兴起的过程，而数字化产品和服务更是花样出新，不断地改变着人类的生活。

一般情况下，各国为维护社会的稳定，都会注意保持法律的持续性与稳定性，税收法律也不例外，这就会引起网络的超速发展与税收法律规范相对滞后的矛盾。如何将分秒都处在发展与变化中的网络交易纳入税法的规范，是税收领域的一个难题。网络的发展不断给税务机关带来新的挑战，税务政策的制定者和税法立法机关应当密切注意网络的发展，在制定税务政策和税法规范时充分考虑这一因素。

跨国电子商务具有不同于传统贸易方式的诸多特点，而传统的税法制度却是在传统的贸易方式下产生的，必然会在电子商务贸易中漏洞百出。网络深刻地影响着人类社会，也给税收法律规范带来了前所未有的冲击与挑战。

二、跨境电子商务的意义

跨境电子商务作为推动经济一体化、贸易全球化的技术基础，具有非常重要的战略意义。跨境电子商务不仅冲破了国家间的障碍，使国际贸易走向无国界贸易，同时它也正在引起世界经济贸易的巨大变革。对企业来说，跨境电子商务构建的开放、多维、立体的多边经贸合作模式，极大地拓宽了进入国际市场的路径，大大促进了多边资源的优化配置与企业间的互利共赢；对于消费者来说，跨境电子商务使他们非常容易地获取其他国家的信息并买到物美价廉的商品。

三、跨境电子商务的现状

（一）跨境电商交易规模持续扩大，占进出口贸易额比例不断提高

当前外贸增速下降，为开拓市场、提高效益，越来越多的商家开始着力于减少流通环节、降低流通成本、拉近与国外消费者距离，而跨境电子商务正为此提供了有利的渠道。2012年，我国外贸进出口超过美国，成为世界进出口贸易规模最大的国家，同时跨境电商贸易也快速增长。2014年，我国跨境电商交易规模为4.2万亿元，增长率为35.48%，占进出口贸易总额的15.89%。跨境电商平台企业超过5 000家，境内通过各类平台开展跨境电子商务的企业超过20万家。2016年，我国跨境电商交易规模从2008年的0.8万亿元增长到6.5万亿元，占整个外贸规模的19%，年均增速近30%。

（二）从进出口结构来看，出口跨境电商有望延续快速发展态势

我国跨境电商出口占比近九成。从2014年我国跨境电商的进出口结构看，2014年，我国跨境电商中出口占比达到86.7%，进口占比为13.3%。未来几年跨境电商进口的份额占比将逐步提升，随着网购市场的逐步开放以及消费者网购习惯的形成，未来进口电商仍有很大的发展空间，占比也将逐步提升，尤其是以海淘为代表的境外购物方式正受到越来越多国内消费者的青睐，所以跨境电商进口份额占比将会保持相对平稳、缓慢的提升。

跨境电商出口方面，出口电商零售部分近几年规模成长很快，2013年，出口电商零售交易额已达240亿美元，同比增长60%，其中第三方跨境平台类凭借低门槛、广覆盖的特点近年来迅速壮大，阿里速卖通已成为全球最大的跨境交易平台，而eBay、Amazon也在借助自身平台优势将国内产品销售至海外消费者。随着物流配套的持续升级，尤其是海外仓储模式的兴起，出口电商在品类与区域扩张上正在加快，而整个支付体系的进一步打通也将有助于跨境购物的便利化与安全化，这些都将促进跨境支付业务迎来实质性发展。

（三）以业务模式来看，跨境电商以B2B业务为主，B2C跨境模式逐渐兴起

跨境电商按照运营模式可分为跨境B2B和跨境零售（B2C和C2C）。其中，外贸B2B在跨境电商中居于主导地位，以阿里巴巴与环球资源为代表的B2B模式主要是信息与广告发布为主，凭借收取会员费和营销推广费盈利。这是因为外贸B2B单笔交易金额较大，大多数订单需要进行多次磋商才能达成协议，同时长期稳定订单较多，一般只在线上进行贸易信息的发布与搜索，最终交易在线下完成。而零售跨境电商直接面对终端客户，目前在跨境电商中比重较低。从2014年我国跨境电商的交易模式看，跨境电商B2B交易占比达到92.4%，占据绝对优势，预计2017年我国跨境电商中B2B交易占比仍将达到89%左右。

四、行业发展趋势

（一）跨境电商将在进出口贸易中占据更加重要的地位

在经济全球化趋势下，伴随着世界经济的发展，国际人均购买力不断增强。同时，网络普及率提升，物流水平进步，网络支付环境也得到了长足的改善。这些因素都将有力地促进跨境贸易特别是跨境电商交易的发展。据预测，2017年，我国跨境电商规模将达8万亿元、复合增速26%，行业仍将处于快速增长阶段。

（二）跨境电商进口业务比重将提升

当前，我国跨境电商贸易以出口业务为主，2014年，出口业务占比86.7%，而进口比重仅为13.3%。随着国内市场对海外商品需求的增长，跨境电商进口比重将逐步上升，

跨境进出口业务结构将会有明显的改变。

（三）小批量、碎片化的外贸订单需求将不断提升

一直以来，由于B2B业务单笔交易金额大、长期稳定订单多，我国外贸B2B业务在跨境电商中居于主导地位。但金融危机以来，国外企业受制于市场需求乏力和资金限制等问题，未来B2B业务的比重将下降。与此同时，个人的购买力相对持续稳定，网络和物流的发展也为B2C业务创造了条件。因此，小批量、碎片化的外贸订单需求将进一步提高，并成为促进跨境电商发展的重要基础动力。

（四）移动化和社交化趋势更加明显

移动互联网的发展让跨境电商开始走向移动化，利用移动终端的便捷、灵巧的特点既能实时满足消费者的需求，又能够节省时间成本。同时，社交化也是一种非常重要的互联网发展趋势，这就决定了跨境电商朝这两方面发展。

（五）跨境电商企业的全球供应链不断优化

京东全球购、天猫国际等一些从事跨境进口业务的企业不断优化自身的全球供应链，加强与国外品品牌供应商长期合作，掌握一定的采购议价能力，降低产品成本。同时，通过海外直邮、保税备货等多种方式为消费者提供更多的选择。

（六）跨境电商监管体系逐渐形成

政府通过不断完善监管政策，逐步实现监管流程优化，主要包括金融财税政策、物流服务、交易纠纷处理机制、网络安全、跨境数据流动、信息隐私保护等围绕跨境电商的规则系统。

五、跨境电子商务存在的问题

（一）法律法规不健全

跨境电子商务需要完备的法律制度保障市场主体的权益、消费者的权益以及企业创新的权益。目前，我国在跨境电子商务领域还没有专门的法律法规出台，经济贸易领域的法律法规中也缺乏与电子商务相关的条款，现行的法律无法规制。例如通关方面，跨境电子商务的许多交易是小额交易，但是我国对于小额交易通关还没有相关的监管规定，网上交易普遍缺乏合同文本、购物凭证或服务单据，这很容易引发纠纷问题。

（二）管理机制需完善

跨境电子商务出口目前以中小额交易为主，且B2C电子商务市场上的产品准入门槛较低，大量低附加值、无品牌、假货仿品充斥跨境电子商务市场，解决这些问题涉及海关、国检（检验检疫）、国税（纳税退税）、外管局（支付结汇）、商委或外经贸委（企业备案、数据统计）等政府职能部门。

（三）竞争优势未形成

我国跨境电子商务虽然近年来发展较快，但全球竞争力排名依然比较落后，相关资料显示，从连贯性和技术基础设施、商务环境、社会文化环境、法律环境、政府政策、消费者和企业接受度六个方面来看，我国跨境电子商务仅排在全球第56位，信用、物流、通关、检验检疫、支付、结汇、退税等诸多环节存在的问题，以及现行管理体制、政策、法规等都影响了跨境电子商务的发展。从中国发货到全球，一般至少需要7~15天，有的甚至要1个月才能送达购买者。而且，中国的跨境电子商务主要还是以低廉的价格来赢得客户，出售的产品大多是配件类的商品，边缘化、非主流的产品。中国跨境电子商务依然是靠价格优势来获得市场，需要提高跨境电子商务的发展质量，形成国家竞争优势。

(四) 市场秩序待规范

我国跨境电子商务(主要是B2C)在市场秩序方面较为混乱,虽然比较大的跨境电商平台较为规范,但平台上的交易企业或个人则存在五大隐患:一是避税,利用样品、广告品或个人邮政免税政策来避税;二是逃避商检,以个人邮来逃避商检所产生的费用,致使出现很多假冒伪劣商品;三是缺乏诚信,网络欺诈、侵权事件时有发生;四是不正当竞争,一些企业为了抢客户抢生意,故意压价甚至不惜血本挤垮竞争者;五是缺乏知识产权意识,出现侵犯知识产权行为,相关调查表明,61.5%的被调查跨境电子商务企业表明遇到过知识产权侵权的纠纷。这些问题不但影响了我国跨境电子商务的健康发展,也损害了中国产品和国际贸易的形象,并可能产生国际间的纠纷。

(五) 跨境物流不完善

跨境零售的小批量、碎片化是跨境电商的优势,但也带来了许多问题隐患,尤其表现在两个方面:一方面是邮政小包不可持续,据不完全统计,目前中国跨境电子商务市场超过60%的商品是通过邮政体系运输,跨境零售企业主要采取邮政小包的形式寄送产品,其价值不等,有的小包商品价值1美元都不到;另一方面是通过邮政小包不断的渗透,会给目的国海关税收造成不同程度的损失和影响,尤其是对以海关收入为主要财政收入的国家影响甚大。巴西、阿根廷、俄罗斯等国家已经开始收紧邮路包裹入关的管理政策,预计其他国家也会陆续对跨境电商的邮购小包采取一定的限制。

(六) 跨境纠纷难解决

跨境网购中存在相当多的纠纷,但是索赔困难,索赔率非常低,主要有四方面的原因:第一,运费的担负责任不明确,运费过高,交涉时间太长,手续烦琐;第二,沟通不畅,跨境网购中存在着很大的语言障碍,例如,购买前未很好地理解网站上关于商品的说明,以及购买后未对说明书进行阅读,影响产品的使用维护,以及买卖双方的协商沟通和售后服务;第三,退货产品通关缺乏明确的税收规定;第四,缺乏具有公权力或国际间的纠纷解决机制。据全球最大的电子商务平台eBay统计,中国大陆地区卖家在eBay完成的跨国交易中,平均每100个交易就会接到5.8个投诉,远高于全球平均水平(2.5个)。国外一些电子商务平台甚至针对中国卖家制定了歧视性的规定,如更高的佣金、更严厉的处罚措施等。

(七) 跨境电商人才缺乏

跨境电商属于交叉性学科,既有国际贸易的特点,也有电子商务的特点,兼具国际贸易和电子商务特征的跨境电商企业对综合性人才的需求较强,单一的专业人才可能无法满足企业的需求。目前的应届毕业生存在解决实际问题能力不强、专业知识不扎实、知识面窄、视野不够宽等问题。根据阿里研究院发布的《跨境电子商务人才研究报告》显示,跨境电商人才缺口很大,超过80%的被调查企业认为跨境人才缺乏。

任务二 跨境电子商务的模式简介

一、跨境电商模式概述

我国跨境电子商务主要分为跨境贸易和跨境零售两种模式。跨境零售包括B2C

（business-to-customer）和 C2C（consumer-to-consumer 或 customer-to-customer）两种模式。

跨境 B2B，指分属不同关境的企业对企业，通过电商平台达成交易、进行支付结算，并通过跨境物流送达商品、完成交易的一种国际商业活动，现已纳入海关一般贸易统计。B2B 模式下，企业运用电子商务以广告和信息发布为主，成交和通关流程基本在线下完成，本质上仍属传统贸易。

跨境 B2C，指分属不同关境的企业直接面向消费个人开展在线销售产品和服务，通过电商平台达成交易、进行支付结算，并通过跨境物流送达商品、完成交易的一种国际商业活动。B2C 模式下，我国企业直接面对国外消费者，以销售个人消费品为主，物流方面主要采用航空小包、邮寄、快递等方式，其报关主体是邮政或快递公司，目前大多未纳入海关登记。

跨境 C2C，指分属不同关境的个人卖方对个人买方开展在线销售产品和服务，由个人卖家通过第三方电商平台发布产品和服务售卖产品信息、价格等内容，个人买方进行筛选，最终通过电商平台达成交易、进行支付结算，并通过跨境物流送达商品、完成交易的一种国际商业活动。

跨境电商分为出口跨境电子商务和进口跨境电子商务。

我国跨境电商贸易以出口为主，2014 年占比 86.7%，但随着国内市场对海外商品需求的增长，跨境电商进口占比将不断提升，到 2017 年有望达到 16.2%。

2015 年是跨境电商初步洗牌的阶段，随之分别建立了合理的商业模式、规范的商品流转和商品品类结构，跨境电商（进口）基本确立了三大类别的商业模式：第一类是买手制，如洋码头、海蜜；第二类是平台入驻型，如天猫国际，京东国际；第三类是 B2C 自营，如蜜芽、波罗蜜。除此以外，如抓取数据的整合型卖场，单纯比价的搜索引擎型卖场，这些模式都已经逐步被市场证明没有竞争力。

模式盘点之前，先将传统意义上的"海淘"模式和现有的进口电商模式加以区分。

传统"海淘"模式是一种典型的 B2C 模式。严格来讲，"海淘"一词的原意是指中国国内消费者直接到外国 B2C 电商网站上购物，然后通过转运或直邮等方式把商品邮寄回国的购物方式。除直邮品类之外，中国消费者只能借助转运物流的方式完成收货。简单来讲，就是在海外设有转运仓库的转运公司代消费者在位于国外的转运仓地址收货，之后再通过第三方/转运公司自营的跨国物流将商品发送至中国口岸。

除了最为传统的海淘模式，我们根据不同的业务形态将进口零售类电商现有的主要运营模式分为五大类：海外代购模式、直发/直运平台模式、自营跨境 B2C 平台模式、导购/返利平台模式和海外商品闪购模式。

（一）海外代购模式

海外代购模式（简称"海代"）是继"海淘"之后第二个被消费者熟知的跨国网购概念。简单来说，就是身在海外的人/商户为有需求的中国消费者在当地采购所需商品并通过跨国物流将商品送达消费者手中的模式。

▶ 1. 海外代购平台

海外代购平台的运营重点在于尽可能多地吸引符合要求的第三方卖家入驻，不会深度涉入采购、销售以及跨境物流环节。入驻平台的卖家一般都是有海外采购能力或者跨境贸易能力的小商家或个人，他们会定期或根据消费者订单集中采购特定商品，在收到消费者订单后再通过转运或直邮模式将商品发往中国。

海外代购平台走的是典型的跨境 C2C 平台路线。代购平台通过向入驻卖家收取入场费、交易费、增值服务费等获取利润，如淘宝全球购、京东海外购、易趣全球集市、美国购物网等。

优势：为消费者提供了较为丰富的海外产品品类选项，用户流量较大。

劣势：消费者对于入驻商户的真实资质报以怀疑的态度，交易信用环节可能是 C2C 海代平台目前最需要解决的问题之一；对跨境供应链的涉入较浅，或难以建立充分的竞争优势。

▶ 2. 朋友圈海外代购

微信朋友圈代购是依靠熟人、半熟人社交关系从移动社交平台自然生长出来的原始商业形态。虽然社交关系对交易的安全性和商品的真实性起到了一定的背书作用，但受骗的例子并不在少数。随着海关政策的收紧，监管部门对朋友圈个人代购的定性很可能会从灰色贸易转为走私性质。在海购市场格局完成未来整合后，这种原始模式恐怕将难以为继。

(二)直发/直运平台模式

直发/直运平台模式下，电商平台将接收到的消费者订单信息发给批发商或厂商，后者则按照订单信息以零售的形式对消费者发送货物。代表平台有天猫国际、洋码头、跨境通、苏宁全球购、海豚村、一帆海购网、走秀网等。

由于供货商是品牌商、批发商或厂商，因此直发/直运是一种典型的 B2C 模式。我们可以将其理解为第三方 B2C 模式。

直发/直运平台的部分利润来自商品零售价和批发价之间的差额。

优势：对跨境供应链的涉入较深，后续发展潜力较大。直发/直运模式在寻找供货商时是与可靠的海外供应商直接谈判签订跨境零售供货协议的；为了解决跨境物流环节的问题，这类电商会选择自建国际物流系统或者和特定国家的邮政、物流系统达成战略合作关系。

劣势：招商缓慢，前期流量相对不足；前期所需资金体量较大。

(三)自营跨境 B2C 平台模式

▶ 1. 综合型自营跨境 B2C 平台

目前，能够称得上综合性自营跨境 B2C 平台的大概只有亚马逊和 1 号店的"1 号海购"。

近期，亚马逊和 1 号店先后宣布落户上海自贸区开展进口电商业务，它们所出售的商品将以保税进口或者海外直邮的方式入境。

优势：跨境供应链管理能力强、强势的供应商管理、较为完善的跨境物流解决方案，以及充裕的后备资金。

劣势：业务发展会受到行业政策变动的显著影响。

▶ 2. 垂直型自营跨境 B2C 平台

垂直是指平台在选择自营品类时会集中于某个特定的范畴，如食品、奢侈品、化妆品、服饰等，典型平台有中粮我买网、蜜芽宝贝、寺库网、莎莎网、草莓网等。

优势：供应商管理能力相对较强。

劣势：前期需要较大的资金支持。

(四)导购/返利平台模式

导购/返利模式是一种比较轻的电商模式，可以分成两部分来理解：引流部分和商品交易部分。

引流部分是指通过导购资讯、商品比价、海购社区论坛、海购博客以及用户返利来吸引用户流量。

商品交易部分是指消费者通过站内链接向海外 B2C 电商或者海外代购者提交订单实现跨境购物。

为了提升商品品类的丰富度和货源的充裕度，这类平台通常会搭配以海外 C2C 代购模式。因此，从交易关系来看，这种模式可以理解为海淘 B2C 模式＋代购 C2C 模式的综合体。

在典型的情况下，导购/返利平台会把自己的页面与海外 B2C 电商的商品销售页面进行对接，一旦产生销售，B2C 电商就会给予导购平台 5％～15％ 的返点。导购平台则把其所获返点中的一部分作为返利回馈给消费者。典型平台有 55 海淘、一淘网、极客海淘网、海淘城、海淘居、海猫季、Extrabux、悠悠海淘、什么值得买、美国便宜货等。

优势：定位于对信息流的整合，模式较轻，较容易开展业务。引流部分可以在较短时期内为平台吸引到不少海购用户，可以比较好地理解消费者前端需求。

劣势：长期而言，把规模做大的不确定性比较大。对跨境供应链把控较弱，且进入门槛低、玩家多，相对缺乏竞争优势，若无法尽快达到一定的可持续流量规模，其后续发展可能比较难以维持下去。

（五）海外商品闪购模式

除了以上进口零售电商模式之外，海外商品闪购是一种相对独特的玩法，我们将其单独列出。

由于跨境闪购所面临的供应链环境比起境内更为复杂，因此在很长一段时间里，涉足跨境闪购的玩家都处于小规模试水阶段。

海外商品闪购模式是一种第三方 B2C 模式。典型平台有蜜淘网、天猫国际的环球闪购、1 号店的进口食品闪购活动、聚美优品海外购、宝宝树旗下的杨桃派、唯品会的海外直发专场等。

优势：一旦确立行业地位，将会形成流量集中、货源集中的平台网络优势。

劣势：闪购模式对货源、物流的把控能力要求高；对前端用户引流、转化的能力要求高。任何一个环节的能力有所欠缺都可能以失败告终。

二、各类跨境进口电商模式的优劣

（一）M2C 模式

M2C 模式即从厂商到消费者，平台负责招商，典型平台如天猫国际。优势是用户信任度高，商家需有海外零售资质和授权，商品海外直邮，并且提供本地退换货服务。劣势在于大多为 TP 代运营，价位高，品牌端管控力弱，正在不断改进完善模式。

（二）B2C 模式

B2C 模式即保税自营＋直采。这一类的典型平台如京东、聚美、蜜芽。优势在于平台直接参与货源组织、物流仓储买卖流程，销售流转高，时效性好，通常 B2C 商户还会附以直邮＋闪购特卖等模式补充 SKU 丰富度和缓解供应链压力。劣势在于品类受限，目前此模式还是以爆品标品为主，有些地区商检海关是独立的，能进入的商品根据各地政策不同都有限制（如广州不能走保健品和化妆品）；同时还有资金压力：无论是搞定上游供应链，还是要提高物流清关时效，在保税区自建仓储，又或者做营销打价格战补贴用户提高转化复购，都需要钱；商品毛利空间现状极低，却仍要保持稳健发展，此刻资本注入意义尤为重大。

这里单独谈一谈热销的母婴垂直品类，前线平台有蜜芽等。母婴品类的优势是，它是最容易赢得跨境增量市场的切口，刚需、高频、大流量，是大多家庭单位接触海淘商品的起点。母婴电商大多希望能在单品上缩短供应链，打造品牌，获得信任流量，未来逐步拓展至其他高毛利或现货品类，淡化进口商品概念。劣势在于母婴品类有其特殊性，国内用户目前只认几款爆款品牌，且消费者还都懂得看产地，非原产地不买。几款爆品的品牌商如花王等，国内无法与其直接签约供货。母婴电商们现状都是在用复合供应链保证货源供应，如国外经销商批发商、国外商超电商扫货、买手、国内进口商等。这样一来，上游供应链不稳定，价格基本透明，且无毛利，部分平台甚至自断双臂大促战斗。目前，基本所有实力派电商大佬都以母婴品类作为吸引转化流量的必备品类，而创业公司们则逐渐降低母婴比例或另辟蹊径，开始不同方向的差异化竞争。

（三）C2C模式

C2C模式即海外买手制。典型平台如淘宝全球购、淘世界、洋码头扫货神器、海蜜、街蜜、海外买手（个人代购）入驻平台开店，从品类来讲，以长尾非标品为主。全球购目前已经和一淘合并，虽然看来是跨境进口C2C中最大的一家，但全球购也有很多固有问题，如商品真假难辨、区分原有商家和海外买手会造成很多矛盾等，在获取消费者信任方面还有很长的路要走。

优势：C2C形态是目前比较喜欢和看好的模式，构建的是供应链和选品的宽度。电商发展至今，无论进口出口线上线下，其本质还是商业零售和消费者认知。从工业经济到信息经济，商业零售的几点变化是：消费者主导化、生产商多元化、中间商信息化，而商品核心竞争力变成了个性需求和情感满足。在移动互联网时代，人群的垂直细分让同类人群在商品的选择和消费能力上有很大的相似度，人与人之间相互的影响力和连接都被放大了，流量不断碎片化是因为"80后""90后"这一代人的价值观和生活消费方式决定的，千人千面个性化是这一代人的基本消费需求逻辑，因此移动电商应场景化。面对商品丰富度如此之高的现状，提高资源分配效率，如何更快地选到我们想要的商品，节约选择成本也尤为重要。C2C模式可以在精神社交层面促进用户沉淀，满足正在向细致化、多样化、个性化发展的需求，这一代人更注重精神消费，作为一个平台，每一个买手都有自己的特质和偏好，优秀买手可以通过自己的强时尚感、强影响力打造一些品牌，获得价值观层面的认同和分享，同时也建立个人信任机制。对比起来，B2C的思路强调是标准化的商品和服务，从综合到垂直品类，在PC时代汇聚大规模流量；而移动电商与传统PC端电商不同，有消费场景化、社交属性强的特征，对于丰富的海淘非标商品，C2C的平台效应可以满足碎片化的用户个性需求，形成规模。

劣势：传统地靠广告和返点盈利的模式，服务体验的掌控度差，个人代购存在法律政策风险，买手制平台的转化普遍目前只有2%不到，早期如何获得流量、提高转化，形成海淘时尚品牌效应，平衡用户与买手的规模增长都是难点。

（四）BBC保税区模式

跨境供应链服务商，通过保税进行邮出模式，与跨境电商平台合作为其供货，平台提供用户订单后由这些服务商直接发货给用户。这些服务商很多还会提供一些供应链融资的服务。优势在于便捷且无库存压力，劣势在于BBC借跨境电商名义行一般贸易之实，长远价值堪忧。

（五）海外电商直邮

海外电商直邮的典型平台是亚马逊。优势在于有全球优质供应链物流体系和丰富的SKU；劣势是跨境电商最终还是要比拼境内转化销售能力，对本土用户消费需求的把握就尤为重要，亚马逊是否真的能做好本土下沉还有待考量。

（六）返利导购/代运营模式

返利导购/代运营模式有两种：一种是技术型，典型平台有么么嗖、Hai360、海猫季。这些是技术导向型平台，通过自行开发系统自动抓取海外主要电商网站的 SKU、全自动翻译、语义解析等技术处理，提供海量中文 SKU 帮助用户下单，这也是最早做跨境电商平台的模式。还有一种是中文官网代运营，直接与海外电商签约合作，代运营其中文官网。这两种方式有着早期优势，易切入、成本低、解决信息流处理问题、SKU 丰富、方便搜索，而劣势在于中长期缺乏核心竞争力，库存价格实时更新等技术要求高，蜜淘等一些早期以此为起点的公司已纷纷转型。

任务三　跨境电子商务的物流模式

物流作为供应链的重要组成部分，是对商品、服务以及相关信息从产地到消费地的高效、低成本流动和储存进行的规划、实施与控制的过程，目的是满足消费者的需求。电子商务物流又称网上物流，是利用互联网技术，尽可能地把世界范围内有物流需求的货主企业和提供物流服务的物流公司联系在一起，提供中立、诚信、自由的网上物流交易市场，促进供需双方高效达成交易，创造性地推动物流行业发展的新商业模式。而跨境物流的不同之处在于交易的主体分属于不同关境，商品要跨越不同的国界才能够从生产者或供应商到达消费者。

近两年，跨境电商呈现出爆发性增长的态势，渐渐成为我国国际贸易新的增长点，因此跨境物流行业也被迫快速发展，以满足超负荷运作的市场物流运输需求。2012 年 10 月，上海、杭州、宁波、重庆、郑州 5 个城市被海关总署正式确定为跨境电商的试点城市，此后青岛、苏州、长沙、深圳、哈尔滨等城市也被列入试点行列。2013 年 8 月底，从国家层面上，商务部出台有关政策来大力支持跨境电子商务贸易的发展；2014 年，我国跨境电商试点突破 30 亿元，业务量出现井喷。伴随着政府政策推动和不断增长的市场需求，预测结果显示，2017 年，我国跨境电商的交易规模将突破 8 万亿元大关，占进出口总额的比重达到 23.1%。与传统国际贸易形式相比，跨境电商既简化了代理的中间环节，又提高了交易的效率和经济效益。跨境电商贸易的顺利实施，除网上产品推广、订购交易等信息流和跨境支付资金流外，更加需要稳定的跨境物流的鼎力支持。良好的客户体验及口碑是网商生存的基础，物流服务的时效性和安全性、成本低廉性、售后退换货的便利性等均构成客户的购物体验，这些方面对形成良好的客户忠诚度和满意度至关重要。由于跨境电子商务的物流配送需跨境运作，涉及不同关境的物流运作商，运作复杂，供应链协同性较差。然而在跨境电商飞速发展的同时，跨境物流却成了制约其发展的重要短板。当前我国仍以粗放的物流模式把货物发送到全球，依然是靠低价来赢得市场，物流主要由 TNT、敦豪航空货运公司（DHL）、联合包裹（UPS）、联邦快递（FedEx）、马士基国际海运等国际物流快递公司承运，而国内中国邮政速递物流的"国际 E 邮宝"由于入市稍晚，市场占有率也比较低。

我国跨境电子商务的产业链如图 10-1 所示。

据前瞻产业研究院发布的《站在跨境电商的风口：中国传统商贸企业转型方向与策略研究报告》显示，物流在跨境电商业务中正扮演越来越重要的角色，决定未来各个公司的服务水平和市场竞争力。

项目十 跨境电子商务

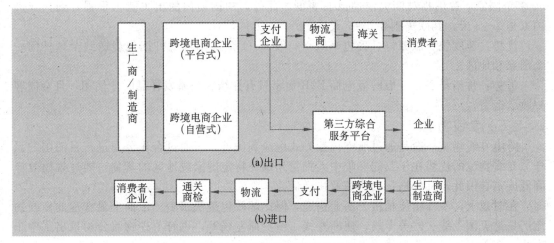

图 10-1 跨境电子商务产业链

一、跨境电子商务物流的分类

(一) 邮政 EMS

据不完全统计，中国出口跨境电商70%的包裹都是通过邮政系统投递，其中中国邮政占50%左右。因此，目前跨境电商物流还是以邮政的发货渠道为主。邮政网络基本覆盖全球，比其他物流渠道都要广，这也主要得益于万国邮政联盟和卡哈拉邮政组织(KPG)。

不过，邮政的渠道虽然比较多，但也很杂。在选择邮政包裹发货的同时，必须注意出货口岸、时效和稳定性等。像从中国通过 E 邮宝发往美国的包裹，一般需要15天才可以到达。

优势：通关能力特别强，可发名牌产品、电池、手机、电器等产品，货物不计体积，适合体积大重量小的货物；全世界通邮，可到达全球210个目的地；价格比其他四大国际快递便宜。

劣势：正常时效3~7个工作日，但有时不保证。

(二) 商业快递

▶ 1. 国际快递模式

国际快递指四大商业快递巨头——DHL、TNT、UPS 和联邦。这些国际快递商通过自建的全球网络，利用强大的 IT 系统和遍布世界各地的本地化服务，为网购中国产品的海外用户带来极好的物流体验。

例如，通过 UPS 寄送到美国的包裹，最快可在48小时内到达。然而，优质的服务往往伴随着昂贵的价格。一般，中国商户只有在客户时效性要求很强的情况下才使用国际商业快递来派送商品。

▶ 2. 国内快递模式

国内快递主要指 EMS、顺丰和"四通一达"。在跨境物流方面，"四通一达"中申通和圆通布局较早，但也是近期才发力拓展。例如，美国申通在2014年3月才上线，圆通也是2014年4月才与 CJ 大韩通运合作，而中通、汇通、韵达则是刚刚开始启动跨境物流业务。

顺丰的国际化业务则要成熟些，目前已经开通到美国、澳大利亚、韩国、日本、新加坡、马来西亚、泰国、越南等国家的快递服务，发往亚洲国家的快件一般2~3天可以送达。

在国内快递中，EMS 的国际化业务是最完善的。依托邮政渠道，EMS 可以直达全球

60多个国家，费用相对四大快递巨头要低。此外，中国境内的出关能力很强，到达亚洲国家是2~3天，到欧美则要5~7天。

优势：速度快、服务好、丢包率低，一般2~4个工作日就可把包裹送到全球任何一个国家和地区。

劣势：价格昂贵，一般跨境电商B2B卖家只有在给客户寄发样品时才使用，且会向客户收取运费。

（三）专线物流

跨境专线物流一般是通过航空包舱方式运输到国外，再通过合作公司进行目的国的派送。专线物流的优势在于其能够集中大批量到某一特定国家或地区的货物，通过规模效应降低成本。因此，其价格一般比商业快递低。

在时效上，专线物流稍慢于商业快递，但比邮政包裹快很多。市面上最普遍的专线物流产品是美国专线、欧美专线、澳洲专线、俄罗斯专线等，也有不少物流公司推出了中东专线、南美专线、南非专线等。

国际专线操作灵活、时效快、服务稳定，可全程物流跟踪信息，适合运送高价值且时效要求高的物品，大部分地区无须收取偏远地区附加费，一般3~5个工作日即可完成包裹在全球的派送。其主要优势是通关能力强、可以跟踪、价格便宜等。

（四）海外仓集货物流

海外仓储服务指为卖家在销售目的地进行货物仓储、分拣、包装和派送的一站式控制与管理服务。确切来说，海外仓储应该包括头程运输、仓储管理和本地配送三个部分。

头程运输，即中国商家通过海运、空运、陆运或者联运将商品运送至海外仓库。

仓储管理，指中国商家通过物流信息系统，远程操作海外仓储货物，实时管理库存。

本地配送，指海外仓储中心根据订单信息，通过当地邮政或快递将商品配送给客户。

选择这类模式的好处在于，仓储置于海外不仅有利于海外市场价格的调配，同时还能降低物流成本。拥有自己的海外仓库，能从买家所在国发货，从而缩短订单周期，完善客户体验，提升重复购买率。结合国外仓库当地的物流特点，可以确保货物安全、准确、及时地到达终端买家手中。

然而，这种海外仓储的模式虽然解决了小包时代成本高昂、配送周期漫长的问题，但不是任何产品都适合使用海外仓。库存周转快的热销单品适合此类模式，否则，极容易压货。同时，这种方式对卖家在供应链管理、库存管控、动销管理等方面提出了更高的要求。

二、跨境电子商务物流的不足

（一）政策支持不足

跨境电子商务在我国起步较晚，但是发展速度惊人，如最具有代表性的阿里巴巴。尽管我国还没有出台扶持相关企业的政策，但由于跨境电子商务是我国内外贸易的一个新的增长点，受到各方越来越多的关注。2013年，商务部出台了《关于实施支持跨境电子商务零售出口有关政策意见的通知》，对零售出口企业在海关、检验检疫、税收等方面遇到的问题提出了针对性的措施。这一政策无疑打破了出口的寒冰，对所有零售出口企业来说都是可遇而不可求的机会。

另外，国家积极建立基础信息标准和接口的规范准则，目前有一小部分地区实现了海关、出入境检验检疫、税务、外汇管理等部门与电子商务企业、物流配套企业之间的标准化信息流通。与发达国家相比，我国的政策支持尤为不足，这在某种程度上阻碍了跨境电子商务企业以及物流企业的快速发展。

（二）当前国际物流发展速度与跨境电子商务需求不匹配

我国跨境电子商务发展速度是十分惊人的，2011年交易额为1.6万亿元左右，2012年约为2万亿元，2013年约为3.1万亿元，其贸易规模增长速度较快。仅浙江省义乌市，2014年上半年跨境快递日均出货量就达到了20万票。与之相对应的物流企业，从事跨境电子商务的则比较少，大多数是由国际快递公司完成物流配送服务。如此大的物流量，仅仅靠国际快递企业是远远不够的，尤其是在购物旺季，经常会出现快件积压、爆仓等现象，这给跨境电子商务的发展带来了巨大障碍。

（三）我国物流基础设施不完善

物流在我国出现的时间比较晚，整体物流环境相对比较差，连接不同运输方式的交通枢纽比较少，各种配套设施也有待完善，由于跨境电子商务涉及跨境的仓储、配送、运输、报关、核税等一系列问题，为了使运输过程损耗尽可能减少，且速度更快、成本更低，需要建立合理高效的物流体系，并且需要更先进和完备的物流设施。然而，目前国际快递的运输时间长、手续多、成本高，不适合跨境电子商务物流快捷和便利的特点，严重制约了跨境电子商务的进一步发展。

（四）缺乏第三方物流提供专业化服务

我国第三方物流企业数量较多，但是大型的、专业化程度较高的第三方物流企业（如宝供物流、德邦物流）比较少。大多数物流企业提供的是国内物流服务，即使是为电子商务服务也都是为国内电子商务服务的。对于国际快递服务，主要是以普通快递的形式，而没有专门为跨境电子商务企业提供全方位的专业物流服务。目前在我国，为跨境电子商务提供国际快递服务的也只有联合包裹服务公司（UPS）、联邦快递公司（FedEx，FDX）、敦豪速递公司（DHL）、中国邮政速递物流公司（EMS）、顺丰速运公司等。专业化的第三方物流服务是十分必要的，有利于推动我国跨境电子商务更好地发展，并使我国的跨境电子商务在国际市场竞争中处于有利地位。

三、发展我国跨境电子商务物流的建议

（一）建立战略联盟

对于跨境电子商务企业，独立自营物流使得企业的物流成本大大上升，然而从规模经济效益角度出发，企业之间可以进行物流合作，建立物流战略联盟。简而言之，在国内外分别建设一个物流仓储中心，参与联盟的企业首先将商品运送并存储到国内物流配送中心；当海外买家从商务平台下单后，国内配送中心根据发货指令发货到联盟的海外配送中心；最后，海外配送中心再根据送货指令将商品配送到海外买家提供的地址，反之亦然。

（二）完善标准化服务体系

目前，我国的跨境物流缺乏完善的标准化、专业化、信息化的系统支持，还不能够满足飞速发展的跨境电子商务需求。一方面，跨境电商平台、物流公司各部门等连接端口需要标准化，通过标准化系统传递货物流转、仓储等信息；另一方面，跨境电商平台和物流服务需要标准化，降低货损率和丢失率，方便企业及时传递、获取信息。

（三）健全标准规范和法律机制

物流成本的降低和物流效率的提高需要更加标准规范化的跨境电商物流作为基石。针对这个问题，国家有关部门要认真研究当前跨境电子商务物流发展的特点和规律，推动标

准化、规范化的建设，加强跨境电子商务国际合作，改善货物通关服务，促成我国跨境电子商务物流业统一标准的形成，尽快推出新的政策支持其发展。通过资金支持、程序简化、税收优惠等对跨境电子商务物流进行扶持，制定有利于快速、高效地发展现代跨境电商物流的政策措施和法律法规。

（四）加大高素质专业人才培养力度

高素质的跨境电商物流专业人才应该具备扎实的英语能力，掌握对外经济贸易、电子商务和国际物流等相关知识和技能。要培养这样的人才，首先，高校要通过培养方向调整、专业课程改革、校企联合办学等方式来培养高素质专门人才；其次，社会要借助行业协会来传播当前行业发展的前沿动态，并开展相关的职业培训；最后，对于师资的培养，可采取"走出去，引进来"的模式，送一些国内优秀的教师到国外去交流、学习和深造，同时，引进掌握世界前沿动态的国外学者或教授来工作、教学等。

飞速发展的跨境电商不仅对交易平台、支付结算、海关商检等环节有很高的要求，而且对物流中存储、运输等各个环节也提出了新的需求，这也使国家相关部门高度重视。

任务四　跨境电子商务企业实施步骤

一、选择跨境平台

目前普遍的做法有两种，自建网站推广和选择第三方跨境平台。对于刚刚进入跨境电商出口市场的企业，选择第三方跨境平台是一个不错的选择。因为第三方平台无论从运营成本和资金投入来说都比较符合初创跨境团队，目前主流的跨境出口平台主要有亚马逊、eBay、速卖通、WISH、敦煌网等，各个平台特点不同，市场定位不同，产品品类的优势也不同，在选择跨境出口平台的时候，多做一些产品目标市场、竞品情况、国内国外竞争对手情况、产品短板、产品卖点，特别是售后服务等市场调研。

二、组建跨境电商团队

（一）传统外贸电商团队转型

外贸企业是我国最早接触外贸电商的一批人，很多传统企业很早就通过外贸B2B网站发展外贸订单业务，外贸电商团队一直存在，并且积累了丰富的电商销售经验。其实跨境电商和外贸电商的原理都是相通的，传统外贸企业转型做跨境电商选择以前做外贸B2B的销售团队进行系统化的培训就完全可以胜任。现在很多跨境电商平台本身就在这方面提供了很丰富的培训，如速卖通论坛、敦煌网论坛，传统的外贸B2B业务员只要用心研究一下平台的网规，同时结合自己企业和产品实践其实上手非常容易。

（二）内贸电商运营人才转型

电商生态市场在中国发展已经非常完善了，淘宝天猫系的电商人才也非常成熟。很多传统企业也早就参与到天猫系的国内B2C运营和市场开拓，其实跨境电子商务的运营规则跟国内天猫系的很多运营原理都是相通的，基本上需要运营、供应链、采购、美工、物流、仓储等方面的电商人才。因为跨境电商的交易模式更多是客户在线自主下单模式，跨境电商对于英文水平的门槛也不高。传统外贸企业完全可以通过原来企业淘宝天猫系的人才转型培训做跨境电商，如果本来没有天猫系的电商人才，现在这样的电商人才也非常多，招聘也非常容易。

三、选择跨境商品

其实跨境电商走向成功的第一步就是跨境产品的选择，即选品。正确的选品需要了解自己企业真实的产品优势、自己产品的目标客户群体、目标市场群体、现有竞争对手的市场竞争力、产品的盈利能力和产品的销售后服务等一系列问题。跨境商品的选品是一个非常细致并且严谨的市场调研工作。一般来说，我们可以根据下面几点来进行跨境商品的选择。

（一）跨境商品的盈利率

虽然现在跨境电商市场的利润率已经远远不如前几年，但是跨境选品的利润率还是应该保持在30%～50%。因为商业的核心是盈利，只有持续的盈利才能带来持续的发展，跨境商品的产品毛利润＝零售价格－产品进价－国外物流费用－其他综合成本，如果产品的综合毛利率低于30%，建议大家谨慎选择。

（二）符合国际物流运输

做跨境B2C对于产品品类选择一个重要的核心点就是看产品适合不适合国际物流运输，一些体积巨大、容易破碎的产品品类不适合进行跨境远程国际运输，应该选择一些产品体积相对小、适合国际物流的产品品类。

（三）售后成本少

就目前跨境出口的业务模式来讲，我们很难真正去解决跨境B2C外贸零售的售后问题，遇到客户有售后服务的情况，一般都是卖家花钱买客户的满意，但是这样的频率不可能太高，如果频率高就意味着巨大市场成本。所以，选择跨境电商产品品类的时候应该选择一些售后成本比较低，或者基本上不需要售后服务的产品。

（四）爆款产品的选择

爆款产品是一个店铺引流和现金流的核心，店铺的产品不需要太多，核心就是做爆款产品，以单品取胜。爆款产品也是未来跨境电商品牌之路的基础，所以选品中的爆款选择是重中之重。爆款选择策略就是使用运营数据工具调研出行业中最热、成长最迅猛的产品，通过单品的市场调研、竞争对手的市场分析、目标市场客户的消费热度等数据的分析，最终确定爆款的品类选择，爆款选择主要考虑以下核心数据：第一是产品的盈利能力；第二是产品的点击率和转化能力；第三是单品的客户价值。选择好爆款以后就应该投入最大的心力去做这个爆款，包括库存备货、美工设计、运营推广、视角设计等，最终通过爆款给店铺带来持续的盈利能力。

（五）符合跨境平台的网规

跨境平台对于产品的知识产权，盗版侵权都有严格规定，同时中国卖家应该熟悉各大跨境平台的网规，并且了解、熟悉跨境平台的方针政策，避免因为网规的问题给自己的跨境经营带来损失。

四、跨境支付与报关选择

跨境电商发展到现在已经到规范和成熟的阶段，新模式下的跨境支付需要注意以下三点。

（一）收汇

目前，跨境电商的收汇主要有信用卡支付、PAYPAL、本地支付，应该从结汇风险、结汇的成功率和运营成本等方面综合考虑选择跨境电商的结汇方式。

（二）报关

现在很多跨境出口企业，特别是小额卖家往往不通过正规报关模式出口，而是通过快递包裹出去，不选择报关，资金结汇也是通过非正规的不合法途径，例如直接打到个人卡这样的模式。这种发展模式未来会遇到瓶颈和法律风险，也不利于店铺和跨境企业真正成长。目前，国家对于跨境电商的政策越来越规范和完整，跨境电商创业者应该让自己更加符合大趋势下的法律法规。

（三）结汇

很多大额卖家经常会遇到结汇的情况，进口跨境电商会遇到购汇的情况，目前我国跨境电商第三方支付业务有两个通道：第一是无上限的结汇，单笔是 50 000 美元；第二就是人民币跨境业务。

五、选择跨境物流

目前，中国跨境电商发展最大的痛点就是国际物流成本高。很多超重、超大件产品无法安全、高效地到达国际零售买家手里，国际件到达目的国以后，往往需要中转很多站，经过非常耗时和复杂的过程最终才到达消费者手里，丢件、少件破损的情况经常发生，严重影响国际消费者的购物体验。跨境电商运输线长、时间周期长，普通的跨境卖家遇到物流出现问题往往是贴钱买服务，最终损失惨重。而且欧洲和美国的消费市场非常成熟，网络买家有非常苛刻的购物体验要求，如果物流痛点不解决，最终将困扰中国跨境电商的发展。跨境物流劣势的解决之道有两个。

第一，海外仓的建设。中国的跨境卖家先把货物通过集装箱的模式海运到目的国的海外仓库存储，国外客户下单以后直接从当地的海外仓库发货，这样无论从配送时间效率，还是客户体验来说都是最佳的。中小卖家可以选择一家符合自己企业实际的海外仓，目前第三方平台都有类似的海外仓服务，有些跨境物流企业也在积极建设海外仓，虽然海外仓需要一定的投入，但是从跨境电商长远发展来看，海外仓是必然的趋势和选择。

第二，目的国本地化运营。目的国本地化运营，即与目的国当地销售渠道、运营团队和仓储的团队合作，通过集装箱发往目的国仓库，在线的销售和售后服务由目的国团队来做，这样无论从客户体验和市场定位来说都是最为精准的。当然，目的国本地化运营需要非常高的资金和实力门槛，但是这应该是跨境电商未来发展的必然趋势。

六、跨境店铺的营销推广

目前，跨境网店营销推广的主流方式有：第一，Google 推广；第二，平台内付费流量的推广，如速卖通的直通车；第三，社交媒体推广，如 Facebook；第四，邮件推广；第五，目的国媒体推广等。

对于普通的跨境的创业者，传统的 Google 推广是必须的，因为欧洲和美国人的网络搜索习惯还是通过搜索引擎，而且大家在传统的外贸 B2B 中也经常接触 Google 推广，只要找对合适的第三方服务机构，操作起来也比较简单。大家也可以利用平台本身的推广方式，如速卖通的直通车和营销联盟等。阿里系的产品特点是服务好，非常适合中国卖家上手。对于 Facebook 的推广，核心还是要持之以恒，分享有价值、个性化的内容，多加一些 Facebook 的群，例如，你可以就你的产品分享做一个群，吸引对产品有兴趣的用户分享讨论，这样的互动效果往往是最佳的。还可以创建个性化的标签，如公司产品的优惠活动、免费分享活动等。

七、通过跨境电商建品牌

大家都经历了淘宝的发展，也见证了天猫的成功，对于跨境零售的出口，中国供应商一定要有这样的理念，即做品牌。中国供应商长期都做OEM，对于产品研发有非常精深的积累，跨境零售通过互联网可以跟最终的一线买家接触，通过调研数据和消费行为习惯分析，很容易做出真正流行的产品爆款。其实海外的消费者更愿意付出比较合理的价格，通过互联网买到符合个性并且优质的产品。企业通过品牌的建立，不仅可以大幅提升产品的利润率，还可以增加用户黏度。当然，品牌的建立过程不是一朝一夕的，更多靠客户口碑的积累，但是我们应该有这样的意识，最终应靠品牌取胜。

八、入驻跨境电子商务综合试验区

对于很多规模化跨境电商企业来说，无论是做跨境出口还是跨境进口，跨境电商综合试验区是目前企业发展必须的选择。杭州跨境电商试验区已经做得非常成功，通过政策扶持和通关便捷化，很多跨境企业得到了真正发展，在2016年1月6号召开的国务院会议上，又一批跨境电商综合试验区获批成功，目前全国有12个城市设置了跨境电子商务综合试验区。

九、布局移动端的跨境电商

2015年，跨境电商平台速卖通、敦煌网和eBay都在移动端大为发力，最令人瞩目的是完全基于手机端的Wish的平台的发展成长，Wish从2014年到现在一直处于风口浪尖，从融资到与中国卖家的纠纷，一次次冲击大家的神经。Wish跨境电商平台的发展和成功真正证明了，移动端的跨境电商市场巨大的市场蓝海和强大的生命力。大家应该在移动互联网端的营销推广上加大投入。

任务五　常见的跨境电商平台介绍

跨境电子商务平台是基于网络发展起来的，跨境电子商务平台作为推动经济一体化、贸易全球化的技术基础，具有非常重要的战略意义。跨境电子商务不仅冲破国家间障碍，使国际贸易走向无国界贸易，同时也正在引起世界经济贸易的巨大变革。

除了一些跨境电子商务平台巨头如阿里巴巴国际站、速卖通、eBay、亚马逊、Wish、Lazada等牢牢地占据大部分市场份额之外，中小型创业公司的平台也已在跨境电商市场觅得突围良机。其中，进口跨境电商市场上，天猫国际、京东全球购、苏宁海外购等传统电商已经牢牢占据大部分市场份额。出口跨境电商行业既有速卖通、eBay、亚马逊等老牌电商雄踞市场，也有敦煌网、兰亭集势及DX等品牌进一步分羹，伴随wish、小笨鸟等后起之秀的崛起，百花齐放局面逐渐显现。

一、阿里巴巴国际站

阿里巴巴国际站是阿里巴巴集团最早创立的业务，是目前全球领先的跨境B2B电子商务平台，服务全世界数以千万计的采购商和供应商。阿里巴巴国际站专注服务于全球中小微企业，平台买卖双方可以在线更高效地匹配，并更快、更安心地达成交易。此外，阿里巴巴外贸综合服务平台提供的一站式通关、退税、物流等服务,让外贸企业在出口流通环节也变得更加便利和顺畅。

阿里巴巴国际站提供一站式的店铺装修、产品展示、营销推广、生意洽谈及店铺管理等全系列线上服务和工具,帮助企业降低成本、高效率地开拓外贸大市场。阿里巴巴国际站的定位是为全国中小企业提供网上贸易市场。

阿里巴巴国际站的盈利方式有会员费、广告费、竞价排名、增值服务、线下服务、商务合作、按询盘付费等。

阿里巴巴国际站的服务种类如下。

▶ 1. 免费会员

免费会员为限制性申请,如公司是在中国大陆,只有加入中国供应商才能使用卖家的功能。国际免费会员能采购商品,还可以在国际站发布供应信息进行产品销售。

▶ 2. 全球供应商会员

全球供应商会员指中国内地以外的付费卖家会员,可以在国际站采购商品,同时可以发布产品信息进行销售,还可以在国际站上继续搜索产品或者供应商的信息。针对后台的管理系统,可以提供英语、简体中文和繁体中文三种语言,在英语系统下,只有部分功能,开放如一些增值分外贸服务。

▶ 3. 中国供应商会员

中国供应商会员一般指中国大陆、香港地区、澳门地区和台湾地区的收费会员,主要依托国际站寻找海外买家,从事出口贸易。后台管理可以进行商品管理以及店铺装修等操作,达成最后的交易,同时也可发布采购信息进行原材料的采购操作。中国供应商会员是阿里巴巴国际站的主要付费会员,主要依托国际站寻找海外买家,从事出口贸易。

二、速卖通

速卖通已经成为全球最大的跨境交易平台。速卖通(见图10-2)是阿里巴巴帮助中小企业接触终端批发零售商,小批量多批次快速销售,拓展利润空间而全力打造的融合订单、支付、物流于一体的外贸在线交易平台。阿里全球速卖通就是让批发商们更方便地找到货源或者部分质量较高的生产厂家的货源。此平台适合体积较小,附加值较高的产品,如首饰、数码产品、电脑硬件、手机及配件、服饰、化妆品、工艺品、体育与旅游用品等相关产品。

速卖通覆盖3C、服装、家居、饰品等共30个一级行业类目,其中优势行业有服装服饰、手机通信、鞋包、美容健康、珠宝手表、消费电子、电脑网络、家居、汽车摩托车配件、灯具等。

在速卖通平台销售的商品主要包括服装服饰、美容健康、珠宝手表、灯具、消费电子、电脑网络、手机通信、家居、汽车摩托车配件、首饰、工艺品、体育与户外用品等。这些商品基本符合体积较小、附加值较高、具备独特性、价格较合理等条件。

平台禁限售商品包括:①禁售的商品;②限售的商品;③侵权的商品,包括商标侵权、著作权侵权和专利侵权。

在速卖通上有三类物流服务,分别是邮政大小包、速卖通合作物流以及四大商业快递。其中,90%的交易使用的是邮政大小包。邮政大小包的特点是费用便宜,但时效相对较慢,且存在一定的丢包率,建议在与买家做好服务沟通的前提下使用。合作物流的特点是经济实惠、性价比高、适合国际在线零售交易,由速卖通分别与浙江邮政、中国邮政合作推出。四大商业快递的特点是速度快、服务高、专业、高效,但相对快递价格比较高,

图 10-2 速卖通网站界面

适用于货值比较高、买家要求比较高的宝贝或交易。

速卖通平台的主要收入来源为两类：①会员费 19 800 元/年，即目前要加入全球速卖通平台需要首先缴纳 19 800 元/年的会员费；②交易佣金，阿里巴巴根据不同的支付方式向该平台上每笔成功交易收取交易总额 3%～9.15%的交易佣金。此平台目前支持电汇、支付宝以及其他跨国在线支付方式。其中，若卖家采用支付宝进行交易，在优惠期内，阿里巴巴只收取 3%的佣金，即收取产品总价加上运费总额的 3%。

速卖通是阿里巴巴旗下唯一面向全球市场打造的在线零售交易平台，融合订单、支付、物流于一体。主要目的和功能是把"中国制造"通过电子商务的平台直接送到全球消费者的手中，是跨境直达的平台。速卖通发展的"三步走战略"：第一步是中国卖家全球卖，就是目前的传统出口零售业务；第二步是除了中国卖家外，当地卖家通过速卖通平台服务当地买家；第三步是从货卖全球进化到货通全球，让每个在速卖通国家站的卖家都可以把货卖到全球。"双 11"就是速卖通全球化布局的第一步，借助"双 11"电商狂欢的机会，实现"全球卖"。

三、亚马逊

作为电子商务的鼻祖，亚马逊(见图 10-3)对于整个世界的影响力是巨大的，中国外贸人选择跨境 BTOC 首先认识的也是亚马逊，那时候也还没有速卖通等其他新兴平台。

亚马逊与阿里巴巴有很多相似之处，都已经打造了庞大的客户群和数据基础设施，亚马逊对于卖家的要求比较高，特别是产品品质，并且对于产品品牌也有一定的要求，手续也比速卖通等平台复杂。新人注册亚马逊账号后，后期收款的银行账户应为美国、英国等国家的账户。对于成熟的亚马逊卖家，最好先注册一家美国公司或选择一家美国代理公司，然后申请联邦税号。关于新人注册亚马逊的供应商一般需要注意如下几点：

(1) 最好有比较好的供应商合作资源，供应商品质需要非常稳定，最好有很强的研发能力，切记产品为王。

(2) 接受专业的培训、了解开店政策和知识。亚马逊的开店比较复杂，并且有非常严格的审核制度，如果违规或者不了解规则，不仅会有被封店铺的风险甚至会有法律上的风

图 10-3 亚马逊网站界面

险,所以建议选择一家培训公司先接受培训。

(3)需要有一台电脑专门登录亚马逊账号,这对于亚马逊的店铺政策和运营后期都非常重要。一台电脑只能登录一个账号,不然会跟规则有冲突,最好使用座机验证新用户注册。

(4)使用亚马逊平台需要一张美国的银行卡。亚马逊店铺产生的销售额全部保存在亚马逊自身的账户系统中,要想把钱提出来,必须要有美国本土银行卡。

(5)流量是关键。亚马逊流量主要分内部流量和外部流量两类,类似于国内的淘宝。同时应该注重 SNS 社区的营销,软文等营销方式也有比较好的效果。

总之,选择亚马逊平台需要有很好的外贸基础和资源(包括稳定可靠的供应商资源、美国本土人脉资源等),卖家最好有一定的资金实力,并且有长期投入的心态。

四、eBay

eBay(见图 10-4)的核心市场在美国和欧洲,是比较成熟的市场。对于从事国际零售的外贸人来说,eBay 的潜力是巨大的。

做 eBay 最核心的问题应该是付款方式的选择,大家现在选择的一般都是 PayPal。相对于亚马逊,eBay 的开店手续也不是特别麻烦,但 eBay 有一个非常严重的问题:规则严重偏向买家,如果产品售后问题严重的话,很容易出现问题。经常有这样的实际案例,遇到买卖争议时,eBay 最终是偏向买家,导致卖家损失惨重。

eBay 成功的关键是选品,其主要市场是美国和欧洲,所以做 eBay 前最好进行市场调研。进入 eBay 总体研究一下整个市场的行情,结合自己的供应链特点深入分析;对欧美市场的文化、人口、消费习惯、消费水平等方面进行研究,从而选择潜力产品;找一些 eBay 的热销产品,对其产品渠道、产品价格仔细研究,分析自己的优势;研究热销产品的市场优势和未来销售潜力;对产品在欧美市场的利润率和持续性做深入考虑。

eBay 的特点如下。

(1)eBay 的开店门槛比较低,但是需要的东西和手续比较多,如发票、银行账单等,所以需要对 eBay 的规则非常了解。

(2)eBay 开店是免费的,但上架一个产品需要收钱,这跟国内的淘宝有很大的区别。

(3)eBay 的审核周期很长,一开始不能超过 10 个宝贝,而且只能拍卖,需要积累信誉才能越卖越多。出业绩和出单周期也很长,积累时间有时候让人受不了,只能慢慢等待。

项目十 跨境电子商务

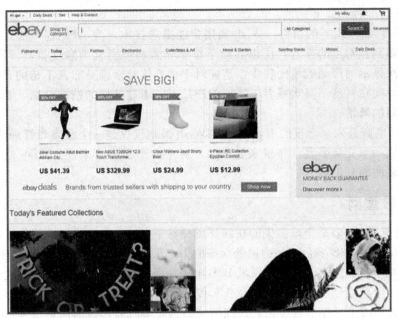

图 10-4 eBay 网站界面

（4）遇到投诉是最麻烦的事情，可能导致封掉店铺，所以产品质量一定要过关。

总之，eBay 操作比较简单，投入不大，适合有一定外贸资源的人做。

五、Wish

Wish（见图 10-5）是这几年刚刚兴起的基于 APP 的跨境平台，主要靠物美价廉吸引客户，在美国市场有非常高的人气，核心品类包括服装、珠宝、手机、礼品等，大部分都是从中国发货。Wish 的主要吸引力是价格特别便宜，但由于 Wish 平台独特的推荐方式，产品品质往往还是比较好的，这也是它短短几年发展起来的核心因素。

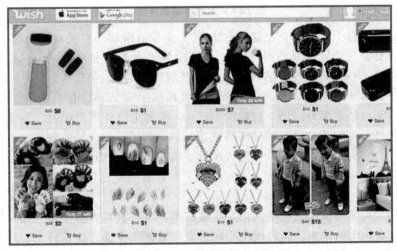

图 10-5 Wish 网站界面

Wish 平台 97% 的订单量来自移动端，APP 日均下载量稳定在 10 万，峰值时为 20 万。就目前的移动互联网优势来看，Wish 未来的潜力是巨大的。

Wish 平台的特点如下。

(1) 私人订制模式下的销售。Wish 利用智能推送技术，为 APP 客户推送他们喜欢的产品，真正做到点对点的推送，所以客户下单率非常高，而且满意度很高。Wish 有一个优点是它一次显示的产品数量比较少，这样对于客户体验来说是非常不错的，因为客户并不想花太多时间在自己不喜欢或者不需要的产品上。通过这样的精准营销，卖家短期内可以获得销售额的暴增。

(2) 移动电商是未来真正的王者。其实 Wish 最初仅仅是一个收集和管理商品的工具，后来才发展成一个交易平台，并越来越火爆。对于中小零售商来说，Wish 的成功让大家明白移动互联网的真正潜力。

六、敦煌网

敦煌网（见图 10-6）是全球领先的在线外贸交易平台。敦煌网是一个聚集中国众多中小供应商产品的网上 B2B 平台，是为国外众多的中小采购商有效提供采购服务的全天候国际网上批发交易平台。作为国际贸易领域 B2B 电子商务的创新者，敦煌网充分考虑了国际贸易的特殊性，全新融合了新兴的电子商务和传统的国际贸易，为国际贸易的操作提供专业有效的信息流、安全可靠的资金流、快捷简便的物流等服务，是国际贸易领域一个重大的革新，掀开了中国国际贸易领域新的篇章。

图 10-6　敦煌网网站界面

敦煌网是国内首个为中小企业提供 B2B 网上交易的网站。它采取佣金制，免注册费，只在买卖双方交易成功后收取费用。据 Paypal 交易平台数据显示，敦煌网是在线外贸交易额中亚太排名第一、全球排名第六的电子商务网站，其在 2011 年的交易达到 100 亿规模。作为中小额 B2B 海外电子商务的创新者，敦煌网采用 EDM（电子邮件营销）的营销模式低成本高效率地拓展海外市场，自建的 DHgate 平台为海外用户提供了高质量的商品信息，用户可以自由订阅英文电子邮件商品信息，第一时间了解市场最新供应情况。

敦煌网"为成功付费"打破了以往的传统电子商务"会员收费"的经营模式，既减小企业风险，又节省了企业不必要的开支。同时避开了与 B2B 阿里巴巴、环球资源、环球市场等平台的竞争。

在敦煌网，买家根据卖家提供的信息生成订单，可以选择直接批量采购，也可以选择先小量购买样品再大量采购。这种线上小额批发一般使用快递，快递公司一般在一定金额范围内会代理报关。例如，敦煌网与 DHL、联邦快递等国际物流巨头保持密切合作，以网络庞大的业务量为基础，可使中小企业的同等物流成本至少下降 50％。一般情况下，这类订单的数量不会太大，有些可以省去报关手续。以普通的数码产品为例，买家一次的订单量在十几个到几十个不等,这种小额交易比较频繁用淘宝的方式卖阿里巴巴 B2B 上的货物,是对敦煌网交易模式的一个有趣概括。

七、Lazada

2012 年成立于新加坡、深谙东南亚国情的 Lazada 仅用三年时间便成为东南亚最大的电商平台,目前年经营额已达十亿美元,日均访问量 400 万,入驻商家数超过 1.5 万。加之电商巨头亚马逊尚未进军东南亚,Lazada 一枝独秀,2015 年 Lazada 交易额飙增,仅 3 月一个月就破 13 亿美元,同比增长 350%。

Lazada(见图 10-7)是综合类电商,销售各种产品。它最初是自己采购库存,2014 年开始平台模式,目前 75%～80% 的 GMV 来自平台。Lazada 平台产生的 GMV 中,27% 转化成了净收入(平台电子产品的销售佣金在 1%～10%,生活用品是 3%～10%,时装为 10%～12%)。Lazada 的毛利润率在 5%～7%,经营支出已经从占 2013 年 GMV 的 67%,降到 2015 年的 35%。但经营支出占净收入的比例在 2015 年达到了 132%,另外经营支出分别占 EBITDA(税息折旧及摊销前利润)和自由现金流量利润的 108% 及 112%。

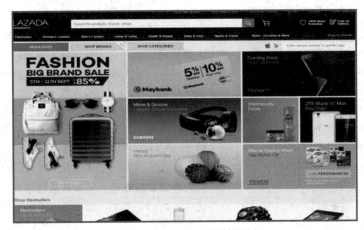

图 10-7 Lazada 网站界面

开个 Lazada 的店铺,所需要提交资料如下:①登记表格(公司和申请人名字要中英文,地址写英文);②New MP Seller Account Information 表格;③申请公司的营业执照、申请人或法人身份证复印件;④注册公司名一致的 Payoneer 企业账户。提交①中的登记表,通过审核后,Lazada 平台会发送网签协议、注册 Link 到卖家申请时提交的邮箱里,卖家下载②中的表格填写好后,与③中的各项证件一起发送给 Lazada 平台。

除了以上跨境电商平台,还有表 10-1 所示的平台。

表 10-1 其他跨境电商平台

经营模式	跨境电商平台	跨境进口模式	品类	配送时间	基本介绍
跨境 C2C	淘宝全球购	国内现货+海外直邮	综合品类	与国内电商购物相当,基本 3 天以内	国内最大的海外商品平台,品类丰富,但大多数由国内仓库直接发货,产品品质保障度不高,未来全球购将重点扶持优质海外卖家,发展海外买手群体,加大直邮保税产品占比

续表

经营模式	跨境电商平台	跨境进口模式	品类	配送时间	基本介绍
第三方B2C	天猫国际	海外直邮＋保税进口	综合品类	海外直邮：14个工作日到货；保税进口：5个工作日到货	天猫国际的商户主要有两部分：一部分来自淘宝全球购的大卖家；另一部分来自支付宝国际签约的海外商户，未来会继续签约海外品牌商
自营B2C	1号店1号海购	海外直邮＋保税进口	食品、母婴、美妆	海外直邮：20个工作日到货；保税进口：5～10个工作日到货	依托于沃尔玛在国际市场的零售和采购资源整合，提供品类丰富、价格优惠的产品
自营B2C	亚马逊海外购	海外直邮＋保税进口	综合品类	标准配送：9～15个工作日；加快配送：5～9个工作日；特快配送：平均3～5个工作日	消费者不仅可以在亚马逊海外站点购买，享受直邮服务，其中亚马逊美国、德国、西班牙、法国、英国和意大利已开通直邮中国的服务，同时也可以在亚马逊海外购上购买
自营B2C	顺丰海淘	海外直邮＋保税进口	食品、母婴、美妆、营养保健	海外直邮：6～10天到货；保税进口：3～5天到货	顺丰目前在杭州保税区建有仓库，顺丰也支持海外直邮，由海外仓直邮，目前海外仓发货商品占较高比例
自营B2C和第三方B2C	苏宁海外购	海外直邮＋保税进口	母婴、美妆、3C家电、服装	海外直邮：15天到货；保税进口：5天到货	苏宁在港澳、日本等地区拥有海外分公司，拥有采购、供应链相关资源，同时也在通过全球招商来弥补国际商用的不足
自营B2C和第三方B2C	京东全球购	海外直邮＋保税进口	综合品类	自营模式采取保税进口：4～10个工作日到货；开放模式采取海外直邮：14～15个工作日到货	京东目前已经开通法国馆、韩国馆，未来还将继续开通日本、澳大利亚、美国等区域特色馆，未来会对全球重点上游资源进行布局，通过合作或自营等方式建设京东全球化的仓储和物流体系
垂直自营	聚美极速免税店	保税进口	美妆、母婴、服装	保税进口：3个工作日到货	聚美与河南保税区于2015年9月完成对接，在河南保税区建有几万平方米的自理仓，日处理规模可达8万包，未来将逐步与上海、深圳、广州、天津等城市对接
垂直自营	唯品会全球特卖	海外直邮＋保税进口	美妆、母婴、服装	海外直邮：15～20个工作日到货	唯品会与广州海关已建立合作，可操作海外直邮；唯品会在郑州建有仓库，可操作海外直邮或保税进口，目前唯品会保税进口商品占比并不高
垂直自营	蜜芽宝贝	一般贸易＋海外直邮＋保税进口	母婴	保税进口：3～7个工作日发货	蜜芽宝贝的货源来自四个部分：品牌方的国内总代采购体系；海外直接采购，走一般进口贸易；海外直邮；保税进口

项目小结

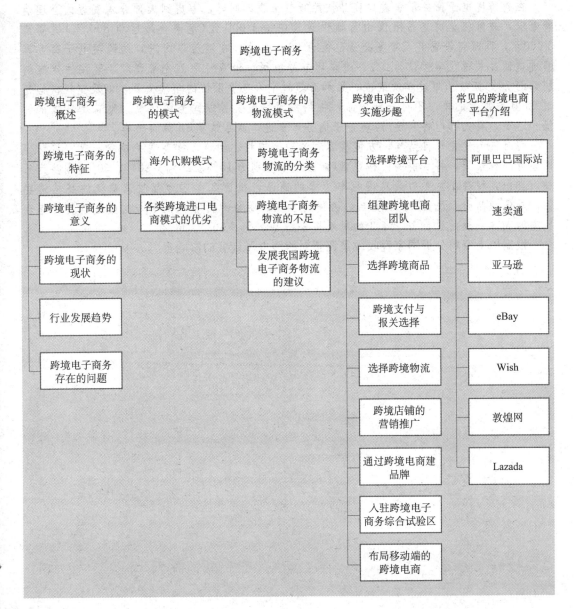

课后习题

1. 什么是跨境电商？
2. 常见的跨境电商平台有哪些？
3. 跨境电商的模式有哪些？
4. 跨境电商物流的不足有哪些？
5. 案例分析

为营造公平竞争的市场环境，促进跨境电子商务健康发展，经国务院批准，自 2016 年 4 月 8 日起，我国将实施跨境电子商务零售（企业对消费者，即 B2C）进口税收政策，并同步调整行邮税政策。

在对跨境电子商务零售进口商品按照货物征税的同时，考虑到大部分消费者的合理消费需求，政策将单次交易限值由行邮税政策中的1 000元（港澳台地区为800元）提高至2 000元，同时将设置个人年度交易限值为20 000元。在限值以内进口的跨境电子商务零售进口商品关税税率暂设为0%，进口环节增值税、消费税取消免征税额，暂按法定应纳税额的70%征收。超过单次限值、累加后超过个人年度限值的单次交易，以及完税价格超过2000元限值的单个不可分割商品，将均按照一般贸易方式全额征税。为满足日常征管操作需要，有关部门将制定《跨境电子商务零售进口商品清单》并另行公布。

同时，为优化税目结构，方便旅客和消费者申报、纳税，提高通关效率，我国将同步调整行邮税政策，将目前的四档税目（对应税率分别为10%、20%、30%、50%）调整为三档，其中，税目1主要为最惠国税率为零的商品，税目3主要为征收消费税的高档消费品，其他商品归入税目2。调整后，为保持各税目商品的行邮税税率与同类进口货物综合税率的大体一致，税目1、2、3的税率将分别为15%、30%、60%。

根据以上资料分析国家税收政策调整对跨境电子商务的影响？

参 考 文 献

[1] 宋文官. 网络营销实务[M]. 北京：高等教育出版社，2015.
[2] 李维宇，王蔚，赵敏. 电子商务概论[M]. 北京：清华大学出版社，2016.
[3] 埃弗雷姆·特班，戴维·金，李在奎，梁定澎，德博拉·特班. 电子商务管理与社交网络视角[M]. 7版. 北京：机械工业出版社，2014.
[4] 陈德人，徐林海，桂海进. 电子商务实务[M]. 2版. 北京：高等教育出版社，2015.
[5] 许研，张炜，刘爱琴. 电子商务概论[M]. 2版. 北京：经济科学出版社，2014.
[6] 阿里研究院. 互联网＋：从IT到DT[M]. 北京：机械工业出版社，2015.
[7] 张波. O2O移动互联网时代的商业革命[M]. 北京：机械工业出版社，2015.
[8] 杨旭，汤海京. 数据科学导论[M]. 北京：北京理工大学出版社，2014.
[9] ShopNC产品部. 高性能电子商务平台构建：架构、设计与开发[M]. 北京：机械工业出版社，2015.
[10] 郑丽，付丽丽，电子商务概论[M]. 北京：北京交通大学出版社，2008.
[11] 王健. 跨境电子商务基础[M]. 北京：中国商务出版社，2015.
[12] 李春光. 跨境电子商务实务[M]. 北京：电子工业出版社，2015.
[13] 吕宏晶. 跨境电商实务[M]. 北京：中国人民大学出版社，2016.
[14] 钟卫敏. 跨境电子商务[M]. 重庆：重庆大学出版社，2016.
[15] 汤兵勇. 中国跨境电子商务发展报告（2015—2016）[M]. 北京：化学工业出版社，2017.
[16] 徐凡. 跨境电子商务基础[M]. 北京：中国铁道出版社，2017.
[17] 鲁丹萍. 跨境电子商务[M]. 北京：中国商务出版社，2015.
[18] 柯丽敏. 跨境电商基础策略与实战[M]. 北京：电子工业出版社，2016.
[19] 段文奇. 跨境电子商务平台选择与运营仿真实验教程[M]. 杭州：浙江大学出版社，2016.
[20] 叶晗堃. 跨境电子商务运营与管理[M]. 南京：南京大学出版社，2016.
[21] 肖旭. 跨境电商实务[M]. 北京：中国人民大学出版社，2015.
[22] 何伟. 跨境电子商务物流模式选择的国外经验与启示[J]. 商业经济研究，2017(6)：76-78.
[23] 周亚蓉. 新常态视域下电商与物流融合发展路径分析[J]. 商业经济研究，2017(6)：147-148.
[24] 张宁. 新兴电子商务环境下农村商品流通网络构建机制研究[J]. 商业经济研究，2017(5)：149-151.
[25] 姚瑾. 农产品电子商务物流评价模型构建[J]. 商业经济研究，2017(4)：156-158.
[26] 王红娟. 跨境电子商务视角下的国际物流供应链管理模式构建[J]. 改革与战略，2017(3)：159-161.

[27] 钟苹. B2C 电子商务环境下鲜肉类食品物流配送模式的研究[J]. 食品研究与开发, 2017(4): 198-201.

[28] 电子商务物流园区建设与经营实践[J]. 中国物流与采购, 2017(4): 70-73.

[29] 李秀丽. 我国电子商务物流发展的 SWOT 分析与对策研究[J]. 电子商务, 2017(2).

[30] 高孟凡, 张雪梅, 谢必祥. 电子商务背景下我国铁路货运模式的转型研究[J]. 物流工程与管理, 2017(2): 5-8.

[31] 李红卫. 移动电子商务时代的末端物流协同配送模式分析[J]. 物流工程与管理, 2017(2): 75-78.

[32] 黄官伟, 夏杰. 电子商务物流中最后一公里配送方式探究[J]. 物流工程与管理, 2017(2).

[33] 潘斯琪. 电子商务企业成本控制研究[J]. 商场现代化, 2017(3): 36-37.

[34] 李敏, 孙琪. B2C 电子商务物流服务质量可拓评价[J]. 商业经济研究, 2017(3): 117-119.

[35] 张新敏. 电子商务时代我国农产品营销模式研究[J]. 商业经济研究, 2017(3): 84-86.

[36] 莫佳. 电子商务环境下我国农产品物流配送模式分析[J]. 商业经济研究, 2017(3): 129-131.

[37] 白晓光. 电子商务物流与新农村建设[J]. 建筑机械, 2017(2): 36-38.

[38] 吴可量. 电子商务与物流协同发展研究[J]. 现代商业, 2017(3): 21-22.

[39] 张琳. B2C 电子商务企业降低物流成本途径探析实践思考[J]. 中国战略新兴产业, 2017(4): 19-22.

[40] 刘锦峰. 大数据背景下电子商务物流配送发展对策研究[J]. 商业经济研究, 2017(2): 98-99.

[41] 张海鹏. 电子商务中物流配送存在的问题及对策[J]. 经营管理者, 2017(3): 249.

[42] 陈婉娴. 进口跨境电子商务物流模式比较研究[J]. 现代国企研究, 2017(2): 95.

[43] 邹文昌, 万龙. 大数据和社会协同趋势下的电子商务物流的发展情况及前景研究: 以"双十一"为例[J]. 东南传播, 2017(1): 74-78.

[44] 薛桂明. 电子商务环境下物流管理模式的革新[J]. 商场现代化, 2017(1): 33-34.

[45] 郭军华. 电子商务发展对物流经济的促进作用[J]. 中国管理信息化, 2017(2): 139-140.

[46] 曹允春, 王曼曼. 基于产业链视角的跨境电子商务与物流业协同发展研究[J]. 价格月刊, 2017(2): 66-70.

[47] 韩朝胜. 我国 B2B 跨境电商出口物流存在的问题及对策[J]. 电子技术与软件工程, 2017(1): 225.

[48] 黄强. 快递业与智能物流发展形势分析[J]. 物流技术与应用, 2017(1): 126-128.

[49] 贲友红. 新常态下我国跨境电子商务的物流模式与发展路径研究[J]. 商业经济研究, 2017(1): 75-77.

[50] 王晓莹, 张正伟. 电子商务物流发展研究[J]. 科技经济导刊, 2017(1): 31.

[51] 汪湘. 电子商务平台视角下的仓储物流运营分析[J]. 现代经济信息, 2017(1): 343.

[52] 李雯琦, 王勋, 郭蓉, 何念. 近年来中国农村电子商务发展的研究综述[J]. 知识经济, 2017(2): 77-80.

[53] 徐祝君. 打造跨境电商物流产业新高地[N]. 舟山日报，2017-01-04(2).
[54] 中国大数据产业观察，http：//www.cbdio.com/.
[55] 中国统计网，http：//www.stats.gov.cn/.
[56] UpField Outfit，http：//www.ctufo.com/.
[57] 三亿文库，http：//3y.uu456.com/.
[58] MBA智库咨讯，http：//news.mbalib.com/.
[59] 鸟哥笔记，http：//www.niaogebiji.com/.
[60] 中国电子商务研究中心，http：//www.100ec.cn/.
[61] 易观国际，http：//www.analysys.cn/.
[62] 艾瑞网，http：//www.iresearch.cn/.